Das **iPad** Handbuch

Matthias Zehden
Holger Sparr

falkemedia

Impressum

Das iPad Handbuch, Matthias Zehden, Holger Sparr
Überarbeitete Auflage 2018, ISBN 978-3-96417-075-0

An der Halle 400 #1 D-24143 Kiel info@falkemedia.de
Geschäftsführer und Herausgeber:
Kassian A. Goukassian (V.i.S.d.P)

Liebe Leserin, lieber Leser,

Willkommen zum neuen iPad-Handbuch von Falkemedia. Ich freue mich, dass Sie zu diesem bewährten Ratgeber rund um das iPad und iOS gegriffen haben. Wir haben ihn komplett überarbeitet und dabei vor allem noch praxisorientierter gemacht. Das iPad-Handbuch soll mit voller Absicht kein dicker Wälzer fürs Regal sein, sondern sich auf im Alltag nützliche Hilfen und Anleitungen konzentrieren.

Als Apple 2010 das erste iPad vorstellte, wurde es teilweise noch belächelt. Tatsächlich hat Apple aber neue Maßstäbe für Tablet-PCs gesetzt und diese auf den Weg vom sinnlos abgespeckten Notebook zu einer neuen praxisgerechten Geräteklasse gebracht. Die aktuellen Modelle sind anspruchsvollen Spielen, moderner Kommunikation und natürlich auch den üblichen Office-Aufgaben locker gewachsen. Den Gipfel der Entwicklung markieren die brandneuen iPad-Pro-Modelle, die bereits mehr Leistung bieten als durchschnittlichen Notebooks. Das iPad-Handbuch soll Sie dabei unterstützen, mehr aus Ihrem iPad herauszuholen. Wir erklären ausführlich die Konfiguration wichtiger Systemfunktionen und die Nutzung der mitgelieferten Apps, mit vielen Grundlagen, Tipps und Workshops, die Sie sofort ausprobieren können.

Wir hoffen sehr, dass das iPad-Handbuch Ihnen im Alltag mit Ihrem iPad weiterhilft und Ihnen neue Möglichkeiten aufzeigt.

Viel Spaß bei der Lektüre!

Herzlichst Ihr

Matthias Zehden
Leitender Redakteur iPhone & iPad Life

FÜR EILIGE

Inhalt

1 Schneller Einstieg

2

Konfiguration

3
Smarte Apps

4
Kommunikation

5
Unterhaltung

6
Mehr von Apple

7

iOS in der Praxis

1

Schneller Einstieg

Als Erstes gehen wir der Frage nach, warum sich der Umstieg auf iOS 12 wiirklich lohnt. Wir stellen die coolen Memojis, neue Foto-Funktionen, FaceTime für Gruppen, Bildschirmzeit, Erweiterungen in ARKit und andere neue Funktionen vor. Dazu werfen wir einen ausführlichen Blick auf die neuen iPad-Pro-Modelle, falls Sie einen Neukauf planen. Müssen Sie aber nicht, denn iOS 12 läuft auf allen iPads, die schon iOS 11 unterstützt haben und ist dabei sogar noch etwas schneller.

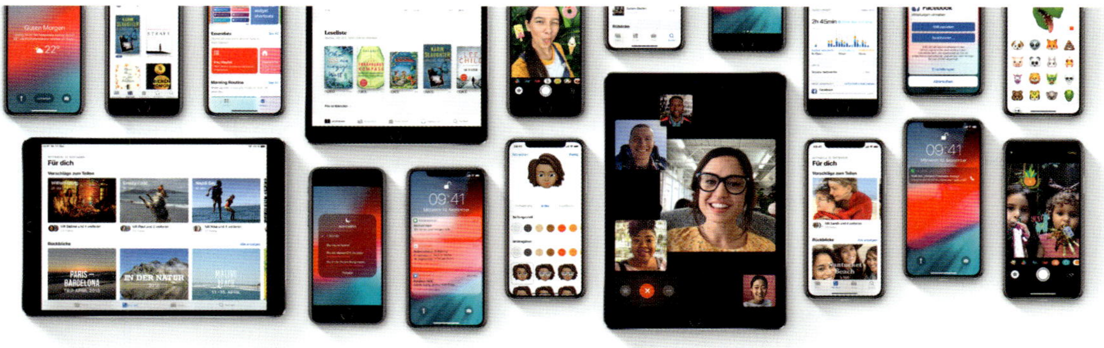

iOS 12 im Überblick

Vorab eine gute Nachricht. An den Hardware-Voraussetzungen hat sich mit iOS 12 nichts geändert. Arbeitet Ihr iPad oder iPhone bereits mit iOS 11, können Sie auch iOS 12 darauf installieren. Für iPads bedeutet das zum Beispiel, dass mindestens ein iPad Air, iPad mini 2 oder iPad Pro erforderlich ist. Das aktuelle System ist wie gewohnt als kostenloses Update über die Software-Aktualisierung in den iOS-Einstellungen erhältlich.

Mehr Leistung für alle

Ein Schwerpunkt bei der Arbeit an iOS 12 war die Verbesserung der Geschwindigkeit und der Reaktionszeiten auf Benutzereingaben. Letzteres hat großen Einfluss auf die vom Anwender gefühlte Performance. Zum Beispiel nennt Apple ein Plus von 70 Prozent beim Aktivieren der Kamera oder 50 Prozent beim Öffnen der Tastatur. Unter großer Last sollen Apps doppelt so schnell starten wie vorher. Laut Apple sollen gerade auch viele ältere Geräte von den Optimierungen in iOS 12 profitieren. Subjektiv können wir das nach der Installation auf einem iPad Air 2 auch bestätigen. Damit ist das Update selbst unabhängig von neuen Funktionen schon für viele Anwender eine klare Empfehlung wert - doch davon gibt es natürlich auch noch eine ganze Menge.

Unterstützte Geräte

iOS 12 erfordert mindestens eines der folgenden Geräte:

- iPhone SE, 5s
- iPad Air, 5
- iPad Pro
- iPad mini 2
- iPod touch 6

Sehr kontaktfreudig

Einfache Kommunikation ist traditionell ein Schwerpunkt bei Apple. Auch da hat sich einiges getan. Zu den Top-Funktionen gehört FaceTime für Gruppen, das Audio- und Videokonferenzen mit bis zu 32 Teilnehmern managen kann. Dabei können Sie jederzeit Teilnehmer hinzufügen oder mit einem Fingertipp aus einem Gruppenchat in Nachrichten die FaceTime-Konferenz starten. Das Bild des jeweils sprechenden Teilnehmers wird in FaceTime automatisch vergrößert. Die Aktivierung der Funktion erfolgte allerdings erst etwas verzögert mit iOS 12.1. Mit neuen Kameraeffekten und Stickern können Sie Fotos und Videos in Nachrichten und FaceTime aufpeppen.

Neue Animojis im Apple-Zoo

Besitzer eines neuen iPad Pro oder eines iPhone X(R/S) können sich über neue Animojis freuen – einen Geist, Koala, Tiger und T-Rex. Dazu erkennt iOS 12 Zwinkern oder Zunge-Rausstrecken. Der eigentliche Clou sind aber konfigurierbare Animojis, die Apple Memojis nennt, mit denen Sie sich aus Haut- und Haarfarbe, Frisuren, Brillen und vielen anderen Eigenschaften Ihren ganz persönlichen Avatar zusammenbasteln können. Eine lustige Idee. Ob es sinnvoll und möglich ist, sich damit selbst nachzubauen, lassen wir mal dahingestellt. Mit dem Update auf iOS 12.1 hat Apple inzwischen auch noch diverse neue Emojis ergänzt, die sich auf allen iPads nutzen lassen.

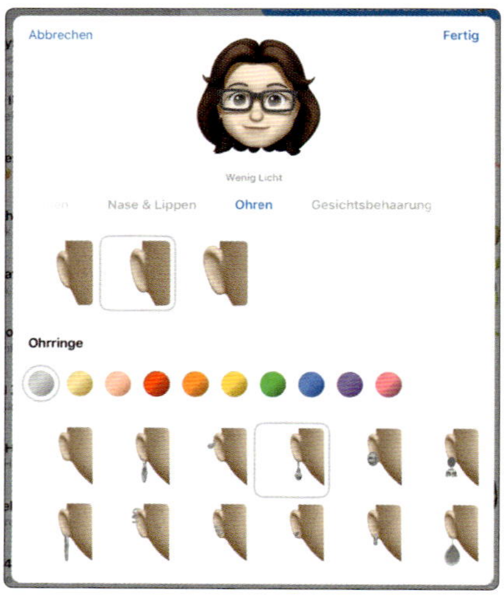

Basteln Sie sich Ihren eigenen Memoji-Avatar. Mit iOS 12 und einem neuen iPad Pro kein Problem. Ähnlichkeiten mit lebenden Personen sind allerdings eher Zufall.

Fotos lernt dazu

Die App „Fotos“ erhält einen „Für dich“-Tab, auf dem Sie Vorschläge zum aktuellen Ort oder Datum finden. Das können besondere Rückblicke sein oder Personen, mit denen Sie Bilder teilen. Geben Sie Fotos frei, können die anderen einfach ihre Bilder zum selben Ort und Datum hinzufügen. Zu einem gemeinsam besuchten Event entsteht so schnell eine komplette Sammlung.

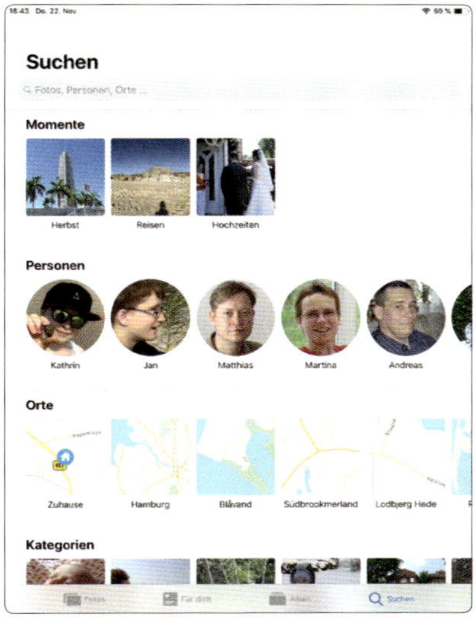

Die intelligente Suchfunktion von Fotos macht bereits beim Öffnen Vorschläge, was Sie wohl suchen könnten.

Die erweiterte Suchfunktion zeigt wichtige Momente, beliebte Orte und Personen, mit denen Sie Alben teilen. Außerdem können Sie Suchkriterien kombinieren. Die Funktion ist natürlich besonders interssant für Anwender, die auch ein iPhone haben, da man das unterwegs eher zum Fotografieren nutzt. Das iPad eignet sich dann mit dem größeren Bildschirm perfekt zum Suchen und Sortieren.

Bewusstere iOS-Nutzung

Ein weiteres Highlight ist für uns die Funktion Bildschirmzeit. Sie soll Ihnen einen bewussteren Umgang mit Ihren iOS-Geräten ermöglichen. Bildschirmzeit protokolliert deren Nutzung und liefert anschließend detaillierte Informationen zu benutzten Apps, besuchten Webseiten oder erhaltenen Mitteilungen. So wissen Sie genau, wie viel Zeit Sie wofür aufgewendet, wie lange Sie Ihre Geräte insgesamt benutzt haben. Natürlich ist es nicht Apples Absicht, Sie davon abzuhalten, aber die täglichen und wöchentlichen Übersichten wecken das Bewusstsein für Übertreibungen. Im nächsten Schritt können Sie optional Limits setzen, an die Bildschirmzeit erinnert, wenn Sie sie erreichen. Ein Mittel zur Selbstdisziplinierung, aber auch für Eltern, die Kindern einen vernünftigen Umgang mit iPhone oder iPad beibringen müssen. Bei Bedarf lässt sich die Funktion durch eine Codesperre sichern. Eltern können Bildschirmzeit auch im Rahmen einer Familienfreigabe nutzen und dann über das Netz auf die verwalteten Geräte der Kinder zugreifen.

CarPlay

Auf iPhones unterstützt Apples CarPlay die Anbindung an geeignete Autoradios. Mit iOS 12 ergänzt Apple hier die Unterstützung für Navi-Apps.

Störungen verhindern

In iOS 12 lässt sich die „Nicht stören“-Funktion flexibler konfigurieren, etwa zeitlich befristen oder beim Verlassen eines Ortes automatisch deaktivieren. In der Nacht auflaufende Benachrichtigungen lassen sich sammeln und beim Entsperren am nächsten Morgen gesammelt abrufen. Außerdem kann man Nachrichten in der Mitteilungszentrale nun gruppieren: Sie sehen die neueste Mitteilung einer App und die Gesamtzahl. Erst wenn Sie den Stapel antippen, öffnet er sich und zeigt alle Mitteilungen. Das sorgt für mehr Übersicht.

Privatsphäre schützen

Um Ihre persönlichen Daten noch besser zu schützen, baut Apple den Tracking-Schutz in Safari aus. Der iOS-Browser kann jetzt auch die allgegenwärtigen Like- und andere Social-Media-Buttons sowie Kommentarfelder auf Webseiten blockieren, die allesamt zum Verfolgen des Anwenders genutzt werden können. Außerdem meldet Safari auf Webseiten eingebettete Widgets, die den Benutzer ungefragt verfolgen.

Viele Webseiten erkennen Sie an Ihrem Rechnerprofil wieder. Um hier gegenzusteuern, sendet Safari ein vereinfachtes Pro-

Kamera

Die Kamera-App von iOS 12 bekommt einen verbesserten QR-Code-Scanner. Außerdem wird der Zugriff auf Porträtdaten für Dritt-Apps jetzt erweitert.

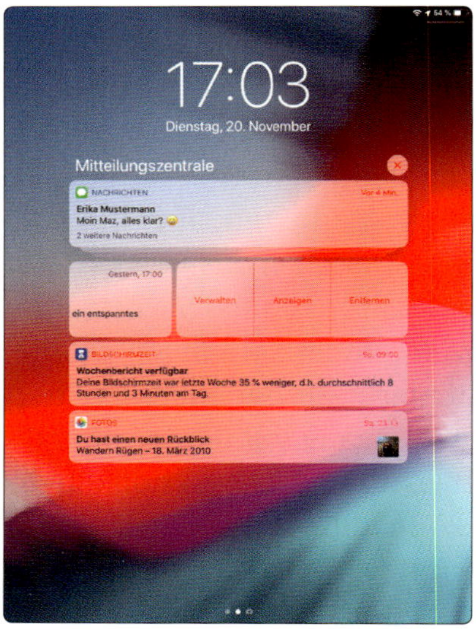

Nachrichten lassen sich in der Mitteilungszentrale für mehr Übersicht zu Gruppen zusammenfassen.

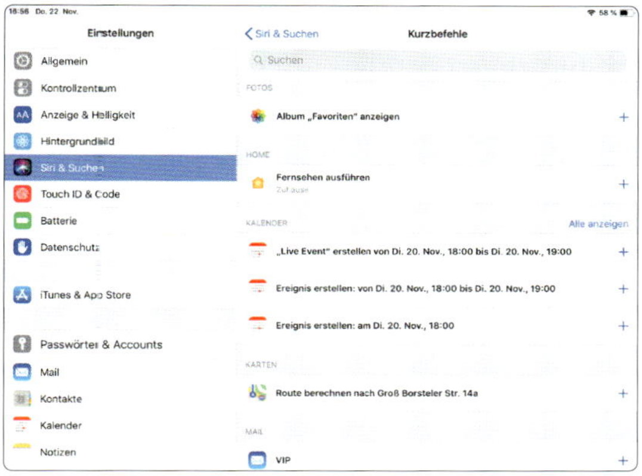

In den Siri-Einstellungen finden Sie viele Aktionen für Kurzbefehle. Sie müssen nur noch das Kommando einsprechen.

fil, um eine Identifizierung Ihres Geräts über individuelle Ausstattungsmerkmale und installierte Software, wie zum Beispiel Erweiterungen oder Fonts, zu verhindern. Den Zugriff auf gespeicherte Passwörter hat Apple ebenfalls verbessert, was die Nutzung starker Codes via Schlüsselbund erleichtert.

Mehr Flexibilität für Siri

Apples Sprachassistent Siri erhält eine neue Funktion für Abkürzungen. Sie können eigene Siri-Befehle für wichtige Aktionen anlegen. Außerdem unterstützt Siri Aktionen in anderen Anwendungen, sodass Sie auch diese per Shortcut steuern können.

Mit der zugehörigen Kurzbefehle-App können Sie Ihre Siri-Befehle verwalten und auch mehrere Aktionen zu einem Shortcut zusammenfassen. So können Sie zum Beispiel, wenn Sie das Büro verlassen, mit einem Befehl die Abfahrtszeit des nächsten Busses abfragen, eine Nachricht verschicken, dass Sie auf dem Weg sind, und die HomeKit-fähige Heizung oder Klimaanlage zu Hause aktivieren.

Der intelligente Assistent analysiert außerdem Ihr Verhalten und versucht, die passenden Aktionen abhängig von Ort und Zeit auf dem Sperrbildschirm vorzuschlagen, wo Sie sie dann direkt ausführen können. Das kennen Sie vielleicht schon vom Siri-Zifferblatt der Apple Watch. Ordern Sie morgens auf dem Weg ins Büro immer einen Kaffee per App, wird Ihnen Siri irgendwann die Bestellung von sich aus anbieten. Auch die erwähnte Aktion beim Verlassen des Büros zum Feierabend könnte ein Siri-Vorschlag sein. Mit iOS 12 gibt Apple übrigens auch die Nutzung des Siri-Zifferblatts für Apps Drittanbietern frei.

Die Übersetzungsfunktion von Siri unterstützt jetzt mehr als 40 Sprachpaare. Außerdem kann Siri Informationen zu den Themen Sport, Promis, Essen und Ernährung liefern. Wie weit die zusätzlichen Dienste hierzulande nützlich sein werden, wird man allerdings wohl abwarten müssen. Den Umgang von Siri mit Fotos hat Apple ebenfalls verbessert.

Apps mit neuer Oberfläche

Vier weitere Apps hat Apple überarbeitet. Sie haben eine neue Oberfläche bekommen, und zwei davon stehen neuerdings auch auf dem iPad zur Verfügung.

Da wäre als Erstes iBooks, das in Zukunft einfach Bücher heißt. Die neue Oberfläche ist übersichtlicher und soll den Zugang zu eigenen Büchern und zum Book Store von Apple einfacher gestalten. Apple News macht den Zugang zu Favoriten und die Auswahl neuer Kanäle und Themen einfacher. Auf dem iPad erleichtert eine Seitenleiste die Navigation in der App. Wann Apple News auch bei uns verfügbar sein wird, verriet Apple leider nicht. Bisher hat man nur über das zugehörige Widget Zugriff auf

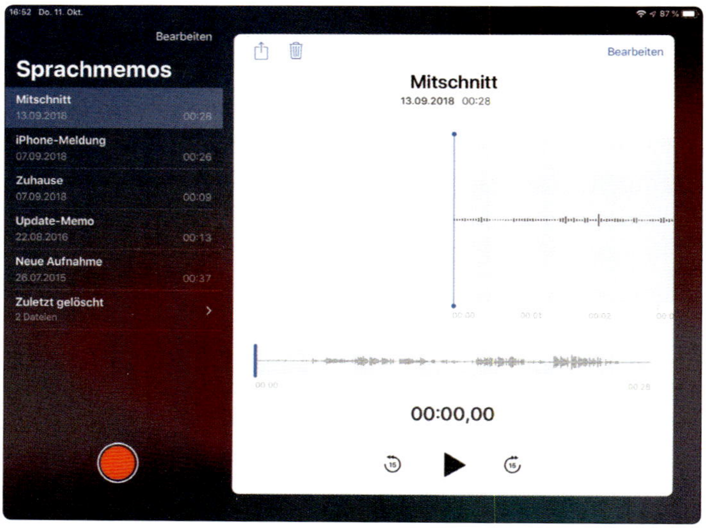

Die App Sprachmemos gibt es nun auch für das iPad und sogar für den Mac. Die Aufnahmen werden werden über iCloud zwischen Ihren Geräten synchronisiert.

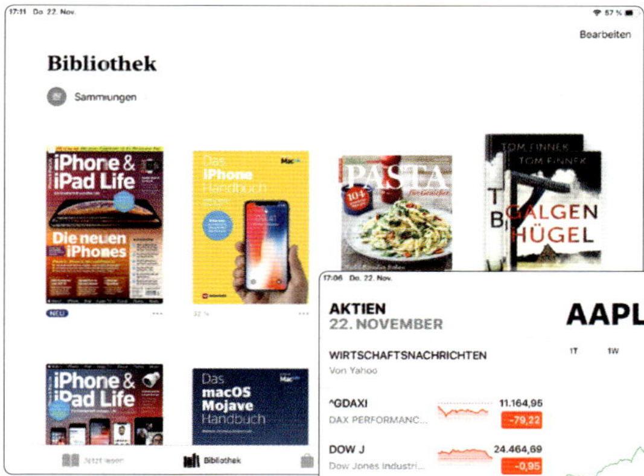

Aus iBooks wird Bücher. Die App hat außerdem eine aufgeräumte neue Oberfläche bekommen.

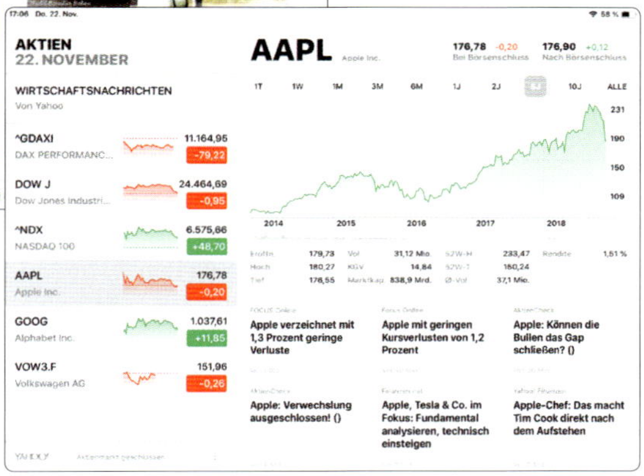

Die frisch renovierte Aktien-App: Neu sind unter anderem Wirtschaftsnews und eben die iPad-Version.

ein recht beschränktes News-Angebot. Die Aktien-App ist schlanker und übersichtlicher geworden. Außerdem hat Apple Wirtschaftsmeldungen aus der News-App integriert. Letztere sind jedoch vor allem auf dem größeren Bildschirm des iPad von Vorteil, auf dem Aktien nun ebenfalls verfügbar ist.

Sprachmemos dient zum einfachen Aufnehmen und Schneiden von Sprachnachrichten und macht diesen Job jetzt auch auf dem iPad. Nutzen Sie mehrere Geräte, lassen sich die Sprachnachrichten über iCloud synchronisieren - neuerdings auch mit dem Mac (erfordert macOS Mojave).

Lohnt das Update?

Zumindest muss man sich keine Sorgen machen, dass das iPhone beim Schritt von iOS 11 auf 12 langsamer wird. Allein wegen der Leistungsverbesserungen lohnt sich das Update. Neue Funktionen wie FaceTime für Gruppen, die Gebrauchsanalyse durch Bildschirmzeit, Siri-Shortcuts und die Neuerungen in ARKit 2 (siehe Kasten) sind ebenfalls gute Gründe. Wer schon ein neues iPad Pro mit Gesichtserkennung hat, wird sicher auch seinen

Spaß beim Herumspielen mit den neuen Memojis haben. Das die neuen iPads natürlich noch einiges mehr zu bieten haben, lesen Sie gleich.

Auch wer neben iPhone und iPad noch andere Apple-Geräte wie Mac, Apple Watch oder Apple TV hat, tut gewöhnlich gut daran, alle Systeme auf den aktuellen Stand zu bringen, da deren Zusammenarbeit dann erfahrungsgemäß am besten klappt.

Augmented Reality mit ARKit 2

Apple-Chef Tim Cook betont gern, dass er Augmented Reality für ein Top-Thema hält, daher baut Apple die AR-Funktionen in iOS konsequent aus. Für Entwickler hat Apple jetzt die zweite Generation der eigenen AR-Bibliothek bereitgestellt. ARKit 2 erlaubt Apps, Inhalte zu teilen. So können sich Geräte verbinden und AR-Daten gemeinsam nutzen. Auf der iPhone-XS-Keynote demonstrierte Entwickler Directive Games das prominent mit einer AR-basierten Version des Arcade-Klassikers Galaga, in dessen Welt drei Spieler gleichzeitig aktiv waren. Apple selbst liefert mit iOS 12 die neue Maßband-App, die das schnelle Vermessen von Gegenständen mit der Kamera durch Antippen der Ecken erlaubt. Wohl mehr eine Technologiedemo als eine Alltags-Apps, aber auf jeden Fall beeindruckend. Zusammen mit Pixar hat Apple ein neues Format für AR-Dokumente entwickelt. Dieses UDSZ genannte Format unterstützt iOS 12 jetzt auf Systemebene. Dadurch lassen sich AR-Inhalte relativ einfach in andere Apps und Dokumente einbinden und zum Beispiel in Nachrichten oder Mail nutzen.

Auf die Spitze getrieben

Wenn Apple traditionell im September zum großen Event lädt, sind klar die iPhones im Fokus, und nichts soll von ihnen ablenken. Doch der Herbst ist auch für alle anderen Apple-Produkte die Zeit der Neuauflagen, die Apple einfach ein paar Wochen später, aber noch rechtzeitig fürs Weihnachtsgeschäft präsentiert. Dass neben neuen Macs auch neue iPads kommen sollten, galt als ausgemacht. Und klar war ebenfalls, dass Face-ID-Identifizierung und randlose Displays auch in die Welt der iPads Einzug halten würden. Diese Neuerungen sieht man den aktuellen iPad-Pro-Modellen unmittelbar an, denn neben den Displays änderte Apple auch die Gehäuse und das Zubehör. Das Ergebnis sind iPads, die sich deutlich anders anfühlen, als man es bislang von iPads gewohnt ist.

Oberklasse

Das iPad Pro ist in jeder Hinsicht beeindruckend: schnell, flach und mit einem gewaltigen Display. Leider gehören auch die Preise ins Reich der Superlative, was die Freude merklich trübt.

Face ID: Die Nase hinhalten

Mit dem iPhone X hat Apple die Gesichtserkennung per Face ID eingeführt, damit galt sie auch für neue iPads als gesetzt. Im Gegensatz zum iPhone benötigt das TrueDepth-Kamerasystem keinen Ausschnitt im Display, sondern fand im schmalen Gehäuserand um das Display Unterschlupf. Immerhin wurden aber die Ecken des Displays wie bei den iPhones abgerundet und folgen genau den Rundungen des Gehäuses.

Die TrueDepth-Kamera ist komplex aufgebaut, weil sie aus Kamera, Infrarotkamera, Punktprojektor, und Infrarot-Leuchte besteht. Schon deswegen kam wohl nur das ohnehin hochpreisige iPad Pro als Träger für diese recht teure Technologie infrage.

Wichtiger als die komplexe Technologie dahinter ist aber die Praxis, und die spricht eindeutig für Face ID: Man nimmt das iPad Pro in die Hand, und schon ist es entsperrt. Kein Suchen nach der Home-Taste, kein Warten auf die Erkennung des Abdrucks sondern einfach ein Wischer auf dem Bildschirm, um das iPad zu entsperren. Wer ein iPhone X oder einen der Nachfolger kennt, dem kommt der Touch-ID-Sensor der bisherigen iPads geradezu archaisch vor.

Der neue Apple Pencil hält magnetisch am iPad Pro und lädt dann in Windeseile. Das Smart Cover hält ebenfalls nur mit Magnetkraft und nutzt den Anschluss auf der Rückseite.

An die Entsperrung per Face ID und die Bedienung mit Gesten statt Home-Taste gewöhnt man sich auf dem iPad sogar noch schneller als auf dem iPhone.

Im Gegensatz zum iPhone funktioniert die Gesichtserkennung beim iPad Pro auch im Querformat, was die Entsperrung in jeder Lage ermöglicht. Beim iPad wäre es undenkbar, das Gerät für jede Aktivierung ins Hochformat zu drehen. Und wer die Gesten für die Aktivierung, die Beendigung von Apps oder den Aufruf des Kontrollzentrums vom iPhone X schon kennt, der findet sich sofort auf dem neuen iPad Pro zurecht und erinnert sich auch daran, dass es nur Minuten gedauert hat, sich beim iPhone daran zu gewöhnen.

Es gibt auch zwei kleine Nachteile, so unbedeutend sie sein mögen: Zum einen gibt es ohne die Home-Taste kaum einen Anhaltspunkt dafür, wie herum man das iPad eigentlich hält. Nicht dass das überhaupt eine große Rolle spielen würde, aber so bleiben nur die Tasten und Anschlüsse am Rand. Zum anderen hält man die im sehr schmal gewordenen Rand untergebrachte TrueDepth-Kamera vor allem im Querformat gern zu, was dann die Gesichtserkennung verhindert. Das iPad zeigt einen kleinen Pfeil an die Stelle, die man besser nicht zudeckt.

Tolles Display

Es hat also auch Nachteile, dass der Bildschirm des iPad Pro nun fast bis zum Rand geht, doch wenn man Fotos, Videos oder Apps ansieht, gelten die Vorteile: Das Display passt sich bei den Farben und der Helligkeit der Umgebung an, bietet Bildwiederholraten bis 120 Hertz und eine hervorragende Detailwiedergabe. Laut Apple ist das Liquid-Retina-Display das beste, das je einem iPad eingebaut wurde - das sei für den unwahrscheinlichen Fall gesagt, dass jemand am Vorgänger etwas auszusetzen hatte.

Neues Gehäuse

Nicht nur das Display zeigt deutlich die Veränderung zu den Vorgängermodellen, sondern auch das neu gestaltete Gehäuse. Statt der abgerundeten Rückseite zeigt es jetzt eine klare Kante

iPad, iPad mini oder iPad Pro?

Als Tim Cook bei der Präsentation der neuen iPad-Pro-Modelle kurz die komplette iPad-Palette und dabei auch das iPad mini streifte, keimte bereits Hoffnung auf, dass Apple dem kleinen iPad mini 4 mit seinem 7,9-Zoll-Display endlich etwas Aufmerksamkeit schenken und so der von manchen iPad-Benutzern favorisierten Mini-Version wieder Zukunft geben würde. Doch leider bleibt es bei der 2015 vorgestellten Variante mit dem deutlich veralteten A8-Prozessor, zu deren Kauf man einfach nicht mehr raten kann, erst recht nicht zu Preisen ab 429 Euro. Da ist das erst im Frühjahr präsentierte, normale iPad mit seinem 9,7-Zoll-Display viel attraktiver: Sein A10-Prozessor ist wesentlich flotter, es unterstützt neben Bluetooth-Tastaturen sogar den Apple Pencil der ersten Generation, und es bietet sehr attraktive Einstiegspreise ab 350 Euro, die unterhalb von denen des iPad mini und natürlich deutlich unter den neuen iPad Pros liegen. Wer mit der Displaygröße und dem Fingerabdrucksensor leben kann, kann mit dem iPad viel Geld sparen.

in der Art wie die iPhone-5-Modelle, dazu ist es nicht einmal sechs Millimeter dick. Das randlose Display nutzen die beiden Modelle auf ihre eigene Weise: Das kleine Modell ist äußerlich nicht größer als zuvor und entspricht etwa den klassischen iPad-Modellen, bringt in dieser Baugröße aber ein 11-Zoll-Display unter. Das große Modell behielt seinen riesigen 12,9-Zoll-Schirm, schrumpfte dafür aber deutlich in den äußeren Abmessungen.

A12X: Power ohne Ende

Nicht nur die Displays wirken großzügig, sondern auch die Rechenleistung. Der A12X-Prozessor legt gegenüber dem A12 in den neuen iPhones noch mal eine Schippe drauf, ist schneller, verwaltet bis zu einem Terabyte Speicher und geht sehr sparsam mit Energie um, denn schließlich haben iPads keine Lüfter. Laut Apple übertrifft die Prozessorleistung den Durchschnitt der im vergangenen Jahr verkauften Notebooks um mehr als 90 Prozent.

Wir können dazu eigentlich nur den Eindruck beisteuern, dass es uns auch mit dem modernsten Spiel oder der forderndsten App nie gelang, das iPad Pro irgendwie aus der Reserve zu locken. Es scheint fast so, als müsse die iOS-App, mit der man das aktuelle iPad Pro ausreizen kann, erst noch entwickelt werden.

USB-C ersetzt Lightning

Schnellere Prozessoren brauchen mehr Energie, bessere Grafikfähigkeiten, die externe 4K-Monitore antreiben können, und mehr Geschwindigkeit, als der Lightning-Anschluss der bisherigen iOS-Geräte bieten kann. Also ersetzte ihn Apple durch den USB-C-Anschluss, den auch moderne Macs haben. Das hat einige Konsequenzen: Im Karton findet sich ein 18-Watt-Netzteil, das mit einem beidseitigen USB-C-Kabel angeschlossen wird. Normale USB-Ladegeräte und auch Rechneranschlüsse lassen sich über alternative Kabel und Adapter anschließen, aber manches Zubehör wie etwa einen SD-Kartenleser muss man sich leider neu kaufen.

Dafür allerdings erschließt sich mit dem USB-C-Anschluss eine große Welt an externen Anschlussmöglichkeiten ohne Adapter und Spezialkabel. Sieht man sich den USB-C-Stecker an, fragt man sich unwillkürlich, warum Apple ihn nicht schon lange eingeführt und sogar dieses Jahr noch neue iPhones mit dem plötzlich geradezu altertümlich scheinenden Lightning-Anschluss vorgestellt hat.

Neuer Stift, neue Tastatur

Weil es keinen Lightning-Anschluss mehr gibt, lässt sich auch der bisherige Apple Pencil nicht mehr nutzen, der per Lightning aufgeladen und gekoppelt wird. Und so kommt nun der neue Apple Pencil 2, der speziell für die aktuellen Modelle entwickelt wurde und auch nur zu diesen kompatibel ist. Geladen und gekoppelt wird er drahtlos, wozu er magnetisch an der Seite des iPad Pro gehalten wird. Dazu ist eine Seite des Stifts abgeflacht, und sobald das iPad Pro den Stift erkennt, wird kurz der Ladezustand eingeblendet. Wie schon beim Vorgänger dauert es allenfalls ein paar Minuten, den Stift voll zu laden, und leer bekamen wir ihn trotz intensiver Nutzung nicht.

Das neue Design des Stifts ist etwas weniger hecklastig und rauer, sodass er griffiger und besser in der Hand liegt als sein Vorgänger. Auf der abgeflachten Seite kann man per Doppeltipp zwischen der Zeichen- und Löschfunktion umschalten, was anfangs nur von der Notizen-App unterstützt wird – weitere werden sicher bald folgen.

Die neue Tastaturhülle ist ebenfalls eine Show: Sie wird von unzähligen Magneten und ganz ohne mechanische Klammern an der Außenseite gehalten. Klappt man sie um, lässt sich das iPad in zwei verschiedenen Winkeln aufstellen und wird dabei ebenfalls magnetisch gehalten. Obwohl der Deckel mit der Tastatur dabei sehr solide ist, ist das Abstellen und Tippen auf den Knien doch eine wackelige Angelegenheit. Auf dem Tisch hingegen fühlt sich ein iPad Pro mit Tastatur wirklich fast wie ein Notebook an. Dazu kommt, dass es so oft im richtigen Winkel zur automatischen Entsperrung per Face ID steht. Der Reiz des Smart Keyboards ist, dass es gleichzeitig als Hülle dient und daher ständig verfügbar ist. Das tröstet aber

Kopfhöreranschluss

Wie bei den iPhones hat Apple den Kopfhöreranschluss beim neuen iPad Pro wegrationalisiert. Ohne Not, denn wasserdicht werden die iPads dadurch nicht. Ein USB-C-Audio-Adapter liegt nicht bei, sondern muss für 10 Euro gekauft werden, wenn man nicht auf drahtlos umsteigt.

Das iPad Pro lässt sich im Gegensatz zu den iPhone-X-Modellen auf im Querformat ganz bequem per Face ID entsperren.

nur wenig über den wirklich exorbitanten Preis von 200 respektive 220 Euro - je nach iPad-Größe - hinweg.

Preise vom anderen Stern

Und damit wären wir schon bei einem ziemlich unangenehmen Thema, den Preisen: Nur vom „kleinen" 11-Zoll Modell des iPad Pro gibt es noch eine Variante unterhalb von 1000 Euro, das große Modell kostet in maximaler Ausbaustufe mit einem Terabyte Speicher, LTE, Stift und Tastaturhülle hingegen mehr als 2400 Euro und damit mehr als die meisten Notebooks. Natürlich muss es kein Terabyte sein, aber auch die schlechter ausgestatteten Varianten ohne LTE sind nicht günstig - spätestens dann, wenn man etwas mehr Speicher, das optionale LTE-Modem oder Zubehör in Form von Stift oder Tastatur haben möchte, wird es ziemlich kostspielig. Wohl auch deshalb hat Apple das bisherige iPad Pro 10,5 Zoll im Programm behalten.

Das kompakte neue iPad ist trotz aller Leistung nur knappe 6 mm dünn.

Fazit? Trotzdem toll!

Also gut, die iPad Pros sind zu teuer. Wer sich allerdings trotzdem dazu durchringt, bekommt dafür schlicht das beste iPad aller Zeiten: Die Face-ID-Entsperrung macht den Umgang einfacher, der Bildschirm ist schon beim von uns getesteten 11-Zoll-Modell nicht nur groß, sondern auch von überragender Qualität, und der Sound aus den vier Lautsprechern ist ebenso wie die scheinbar unbegrenzte Rechenleistung für ein derart flaches Gerät, das scheinbar nur aus Bildschirm besteht, mehr als beeindruckend. Dass die TrueDepth-Kamera nun auch Nachrichten mit Animojis ermöglicht und die Hauptkamera fast das Niveau des iPhone XR erreicht, sorgt für einige Unterhaltungsmöglichkeiten.

Und so richtig Spaß macht auch das Zubehör: Der Stift war vorher schon überzeugend und macht mit dem schnellen Display das Zeichnen zu einer Erfahrung, weit besser als mit jedem

	iPad Pro 12,9"	iPad Pro 11"
Farben		
Display	12,9 Zoll Liquid Retina	11 Zoll Liquid Retina
Auflösung	2732 x 2048 Pixel bei 264 ppi	2388 x 1688 Pixel bei 264 ppi
Prozessor	A12X Bionic	A12X Bionic
Speicher	64 GB, 256 GB, 512 GB oder 1024 GB	64 GB, 256 GB, 512 GB oder 1024 GB
Maße und Gewicht	280,6 x 214,9 x 5,9 mm 631 g	247,6 x 178,5 x 5,9 mm 468 g
Kamera	12 Megapixel, *f*/1.8, Smart HDR	12 Megapixel, *f*/1.8, Smart HDR
Frontkamera	7 Megapixel TrueDepth, *f*/2.2, Smart HDR, Animojis, Memojis	7 Megapixel TrueDepth, *f*/2.2, Smart HDR, Animojis, Memojis
Authentifizierung	Face ID	Face ID
Anschlüsse	USB-C, Smart Connector, Apple Pencil II (drahtlos)	USB-C, Smart Connector, Apple Pencil II (drahtlos)
LTE-Version	Nano-SIM + eSIM (+ 170 Euro)	Nano-SIM + eSIM (+ 170 Euro)
Preis	1099/1269/1489/ 1929 Euro	879/1049/1269/ 1709 Euro

Notebook. Und die Idee, ihn zum Aufladen einfach per Magnet ans Gehäuse zu heften, ist einfach genial. Das Gleiche gilt für das Smart Keyboard, das nicht nur das iPad auf recht elegante Weise schützt, sondern auch eine Tastatur beinhaltet, die man immer zur Hand hat und mit der man schnell tippen kann.

Obwohl die aktuellen iPhone-X- und iPad-Pro-Modelle fast den gleichen Prozessor haben und beide auf iOS als Betriebssystem setzen, zeigen sie doch, wie groß die Unterschiede im iOS-Universum sein können. Das iPad Pro kann mit Sicherheit mehr, als heutige iOS-Apps ihm abverlangen.

iPad Pro 10,5"	iPad	iPad mini
10,5 Zoll Retina	9,7 Zoll Retina	7,9 Zoll Retina
2224 x 1688 Pixel bei 264 ppi	2048 x 1536 Pixel bei 264 ppi	2048 x 1536 Pixel bei 326 ppi
A10X Fusion	A10 Fusion	A8
64 GB, 256 GB oder 512 GB	32 GB oder 128 GB	128 GB
250,6 x 174,1 x 6,1 mm 469 g	240 x 169,5 x 7,5 mm 469 g	203,2 x 134,85 x 6,1 mm 299 g
12 Megapixel, ƒ/1.8, Auto HDR	8 Megapixel, ƒ/2.4, HDR	8 Megapixel, ƒ/2.4, HDR
7 Megapixel FaceTime	1,2 Megapixel FaceTime	1,2 Megapixel FaceTime
Touch ID	Touch ID	Touch ID
Lightning (inkl. Apple Pencil), Kopfhörer	Lightning (inkl. Apple Pencil), Kopfhörer	Lightning, Kopfhörer
Nano-SIM (+ 160 Euro)	Nano-SIM (+ 130 Euro)	Nano-SIM (+ 130 Euro)
729/899/1119 Euro	349/439 Euro	429 Euro

iOS 12 auf alten iPhones & iPads

Schwein gehabt: Für iOS 12 gelten exakt die gleichen Systemvoraussetzungen wie schon letztes Jahr für iOS 11. Damit haben alle noch einmal eine Gnadenfrist bekommen, deren Geräte gerade noch fürs aktuelle iOS tauglich waren und sind. Kurz gesagt: Dieses Jahr wird kein iPad oder iPhone aussortiert und da iOS 12 gerade auch auf älteren Geräten eher schneller als sein Vorgänger wirkt, gibt es für iOS-11-Anwender auch keinen Grund, nicht iOS 12 zu installieren.

Einfach nur besser

Damit ist iOS 12 ein ziemlich ungewöhnliches Update, denn normalerweise fallen schon einige ältere Geräte aus der Liste der unterstützten iPhones und iPads heraus. Dazu kommt, dass die neueren Systeme oft leistungshungrige Features mitbringen, weshalb ältere Geräte, die gerade noch so unterstützt wer-

Das „normale“ iPad ist der natürliche Feind sowohl älterer Geräte als auch der rund doppelt so teuren Pro-Modelle, denn es bietet viel Geschwindigkeit zum moderaten Preis.

Frist verlängert

Ein Jahr Aufschub für Besitzer älterer iPhones und iPads, denn iOS 12 läuft auf allen Geräten, die schon iOS 11 unterstützt haben, und ist dabei sogar etwas schneller.

den, immer lahmer wirken. Diesmal durchbricht iOS 12 diese Regel und obwohl wir natürlich nicht alle älteren iPhones und iPads ausprobieren konnten, wirkte das neue System auf allen älteren Geräten mindestens so flott wie sein Vorgänger und damit auch ausreichend schnell zum Arbeiten. Das sind gute Nachrichten für Besitzer älterer Geräte, die vor einer Weile noch durchaus befürchten mussten, schon dieses Jahr nicht nur ein altes iPhone oder iPad, sondern auch ein altes System benutzen zu müssen.

Viele iPhone-7-Besitzer haben ihr Telefon nun schon zwei Jahre und denken daher an den Wechsel. Doch so viel schneller sind die aktuellen Geräte in vielen Apps nicht, weshalb sich der Wechsel nur wegen der Funktionen lohnt.

Sonderfall ARKit

Allerdings enthält iOS 12 genau wie sein Vorgänger mit dem ARKit einen Systembestandteil, der erhöhte Anforderungen an die Leistung stellt. Apple nennt als Mindestanforderung für die Augmented-Reality-Bibliothek einen A9-Prozessor. Diesen bieten die iPhones erst ab dem Modell 6s, bei den iPads muss es sogar mindestens die fünfte Generation oder ein iPad Pro sein. Alle anderen Modelle können das ARKit beziehungsweise das neue ARKit 2 von iOS 12 nicht nutzen und werden beispielsweise die neue Maßband-App zum Vermessen von Gegenständen nicht auf ihrem Gerät finden. Wer das jedoch verschmerzen kann, sollte auch mit den älteren Geräten gut klarkommen. Selbst ein Jahr nach seiner Einführung gibt es noch nicht allzu viele Apps, die das ARKit wirklich nutzen, das Gros funktioniert auch ohne.

Zuerst ein neues iPhone?

Nun ist die Möglichkeit, ein aktuelles System nutzen zu können, die eine Sache, die andere ist die Frage, ob es noch Spaß macht und sinnvoll ist. Tatsächlich wirken Geräte wie ein iPhone 5s oder 6 mittlerweile nicht mehr so schnell wie bei ihrer Vorstellung, und die neuesten Spiele sollte man diesen Geräten auch nicht mehr zumuten. Diesen Spaß kann man sich erst ab etwa dem iPhone 6s gönnen, wenn es nicht gerade grafisch zahnlose Puzzle-Games oder Ähnliches sein sollen. Natürlich sprechen für neuere Modelle nicht nur die höheren Leistungen, sondern auch Features: So hat das iPhone 5s noch den kleineren Bildschirm, das iPhone 6 noch kein Force Touch, und das 6s ist noch nicht wasserdicht.

Was vielleicht noch wichtiger ist: Wenn nächstes Jahr iOS 13 kommt, werden mit allergrößter Wahrscheinlichkeit wieder Geräte wie das iPhone 5s und womöglich ja auch das iPhone 6 aussortiert und dürfen nicht mehr mitspielen. Das bedeutet dann auch, dass es keine Sicherheitsupdates mehr geben wird, was den weiteren Gebrauch dieser Geräte dann immer unsicherer macht – von nachlassenden Akkus und anderen Gebrechen mal ganz zu schweigen. Das Einstellen der aktiven Unterstützung hat meistens auch einen deutlichen Verfall der Gebrauchtpreise zur Folge. Wer sich dieses Schicksal ersparen möchte, kann dem mit einem Upgrade auf ein Neugerät vorbeugen.

Das richtige iPad für iOS 12

Bei den iPads ist die Lage schon deshalb etwas komplexer, weil Apple mit iPad, iPad mini und iPad Pro gleich drei Linien betreibt. Erst mal gilt zwar das, was über die iPhones schon

Für das iPhone 5s wird es nächstes Jahr wohl kein Update mehr geben. Wer aktuell und sicher bleiben will, wird spätestens dann wechseln müssen.

Die Ahnengalerie

Die Tabelle zeigt alle bisher von Apple angebotenen iPhone- und iPad-Modelle. Sie finden dort, in welchem Jahr das jeweilige Gerät vorgestellt wurde und die neueste iOS-Version, die darauf noch läuft. Haben Sie ein älteres Gerät, können Sie es hier einordnen, um zum Beispiel Gebrauchtpreise besser vergleichen zu können. Sie können auch genau sehen, mit welchem gebrauchten Modell der Umstieg auf iOS 12 möglich ist.

	iPhone	iPad	iPad mini	iPad Pro
2007	iPhone			
bis System	iOS 3.1.3			
2008	iPhone 3G			
bis System	iOS 4.2.1			
2009	iPhone 3GS			
bis System	iOS 6.1.6			
2010	iPhone 4	iPad		
bis System	iOS 7.1.2	iOS 5.1.1		
2011	iPhone 4s	iPad 2		
bis System	iOS 9.3.5	iOS 9.3.5		
2012	iPhone 5	iPad 3, iPad 4	iPad mini	
bis System	iOS 10.3	iOS 9.3.5, iOS 10.3	iOS 9.3.5	
2013	iPhone 5c, 5s	iPad Air	iPad mini 2	
bis System	iOS 10.3, iOS 12	iOS 12	iOS 12	
2014	iPhone 6, 6 Plus	iPad Air 2	iPad mini 3	
bis System	iOS 12	iOS 12	iOS 12	
2015	iPhone 6s, 6s Plus		iPad mini 4	iPad Pro 12,9 Zoll
bis System	iOS 12		iOS 12	iOS 12
2016	iPhone SE, 7, 7 Plus			iPad Pro 9,7 Zoll
bis System	iOS 12			iOS 12
2017	iPhone X, 8, 8 Plus	iPad 5		iPad Pro 10,5/12,9 Zoll,
bis System	iOS 12	iOS 12		iOS 12
2018	iPhone XS, XS Max, XR	iPad 6		iPad Pro 11/12,9 Zoll
bis System	iOS 12	iOS 12		iOS 12

gesagt wurde: Kein Gerät fällt raus und alle, die iOS 11 schon beherrschten, wirken unter iOS 12 etwas flotter. Doch man muss kein Prophet sein, um zu ahnen, dass spätestens beim nächsten Update einige Geräte herauspurzeln werden: Besitzer eines iPad mini 2 oder 3 zittern vermutlich schon seit Jahren über die weitere Unterstützung, und auch die iPad-Air-Modelle haben nun schon einige Jahre auf dem Buckel, entsprechend lahmere Prozessoren und sind mit aktuellen Games überfordert. Zum Surfen und Kommunizieren sind sie natürlich noch prima geeignet, doch schon nächstes Jahr könnten diese Modelle von der Systemaktualisierung ausgeschlossen werden. Das größte Problem der älteren iPads ist vermutlich das aktuelle iPad der sechsten Generation: Es ist schnell, kann wie die Pro-Modelle mit dem ersten Apple Pencil umgehen und wird von Apple zum absoluten Kampfpreis angeboten. Das erleichtert die Entscheidung zum Update auf die aktuellen Modelle. Wer jedoch ein iPad Pro besitzt, hat bereits eine gute Heimstatt für iOS 12 und muss an ein Upgrade erst mal nicht denken.

Erst mal updaten und Ruhe bewahren

Im Gegensatz zu den meisten Updates sorgt iOS 12 also erst mal nicht für sofortigen Handlungsbedarf bei Besitzern älterer iPhones und iPads, sondern für eine Verschnaufpause von einem weiteren Jahr. Während der letzte große Einschnitt für ältere iOS-Geräte eher technische Gründe hatte, Stichwort 64-Bit-Kompatibilität, könnte es beim nächsten Mal auch einfach die Leistung sein. Zum Teil hebt Apple die Grenze auch an, um eine angemessene Performance auf allen von einem neuen System unterstützten Geräten zu erreichen. Ein Upgrade auf ein aktuelles iPhone oder iPad kann also durchaus eine Präventivmaßnahme sein.

Verkauf

Wer sich entschließt, ein neues iPhone oder iPad zu kaufen, muss das alte loswerden. Den Preis dafür kann man gut über beendete Auktionen im Netz ermitteln, für den Verkauf selbst kommen aber eher Kleinanzeigen-Märkte oder der Bekanntenkreis infrage. Wie Sie Ihr Gerät optimal darauf vorbereiten, erklären wir Ihnen später noch.

2

Konfiguration

Mit der App Einstellungen legen Sie fest, wie sich Ihr iPad im Alltag verhalten soll. Sie konfigurieren wichtige Systemeigenschaften und grundlegende Funktionen der vorhandenen Apps. Wir erklären die Konfiguration von iOS 12 von einfachen Darstellungsanpassungen, über die Nutzung von WLAN und mobilem Netz bis zur Optimierung der Sicherheit Ihres iPad und Ihrer privaten Daten.

Einstellungen von iOS 12 im Griff

Die App Einstellungen ist die Schaltzentrale von iOS. Wer das erste Mal ein iPad in Betrieb nimmt, sollte sich für die App etwas Zeit nehmen. Am besten blättern Sie die verschiedenen Bereiche der Einstellungen einmal durch, um sich einen Überblick zu verschaffen. Für Umsteiger auf iOS 12 lohnt sich die Tour ebenfalls, um neue Funktionen aufzuspüren. Auch später sind die Einstellungen immer die erste Anlaufstelle, wenn Sie Konfigurationsmöglichkeiten für System und Apps suchen.

Zum Einstieg geben wir nun einen Überblick zur Gliederung der Einstellungen als kleine Orientierungshilfe, bevor wir in den nachfolgenden Artikeln und Workshops dann weiter ins Detail

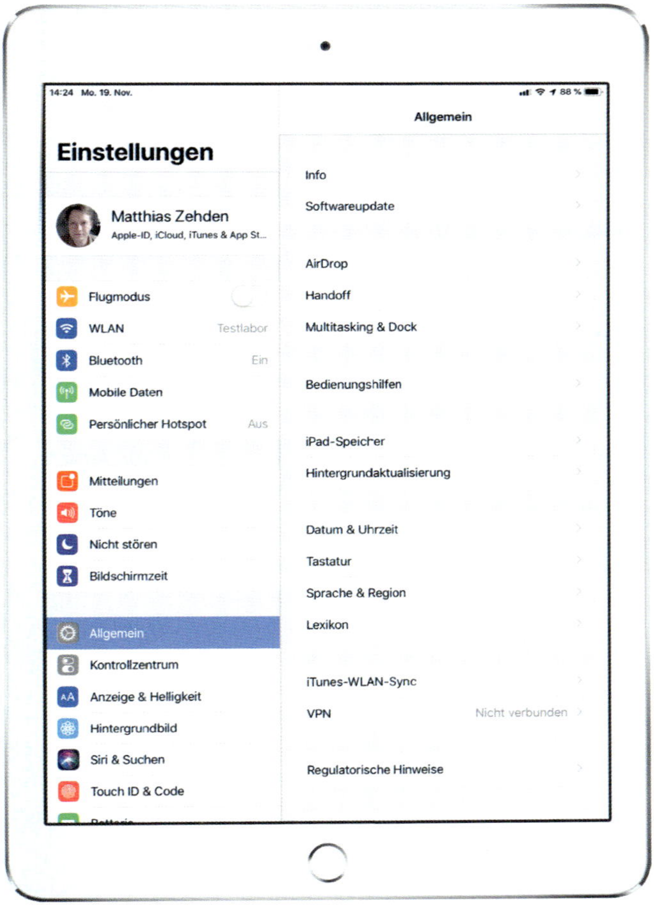

Die App Einstellungen ist nach jeder Installation eine der ersten und auf jeden Fall auch wichtigsten Stationen. Erst die passenden persönlichen Einstellungen machen das Gerät zu Ihrem iPad.

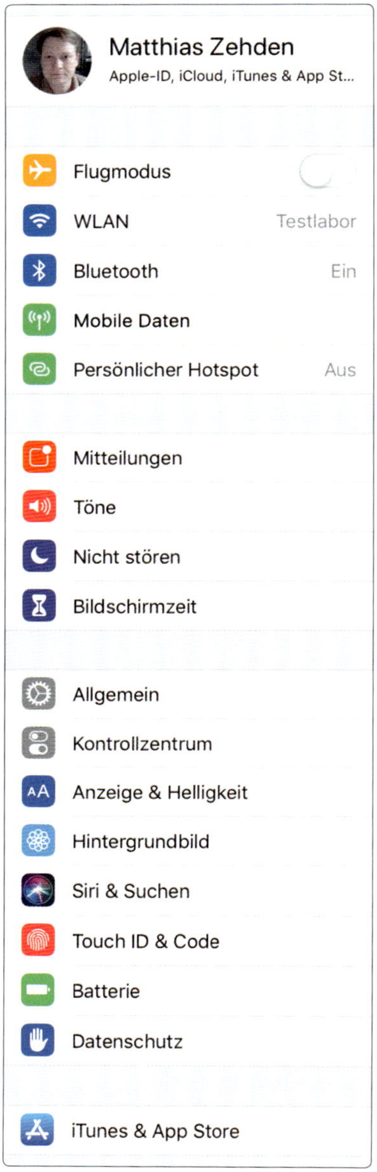

Unsere kleine Montage zeigt alle Einstellungen des iPad auf einen Blick: von Apple-ID und Flugmodus bis zu den installierten Apps aus dem Store am Ende der Liste (nächste Seite).

gehen und die Konfiguration in der Praxis zeigen. Die umfangreichen Einstellungen sind zur besseren Übersicht in die folgenden acht Bereiche unterteilt.

Persönliche Daten eintragen

Gleich als ersten Eintrag finden Sie in der App Ihr Profilbild und Ihren Namen. Dahinter verbergen sich die persönlichen Daten. Je nachdem, ob Sie ein Update gemacht oder ein neues Gerät in Betrieb genommen haben, fallen sie unterschiedlich umfangreich aus. Dazu gehören Einstellungen, die mit der Apple-ID zusammenhängen, wie Kontaktdaten und Zahlungsmittel, die Konfiguration von iCloud und der dazugehörigen Familienfreigabe oder die Verwaltung aller mit Ihrer ID verknüpften Apple-Geräte.

Die Verbindungen nach außen

Die zweite Gruppe der Liste bilden die verschiedenen Verbindungsarten zur Außenwelt und zugehörige Funktionen. Den Anfang macht der Flugmodus, der alle Funkstandards mit einem Schalter deaktiviert. Darunter finden Sie die Einstellungen für WLAN, Bluetooth und Mobilfunk (nur beim „Pad Wi-Fi & Cellular“). Als Besonderheiten sind hier auch der „Persönliche Hotspot“, über den das Gerät seine mobile Internetverbindung via WLAN zur Verfügung stellen kann, und - falls eingerichtet - VPN-Verbindungen schnell zugänglich. Die manuelle Auswahl des Netzbetreibers finden Sie in iOS 12 neuerdings im Unterpunkt „Mobiles Netz > Mobilfunknetz“.

Immer gut informiert sein

Im dritten Bereich geht es vor allem um die Kommunikation zwischen dem System und Ihnen. Hier konfigurieren Sie die Mitteilungen von System und Apps, die Sie über aktuelle Ereignisse informieren, und eng damit verbunden die Funktion „Nicht stören“, die Mitteilungen auf Wunsch unterdrückt, zum Beispiel nachts. Auch die „Töne“, also die Einstellungen zu Klingel- und Signaltönen, sind mit dem Update auf iOS 12 in diesen Block gerutscht. Die neu eingeführte Funktion „Bildschirmzeit“ finden Sie ebenfalls hier. Keine Sorge, wie sie genau funktioniert, erklären wir etwas später noch.

Basiseinstellungen des Systems

Die nächste Abteilung umfasst grundsätzliche Einstellungen zum Verhalten von iOS. Hier lohnt es sich vor allem, unter „Allgemein“ einmal alles durchzublättern, um sich mit den Möglichkeiten des Systems vertraut zu machen und dessen Verhalten an die eigenen Bedürfnisse anzupassen. Auch die Konfiguration des Kontrollzentrums ist seit iOS 12 hier zu finden.

Es folgen die Einstellungen zur Darstellung der Oberfläche und Hintergründe sowie die Siri- und Spotlight-Einstellungen. Außerdem können Sie unter „Batterie“ den Stromverbrauch kontrollieren. Diese Funktionen hat Apple in iOS 12 deutlich erweitert.

In „Touch ID & Code“ (oder „Face ID & Code“ auf den neuen iPad-Pro-Modellen mit Face ID statt Fingerabdrucksensor) und „Datenschutz“ finden Sie die meisten sicherheitsrelevanten Einstellungen von Gerät und System. Auch auf diesen für Ihr iPad und Ihre Privatsphäre besonders wichtigen Bereich gehen wir später noch ausführlich ein.

Die mobilen Stores von Apple

Es folgen in „iTunes & App Stores“ die Einstellungen zu den Shops für iTunes, Bücher und Apps als ein Bereich. Diese umfassen neben der Anmeldung bei Ihrem Konto auch Optionen für automatische Downloads neuer Medien und Updates sowie die Erlaubnis, dafür das Mobilfunknetz zu nutzen.

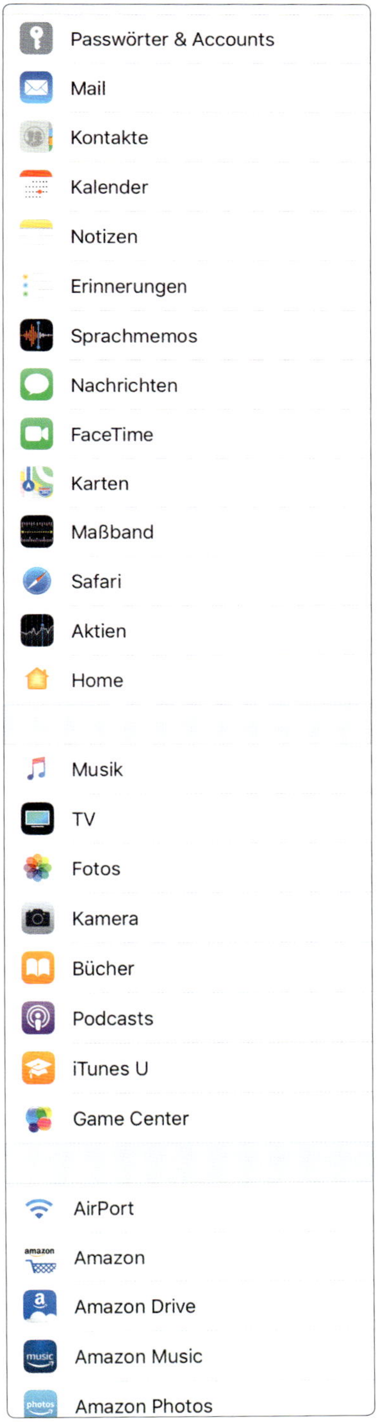

iOS-Apps konfigurieren

An sechster Stelle folgt die größte Gruppe von Einstellungen für die mitgelieferten Apps wie Nachrichten, Mail, Safari oder Facetime. Bereits in iOS 11 hat Apple hier gleich als Erstes den Eintrag „Accounts & Passwörter“ eingefügt. Dadurch sind die Account-Einstellungen zentral erreichbar statt wie früher über die Einstellungen von Mail, Kontakte und anderen Apps. Außerdem finden Sie hier die gesicherten App- und Website-Passwörter, wodurch sie im Alltag schneller aufrufbar sind.

Ansonsten konfigurieren Sie in diesem Abschnitt das Verhalten der mitgelieferten Apps. Sie legen zum Beispiel grundlegenden Einstellungen fest, wie die Suchmaschine in Safari, die Nutzung von Kilometern oder Meilen in Karten und Funktionen rund um Nachrichten und FaceTime. Viele der Optionen zeigen Sie auch weiter hinten im Buch bei der Vorstellung der Apps.

Medien aller Art

Bei der nächsten Gruppe dreht sich alles um die auf dem Gerät gespeicherten Medien und die zugehörigen Apps. Hier finden Sie Vorgaben zur Nutzung von Musik, Videos, Fotos oder Büchern. Auch die Kamera-Einstellungen sind hier zu finden, wie auch die Einstellungen zu Podcasts und den Bildungsangeboten von iTunes U.

Später installierte Apps

Am Ende der Liste folgt noch ein weiterer Bereich mit App-Einstellungen. Hier sammelt iOS die Einstellungen zu aus dem App Store geladenen Apps. Dieser Bereich ist bei einem frisch installierten iOS leer, wächst bei den meisten iPhone- und Pad-Benutzern jedoch im Laufe der Zeit langsam, aber sicher zur größten Gruppe

Haben Sie auch ein iPhone?

Wir stellen den Aufbau der Einstellungen hier am Beispiel des iPad vor. Besitzen Sie auch ein iPhone, finden Sie die meisten Bereiche der iOS-Einstellungen darauf in identischer Form vor.

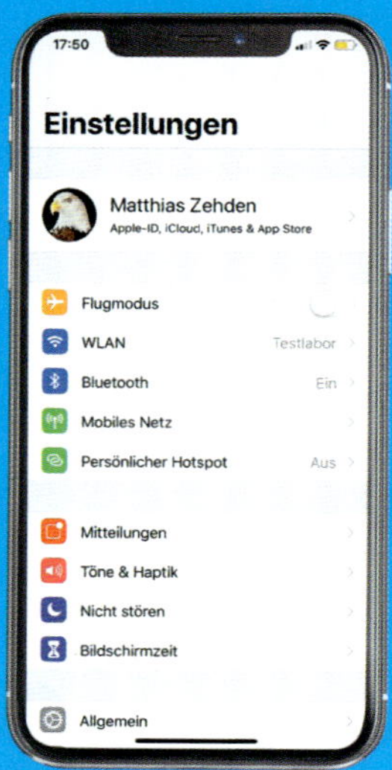

an. Da die Fremd-Apps ihre Einstellungen auch selbst verwalten können, lohnt es sich, sowohl in der App als auch hier in den Einstellungen zu suchen, wenn man eine Option nicht auf Anhieb finden kann.

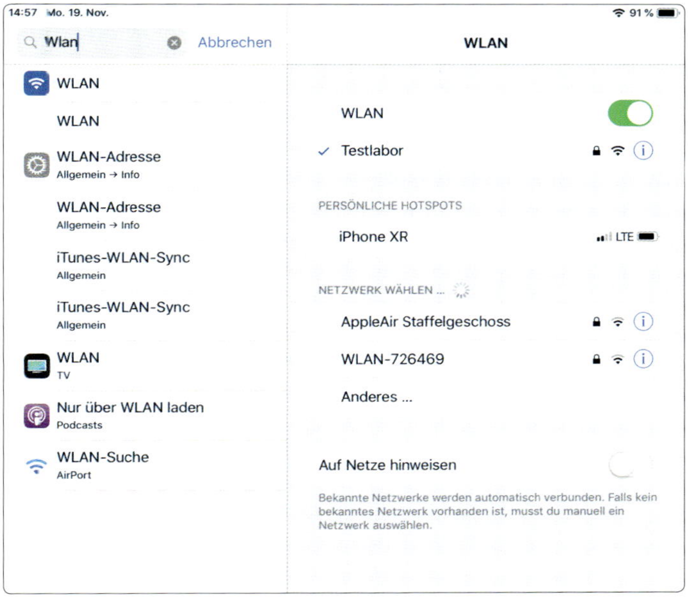

Schieben Sie in den Einstellungen die Liste der Einträge etwas nach unten, erscheint oben das Suchfeld. Geben Sie hier etwas ein, bietet iOS sofort dazu passende Einstellungen an.

Darstellung anpassen – neuer Look für iOS 12

Eine individuell angepasste Oberfläche gibt iOS nicht nur eine persönliche Note, sondern erleichtert mit Zoom und verbesserter Textdarstellung auch die Nutzung im Alltag.

Die Oberfläche von iOS ist das Springboard, das Gegenstück zum Finder von macOS oder zum Explorer von Windows. Oft spricht man auch vom Home-Bildschirm, obwohl streng genommen nur der erste Bildschirm so heißt, auf dem Apple die wichtigsten mitgelieferten Apps platziert. Sie haben viele Möglichkeiten, das Aussehen der Oberfläche anzupassen. Es gibt einerseits kosmetische Änderungen, wie den Wechsel des Hintergrundbilds, aber auch nützliche Anpassungen, die die Lesbarkeit von Texten verbessern.

Hintergrundbild austauschen

Öffnen Sie den Einstellungsbereich „Hintergrundbild“, können Sie ein neues Bild für Home- oder Sperrbildschirm auswählen, auf Wunsch auch unterschiedliche, schließlich eignet sich nicht jedes Motiv für beide Zwecke. Apple liefert bereits diverse Bilder, einfarbige und animierte Hintergründe mit. Natürlich können Sie auch Fotos aus Ihrer eigenen Sammlung nutzen.

Die wichtigsten Einstellungen zur Anpassung des Bildschirms sind unter „Anzeige & Helligkeit“ zusammengefasst. Hier finden Sie zunächst einen Schieberegler für die Helligkeit. Dazu ist die automatischen Anpassung der Helligkeit standardmäßig aktiv. iOS misst die Umgebungshelligkeit und passt das Display daran an. Wollen Sie die Funktion abschalten, müssen Sie seit iOS 12 die Einstellungen in „Allgemein > Bedienungshilfen > Display-Anpassungen“ öffnen. Es gibt allerdings kaum einen Grund, auf die Helligkeitsanpasssung zu verzichten.

Auf neueren Geräten lässt sich mit „Night Shift“ abends automatisch die Farbtemperatur erhöhen. Die reduzierten Blauanteile sollen unter anderem Schlafstörungen vermeiden. Night Shift können Sie manuell, per Zeitplan oder nach Sonnenauf-

Etwas größere und fette Schrift für bessere Lesbarkeit, dazu ein eigener Hintergrund – schon ist die individuell optimierte Oberfläche für Ihr iPad fertig.

und -untergang steuern. Auf einem iPad Pro lässt sich über „True Tone" zusätzlich das Farbspektrum des Displays an das Umgebungslicht anpassen.

Lesbarkeit von Texten verbessern

Es ist in iOS 12 zwar wieder etwas besser geworden, aber Apple verwendet immer noch viele kleine und „leichte" Schriften, was ordentlich nerven kann, wenn man nicht mit perfekter Sehkraft gesegnet ist oder sich die Sonne auf dem Display spiegelt. Mit der eingebauten Schriftskalierung von iOS lassen sich Texte vergrößern. Das funktioniert jedoch nur in Apps und an Stellen, an denen die Entwickler eine dynamische Anpassung der Schriften erlauben. Wählen Sie sehr große Schriftgrößen zerlegt es aus Platzgründen leider gern das Layout. Oft erzielen Sie aber bereits mit der ersten Vergrößerungsstufe eine deutliche Verbesserung. Eine gute Alternative ist der Einsatz fetter Schrift, da sie besser lesbar ist, ohne viel mehr Platz zu brauchen. Diese Methode wirkt praktisch überall, da iOS hierfür den Systemfont wechselt. So profitieren auch Texte, die nicht dynamisch skalierbar sind.

Zoomfunktion nutzen

Den praktischen „Anzeigezoom" des iPhone gibt es auf dem iPad leider nicht. Das iPhone reduziert dabei virtuell die Auflösung, so dass Sie in etwa den Bildschirminhalt eines kleineren Modells leicht vergrößert sehen. Ein iPhone 8 zeigt zum Beispiel näherungsweise das Bild eines iPhone 5 oder SE. Auf dem iPad müssen Sie sich mit der globalen Zoomfunktion helfen, die in den Bedienungshilfen in „Zoom" aktiviert wird. Da hierbei der normale Bildschirminhalt vergrößert dargestellt wird, passt er jedoch nicht mehr komplett aufs Display. Dafür ist die Skalierung ein einem weiten Bereich einstellbar. Wenn Sie sich die (De-)Aktivierung des Zooms als Kurzbefehl auf die Home-Taste legen, können Sie ihn schnell durch dreifaches Drücken der Taste an- und ausschalten. Der Kurzbefehl wird über den gleichnamigen Eintrag ganz unten in den Bedieungshilfen definiert.

Mehr Optionen

Weitere Anpassungen der Darstellung gibt es in den allgemeinen Einstellungen unter Bedienungshilfen. Hier finden Sie neben Textvergrößerung und einstellbarem Zoom auch die Sprachausgabe sowie verschiedene Farbfilter zur Unterstützung bei Sehschwächen, oder Sie können Transparenzen und 3D-Effekte der Oberfläche reduzieren.

Workshop: Bild für den Sperr- und Home-Bildschirm auswechseln

1 Einstellungen für Hintergrund öffnen

Die häufigste Anpassung, die viele Anwender vornehmen, ist wohl der Austausch des Hintergrunds. Dazu öffnen Sie in den Einstellungen „Hintergrundbild". Sie sehen die aktuellen Bilder. Tippen Sie auf „Neuen Hintergrund wählen".

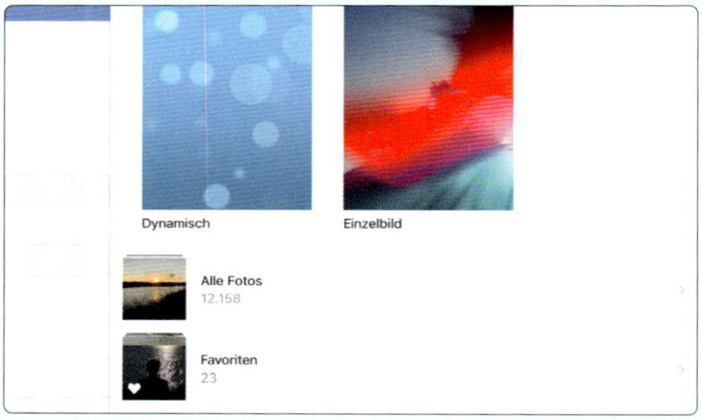

2 Neues Bild wählen und ausrichten

iOS bietet auf dem iPad die Hintergrundarten Dynamisch und Einzelbild. Darunter folgt Ihre Fotosammlung. Wählen Sie ein Bild, können Sie es per Kneifgeste zoomen und den sichtbaren Ausschnitt verschieben bis alles passt.

3 Ausgewähltes Bild übernehmen

Haben Sie Ihre Wahl getroffen, übernehmen Sie das ausgerichtete Bild. Dazu wählen Sie unten rechts aus, ob iOS es für dem Sperr- oder Home-Bildschirm oder für beide verwenden soll. Das neue Bild ist sofort zu sehen.

Workshop: Darstellung von Texten auf dem iPad optimieren

1 Helligkeit des Displays anpassen

Die wichtigsten Darstellungsoptionen finden Sie unter „Anzeige & Helligkeit". Den Anfang machen die Einstellungen für Helligkeit, Night Shift und auf neueren Geräten die Umgebungslichtanpassung True Tone.

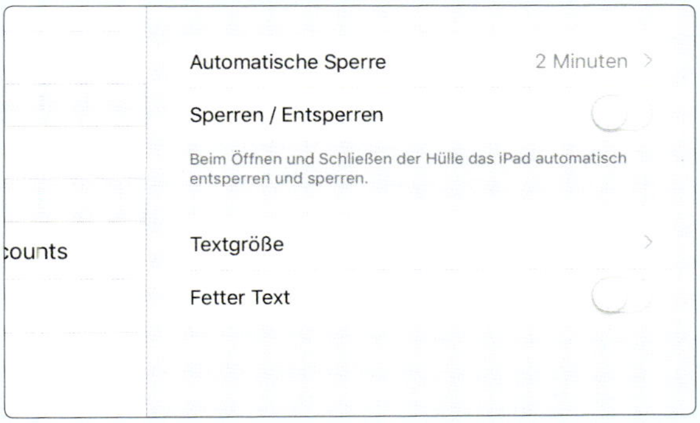

2 Texteinstellungen optimieren

Es folgen die Schriftgröße und -fettung. Wählen Sie Textgröße und ändern Sie diese, wird die neue Größe sofort aktiv. Der Schalter „Fetter Text" aktiviert einen fetten Systemfont, wofür das iPad das Springboard neu startet.

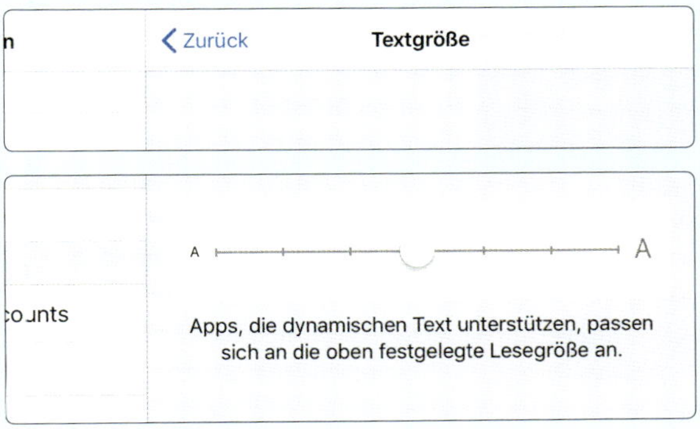

3 Variable Vergrößerung von Texten

Die Skalierung mit „Textgröße" bietet je drei Stufen größer und kleiner. Reicht das nicht, können Sie in „Allgemein > Bedienungshilfen > Größerer Text" den Einstellbereich der Textgröße noch einmal verdoppeln.

Workshop: Darstellung von Texten auf dem iPad optimieren (Fortsetzung)

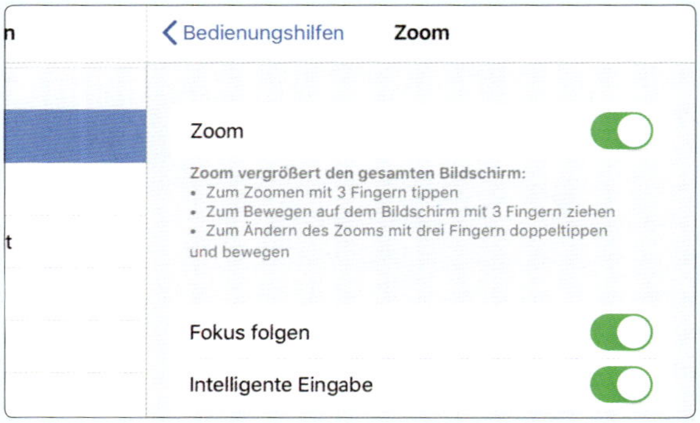

4 Vergrößerung einschalten

Die Zoomfunktion schalten Sie in den Einstellungen in „Allgemein > Bedienungshilfen > Zoom" an. „Fokus folgen" passt den sichtbaren Bildteil an, „Intelligente Eingabe" blendet bei der Eingabe die vollständige Tastatur ein.

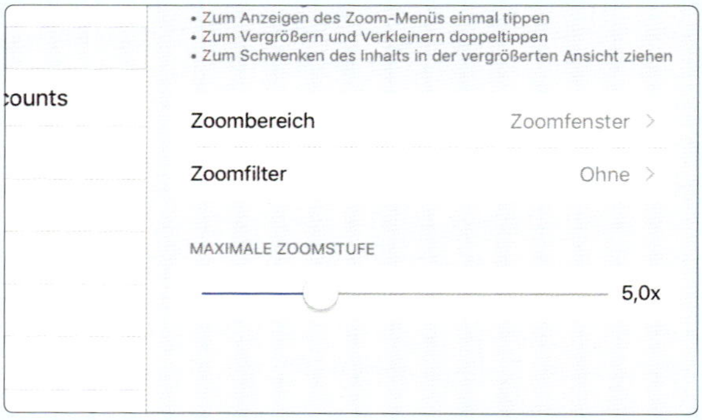

5 Zoomdarstellung anpassen

Unten in den Zoom-Einstellungen können Sie zwischen dem Zoom als Vollbild oder in einem begrenzten Fenster, sozusagen als „Lupe", wählen. Die Vergrößerung können Sie über den Schieber bis zum stattlichen Faktor 15x erhöhen.

6 Zoom im variablen Fenster benutzen

Das praktische Fenster der Lupe können Sie auf dem Bildschirm verschieben und skalieren. Wenn Sie mit drei Fingern doppelt tippen und halten, können Sie durch senkrechtes Ziehen den Zoomfaktor ändern.

Das Kontrollzentrum

Mit dem Kontrollzentrum bietet iOS dem Anwender eine praktische kleine Steuerzentrale. Hier hat Apple viele häufig benötigte Funktionen und Einstellungen an einem zentralen Ort gesammelt, wodurch Sie nicht erst die jeweils zugehörigen Einstellungsbereiche öffnen oder verschiedene Apps starten müssen. Alle Funktionen befinden sich in einem einzigen Fenster, wobei Sie dessen Inhalt sogar in gewissen Grenzen an Ihre Bedürfnisse anpassen können. Wir zeigen, wie Sie das praktische Kontrollzentrum anpassen und nutzen.

Kontrollzentrum benutzen

Das Kontrollzentrum öffnen Sie in iOS 12 auch auf dem iPad durch Wischen von der rechten oberen Ecke nach unten. Diese Geste hat Apple ursprünglich mit dem iPhone X eingführt.

Das Kontrollzentrums legt sich als durchscheinende Ebene über den Homescreen beziehungsweise die gerade aktive App. Der obere Bereich enthält von Apple vorgegebene Funktionen. Hier finden Sie die Netzwerkeinstellungen, den Mediaplayer, die Ausrichtungssperre, Nicht stören, AirPlay beziehungsweise Bildschirm synchronisieren, Helligkeit und Lautstärke sowie

Das Kontrollzentrum von iOS 12 bietet viele nützliche Funktionen an. Welche es im unteren Teil zeigt, können Sie sogar selbst bestimmen.

Konfiguration

2

den Stummschalter. Zum Teil befördert tippen und halten eines Icons weitere Optionen zutage. So erscheinen zum Beispiel im Netzwerkfeld Icons für AirDrop und den persönlichen Hotspot (nur auf „Cellular"-iPads). Im Fall der Helligkeit vergrößert iOS auf Druck den Schieberegler und blendet zusätzlich Knöpfe für Nightshift und True Tone (nur auf iPad Pro) ein.

Funktionen im Kontrollzentrum anpassen

Die bisher genannten Funktionen gehören fest zum Repertoire des Kontrollzentrums. Darunter finden Sie noch weitere. Standardmäßig bietet iOS hier den Zugriff auf Taschenlampe, Timer, Kamera und - falls aktiv - HomeKit an. Auch hier macht längeres Drücken weitere Funktionen zugänglich. Während einfaches Tippen auf Taschenlampe oder Kamera die Funktion im zuletzt benutzten Status ein- und ausschaltet, erlaubt ein Druck die Wahl der Helligkeit oder der Kamerafunktion.

Das Besondere an den unteren Icons ist, dass Sie über die iOS-Einstellungen selbst entscheiden können, was das Kontrollzentrum hier bereithält. iOS 12 bietet auf iPads immerhin 16 Steuerelemente an. Neben den bereits erwähnten Funktionen gehören zum Beispiel Bildschirmaufnahme, Lupe, Notizen oder Apple TV Remote dazu. In iOS 12 sind dabei Funktionen zum Einlesen von QR-Codes und zur Nutzung der Hörhilfe hinzugekommen. Letztere sendet den Ton vom Mikrofon des iPad direkt auf mit dem iPad verbundene AirPods von Apple oder zur Funktion kompatible Hörgeräte.

Für die Konfiguration nutzt Apple das gleiche Prinzip, dass Sie vielleicht schon von den Widgets der Heute-Ansicht kennen. Sie können die Funktionen des Kontrollzentrums einzeln an- und ausschalten und in der Reihenfolge verschieben (siehe Workshop). So können Sie den Umfang individuell anpassen. Die Umstellung auf das Plug-in-Modell für Funktionen mit iOS 11 wäre eigentlich die ideale Voraussetzung, um das Kontrollzentrum für externe Entwickler zu öffnen. Leider hat Apple das bis heute nicht getan.

Nützlich oder doch überflüssig?

Das Kontrollzentrum spaltet die iOS-Anwender. Für viele ist es ein unentbehrlicher Helfer im Alltag, andere lassen es links liegen. Sicher, Sie finden die enthaltenen Funktionen auch woanders, doch das Kontrollzentrum bietet sie alle auf einen Blick, ohne dass Sie sich durch diverse Apps und Bildschirme tippen müssen. Dazu können Sie die Auswahl auch noch an Ihre Bedürfnisse anpassen. Wir finden es gut!

Workshop: Im Kontrollzentrum angebotene Funktionen auswählen

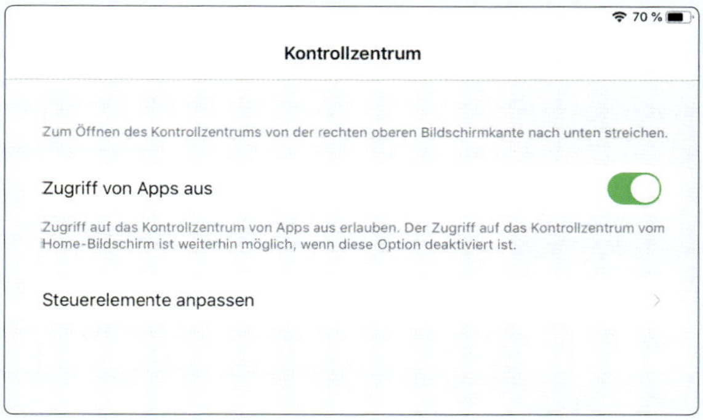

1 Konfiguration aufrufen

Die im unteren Teil des Kontrollzentrums gezeigten Funktionen können Sie verändern. Hierzu öffnen Sie den Einstellungsbereich „Kontrollzentrum" und tippen darin auf „Steuerelemente anpassen".

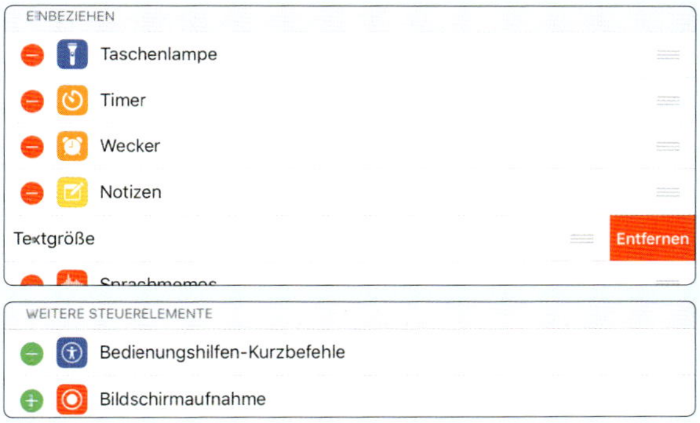

2 Steuerelemente auswählen

Sie sehen die verfügbaren Funktionen: Tippen Sie oben auf das rote Minuszeichen, um ein aktives Element auszublenden. Tippen Sie unten im Bereich „weitere Steuerelemente" auf das grüne Plus, um Funktionen zu aktivieren.

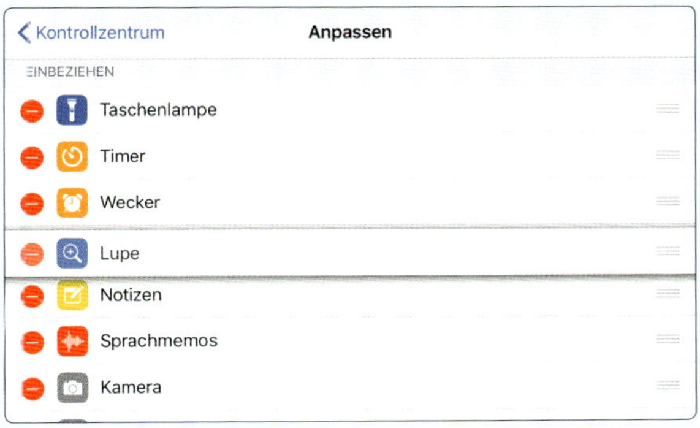

3 Reihenfolge der Einträge ändern

Am Listensymbol rechts vom Namen können Sie ein aktives Steuerelement ganz einfach in der Liste verschieben. Auf diese Weise passen Sie die Reihenfolge der angezeigten Funktionen im Kontrollzentrum bei Bedarf an.

Workshop: So nutzen Sie das Kontrollzentrum auf dem iPhone

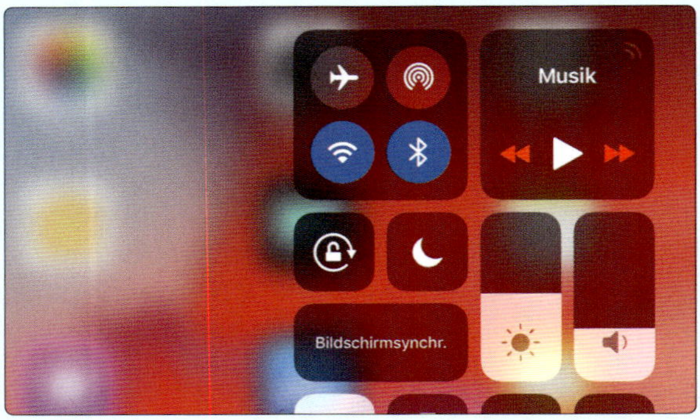

1 Kontrollzentrum aufrufen

Seit iOS 12 streichen Sie auf iPads zum Öffnen des Kontrollzentrums von der oberen rechte Ecke nach unten. Den Zugriff vom Sperrbildschirm aus können Sie in den Einstellungen unter „Face/Touch ID & Code“ unterbinden.

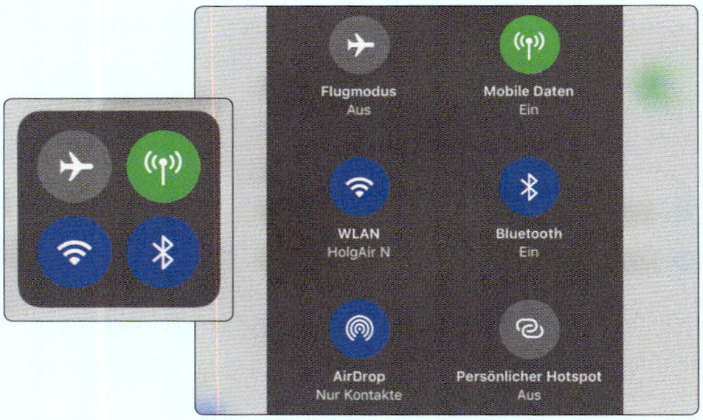

2 Mehr Funktionen einblenden

Durch tippen und halten können Sie zu vielen Funktionen Namen und weitere Optionen einblenden. Die Netzwerkeinstellungen eines iPad mit LTE (im Bild) bieten so zum Beispiel zusätzliche Tasten zur Aktivierung von AirDrop und dem persönlichen Hotspot an.

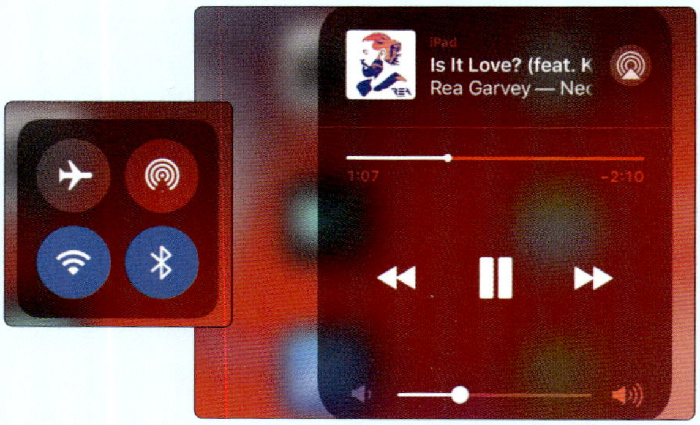

3 iOS-Mediaplayer erweitern

Auch der Mediaplayer lässt sich erweitern. Er zeigt dann für Musik das Cover und die AirPlay-Steuerung sowie Schieber für die aktuelle Abspielposition. Darunter steht dann noch die aktuelle Lautstärke zur Verfügung.

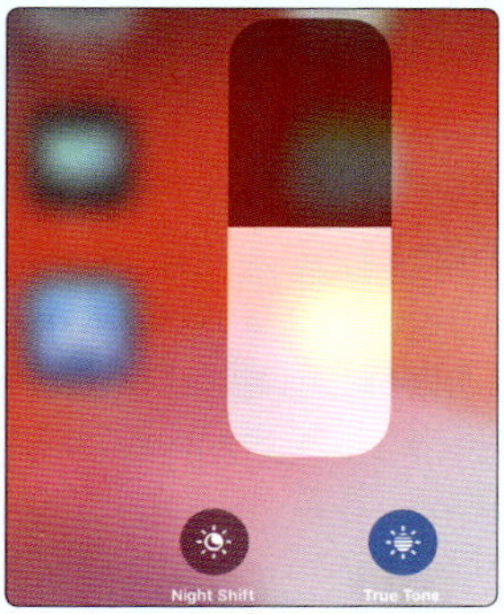

4 Regler für Helligkeit vergrößern

Sie können Helligkeit und Lautstärke in der normalen Ansicht bedienen, aber ein längerer Druck vergrößert den Regler, wodurch die Einstellung einfacher wird. Helligkeit bietet dann auch Buttons für Nightshift und True Tone (nur iPad Pro) an.

5 Zusatzfunktionen einblenden

Auch die unteren Tasten bieten weitere Optionen per 3D Touch: Wählen Sie zum Beispiel die Helligkeit der Taschenlampe (auf iPads mit Foto-LED), die Zeit für den Timer, HomeKit-Geräte und Szenen, den Modus der Kamera und vieles mehr.

6 iPad schnell stummschalten

Da neuere iPads keinen Schalter mehr seitlich am Gehäuse haben, um wie beim iPhone schnell den Ton auszuschalten, finden Sie einen Stummschalter am Anfang der unteren Iconreihen als feste Funktion im Kontrollzentrum.

Mitteilungen von iOS und Apps

Mitteilungen informieren Sie über aktuelle Ereignisse, doch zu viele davon nerven. Zum Glück können Sie in den Einstellungen unter „Mitteilungen“ ganz genau festlegen, welche App Ihnen Nachrichten schicken darf und in welcher Form. Damit die für Sie wichtigen Mitteilungen nicht zwischen den vielen anderen untergehen, sollten Sie sich unbedingt die Mühe machen, die Mitteilungen an Ihre Bedürfnisse anzupassen.

Eine wichtige Ergänzung ist dabei die „Nicht stören“-Funktion, die einen eigenen Einstellungsbereich hat (siehe Workshop) und ebenfalls dabei hilft, die Mitteilungsflut in Schach zu halten.

Im aktuellen iOS hat Apple einige Anpassungen vorgenommen, die die Nutzung von Mitteilungen komfortabler machen.

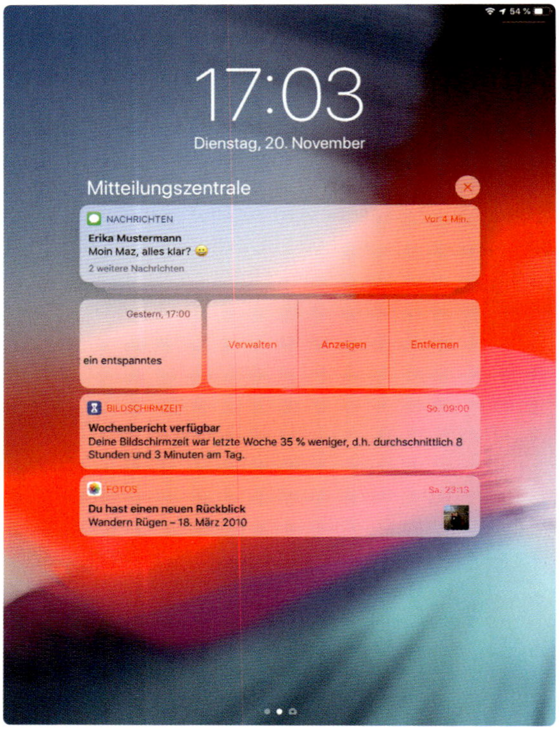

In iOS 12 lassen sich die Nachrichten in der Mitteilungszentrale für mehr Übersicht zu Gruppen zusammenfassen.

Konfiguration der Apps

Öffnen Sie in den Einstellungen den Bereich Mitteilungen, können Sie das allgemeine Verhalten der Funktion festlegen und für jede App einzeln die Art der erlaubten Mitteilungen wählen.

Zu den allgemeinen Optionen gehört, ob Mitteilungen eine Vorschau des Inhalts zeigen sollen. In der Voreinstellung ist das der Fall, was jedoch die Gefahr birgt, dass jemand auf dem Sperrbildschirm heimlich mitliest, ohne sich legitimieren zu müssen. Wollen Sie sich davor schützen, können Sie die Vorschau abschalten oder nur bei entsperrtem Gerät anzeigen lassen. Neu in iOS 12 ist das Menü „Siri-Vorschläge“: Darin legen Sie fest, welche Apps auf dem Sperrbildschirm Kurzbefehle vorschlagen dürfen.

Es folgt eine Liste Ihrer Apps. Wählen Sie eine aus, sehen Sie ganz oben immer einen Hauptschalter für ihre

Mitteilungen. Reicht es Ihnen, bei einer App ab und zu manuell nachzusehen, sollten Sie mit dem Schalter die Mitteilungen für sie komplett ausschalten. So reduzieren Sie die Anzahl an Mitteilungen zum Teil erheblich, was die Aufmerksamkeit für wirklich wichtige Mitteilungen erhöht. Darunter folgen die verfügbaren Mitteilungsarten, die sich je nach App etwas unterscheiden. Während der Hinweiston schnell lästig wird, hat sich der Kennzeichenzähler - das sind die runden Zahlen am App-Symbol - als dezente, aber dauerhaft präsente Mitteilung bewährt.

Anpassung nötig

Über Mitteilungen halten iOS und Apps Sie immer auf dem Laufenden. Damit der Dienst wirklich hilft, statt zu stören, sollten Sie unwichtige Mitteilungen abschalten.

Die Hinweise enthalten - falls erlaubt - die bereits erwähnte Vorschau des Inhalts. Sie bestimmen, ob diese auf dem Sperrbildschirm, im Mitteilungsverlauf oder als Banner in der gerade aktiven App erscheinen. Sie bieten die Auswahl zwischen „Temporär“ und „Dauerhaft“. Die ersten verschwinden nach kurzer Zeit wieder, die zweiten warten auf eine Bestätigung durch den Anwender. Damit diese erzwungene Interaktivität nicht lästig wird, sollten Sie dauerhafte Banner nur sparsam verwenden.

Einige Apps, zum Beispiel Nachrichten, erlauben auch eine optionale Wiederholung der Mitteilung, falls man sie nicht bestätigt oder die zugehörige App öffnet. Auch das trägt nicht zur Reduzierung der Benachrichtigungen bei.

Anzeige und Gruppen im Sperrbildschirm

Sie können die zu einer Mitteilung gehörige App vom Sperrbildschirm durch Antippen aufrufen, zum Teil auch die anzeigte Information, wie zum Beispiel eine E-Mail. Diese lässt sich auch durch Wischen nach rechts löschen. Ist es in den Sicherheitseinstellungen erlaubt, können Sie sogar direkt vom Sperrbildschirm aus auf einen Eintrag antworten. Tippen Sie lange auf eine Nachricht, um eine vollständige Vorschau zu öffnen.

Im aktuellen System haben Sie nun die Möglichkeit, in der Mitteilungszentrale eingegangene Hinweise zu gruppieren. Das macht die Liste deutlich kürzer und übersichtlicher. Ebenfalls neu ist der Befehl „Verwalten“, wenn Sie einen Eintrag in der Zentrale nach links wischen. Mit ihm können Sie von der Zentrale aus die Mitteilungen der App stummschalten, deaktivieren oder die zugehörigen Einstellungen öffnen.

Workshop: Mitteilungen aller Apps individuell konfigurieren

1 Mitteilungen mit Vorschau verhindern

In den Mitteilungseinstellungen tippen Sie oben auf „Vorschauen zeigen“, um zu wählen, ob Mitteilungen gleich den jeweiligen Inhalt enthalten oder nur den Namen der App mitteilen, die sie versendet haben.

2 Liste aller Apps überprüfen

Blättern Sie weiter nach unten, folgt in den Einstellungen der Bereich „Mitteilungsstil“, eine Liste Ihrer Apps. Unter dem Namen jeder App können Sie hier auf einen Blick überprüfen, welche Mitteilungsarten für sie jeweils aktiv sind.

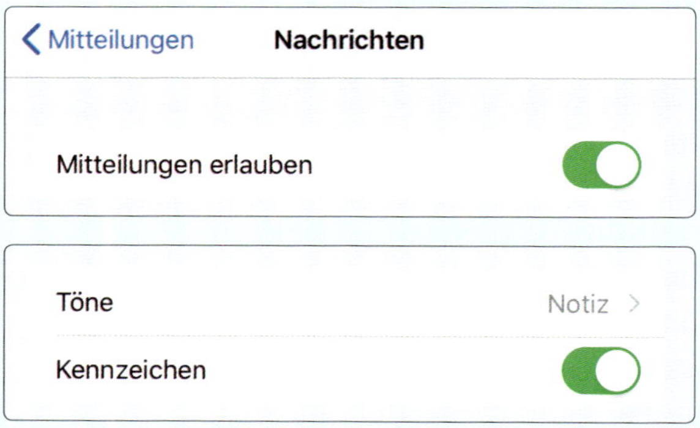

3 Mitteilungen einer App erlauben

Tippen Sie auf eine App, um deren Mitteilungen komplett auszuschalten. Sie können auch einen Signalton wählen oder mit dem Schalter „Kennzeichen“ den praktischen Mitteilungszähler am App-Symbol aktivieren.

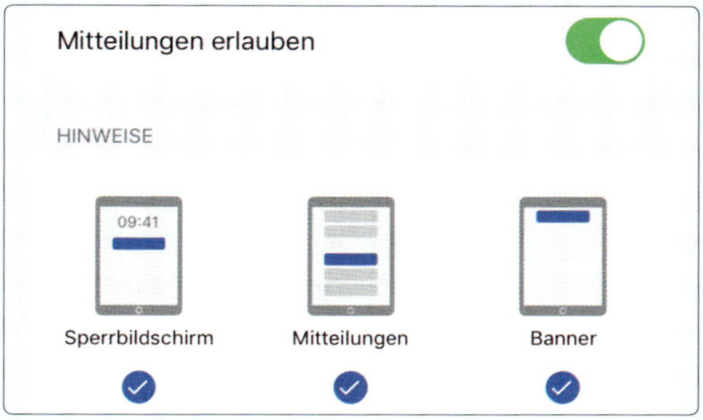

4 Mitteilungen mit Vorschau

Hinweise sind Mitteilungen, die eine Vorschau des Inhalts anzeigen können. Das können auch private Dinge sein. Wählen Sie hier, ob iOS Hinweise auf dem Sperrbildschirm oder im Mitteilungsverlauf anzeigen soll.

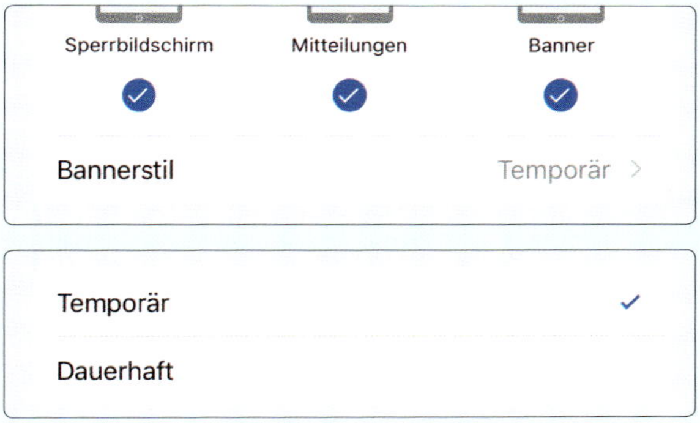

5 Dauerhafte Banner aktivieren

Als „Banner“ wird die Mitteilung oben in der gerade aktiven App gezeigt. Für Banner können Sie „Temporär“ oder „Dauerhaft“ wählen. Die zweite Form muss von Ihnen bestätigt werden bevor sie wieder verschwindet.

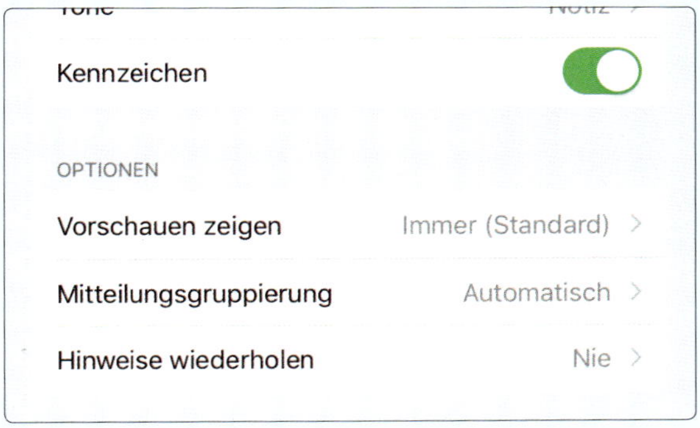

6 Weitere Optionen aktivieren

Ganz unten können Sie die Anzeige einer Vorschau noch einmal individuell für jede App festlegen und die Gruppierung in der Mitteilungszentrale aktivieren. Außerdem lassen sich Hinweise bei einigen Apps wiederholen.

Workshop: Mitteilungen mit „Nicht stören“ unterdrücken

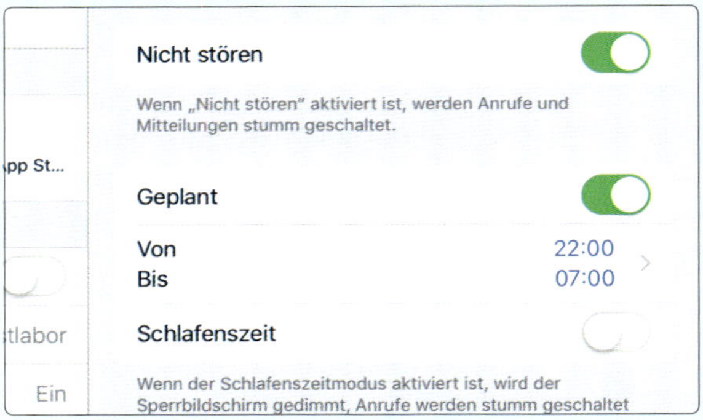

1 Zeitplan für Mitteilungen einrichten

In den Einstellungen „Nicht stören“ können Sie Ihr iPad stummschalten. Aktivieren Sie die Funktion manuell mit dem Schalter oder legen Sie darunter einen Zeitplan fest. In iOS 12 lässt sich „Nicht stören“ mit der Schlafenszeit koppeln.

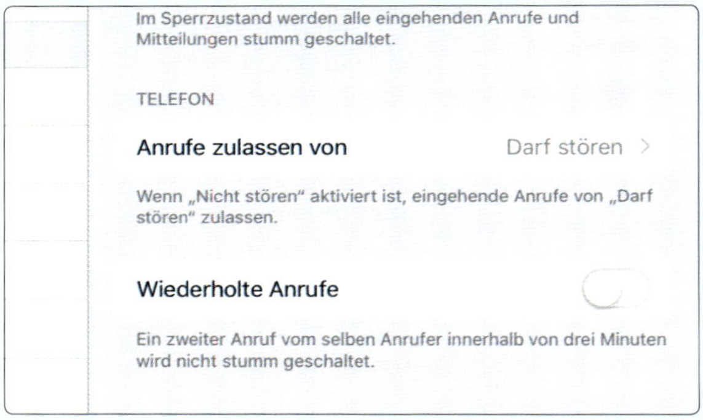

2 Ausnahmen für Anrufe erlauben

„Nicht stören“ kann das iPad immer oder bei aktivem Sperrbildschirm stummschalten. Praktsich: Unter „Telefon“ können Sie eine Gruppe Ihrer Kontakte wählen, die Sie auch bei aktivem „Nicht stören“ weiterhin anrufen darf.

3 Nicht stören automatisch beenden

Eine praktische neue Funktion erreichen Sie durch gedrückt halten des Nicht-stören-Symbol im Kontrollzentrum: Sie können die Funktion hier auch zeitlich befristet oder bis zum Verlassen des Ortes oder Ende eines Termins aktivieren.

Allgemeine Einstellungen

Der Bereich „Allgemein“ ist eine bunte Sammlung wichtiger Systemfunktionen. Er enthält viele grundsätzliche Einstellungen zum Verhalten von iOS 12. Nicht nur Einsteiger sollten hier durch die Optionen stöbern, um eine Idee zu bekommen, was möglich ist. Gern unterschätzt werden die Bedienungshilfen, doch auch die Hintergrundaktualisierung gehört zum Pflichtprogramm. Apples Voreinstellungen sind zwar nicht schlecht, aber notgedrungen immer ein Kompromiss für die breite Masse. Woher soll Apple auch wissen, worauf Sie besonderen Wert legen. Individuelle Anpassungen machen auf jeden Fall Sinn.

Infos und Updates

Nach dem Öffnen von „Allgemein“ finden Sie ganz oben in „Info“ die Möglichkeit, den Gerätenamen zu ändern und ein Profil mit Seriennummern, Kapazität und Belegung anzusehen – gewissermaßen das iPad in Zahlen. Hier steht auch, welche iOS-Version genau installiert ist. Darunter folgen in „Softwareupdate“ Funk-

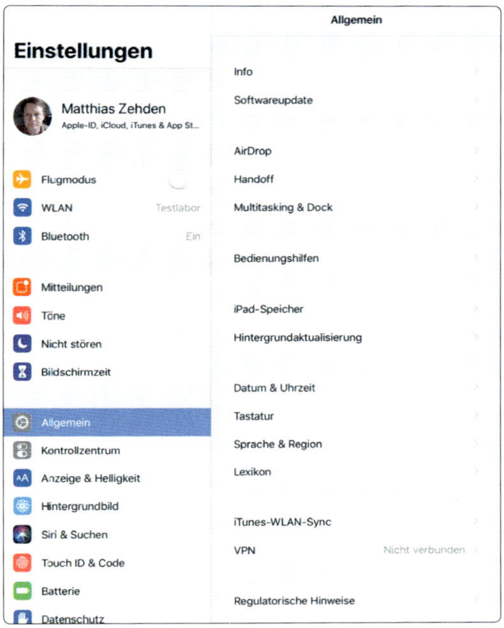

Die Auswahl der allgemeinen Einstellungen reicht von der lokalen Sprache und Tastatur über die Updateverwaltung bis zu Hintergrundprozessen und Speichernutzung.

tionen für die manuelle Suche nach neuen iOS-Versionen und deren Installation. In iOS 12 kommt nun die Funktion für automatische Updates hinzu. Diese installiert geladene iOS-Updates über Nacht, wenn das Gerät am Netzteil angeschlossen ist.

Verbindung von Apps und Geräten

Es folgen Einstellungen zur Verbindungsaufnahme: AirDrop dient dem einfachen Datenaustausch mit Macs und iOS-Geräten, Handoff der schnellen Übergabe offener Dokumente zwischen Geräten mit der gleichen iCloud-ID. Auf dem iPad finden Sie hier auch noch den Bereich „Multitasking & Dock“. Der enthält Einstellungen zur Kooperation und Steuerung von Apps.

Sehr praktisch: Bedienungshilfen

Die „Bedienungshilfen“ sollen Benutzern mit Einschränkungen bei Seh- und Hörvermögen oder Motorik die Nutzung von iPhone und iPad erleichtern. Letztlich findet in dieser Goldgrube aber jeder etwas Nützliches. Dazu gehören Vergrößerungsfunktio-

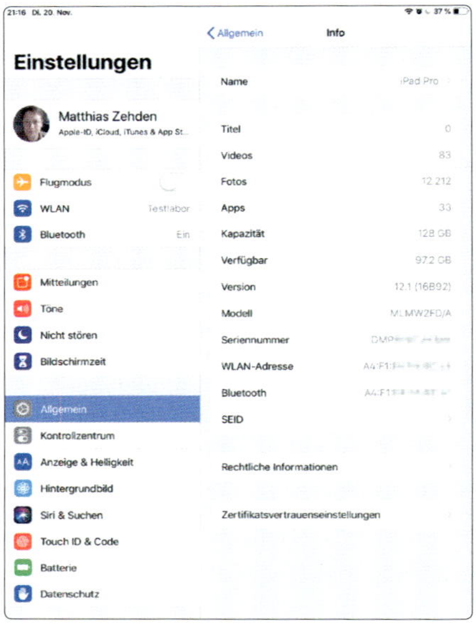

Unter „Info“ finden Sie den Gerätenamen und alle möglichen Daten.

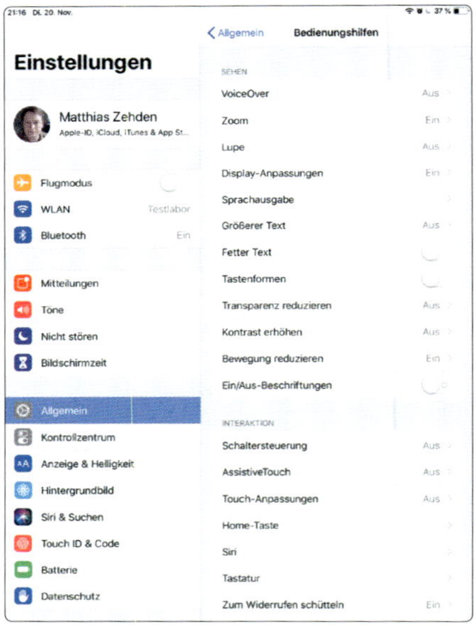

Bei den Bedienungshilfen ist wohl für jeden etwas Nützliches dabei.

nen, Farbanpassungen, Sprachausgabe, aber auch das Blinken der Blitz-LED bei Mitteilungen. Mit „AssistiveTouch" lassen sich auch die wenigen mechanischen Tasten per Touchscreen nachbilden, was bei älteren Geräten mit ersten Ausfallerscheinungen eventuell die Reparatur spart und daher ein beliebter Trick ist. Auf Geräten mit Home-Taste ist deren Konfiguration in iOS 12 ebenfalls in die Bedienungshilfen gewandert.

Prozessor und Speicher

Wird der lokale Speicherplatz knapp, schauen Sie in „iPad-Speicher". Hier finden Sie die Speicherverwaltung von iOS 12. Es gibt Funktionen zum automatischen Entfernen lange nicht genutzter Apps (Daten und Einstellungen bleiben), gekaufter Filme oder alter Nachrichten und Anhänge. Sie erfahren auch genau, womit der Speicher belegt ist und welche App wie viel benötigt. Sie können zum Teil auch gleich gezielt bestimmte Daten löschen. Auf dieses Thema gehen wir später noch ausführlich ein.

In „Hintergrundaktualisierung" bestimmen Sie, welche Apps automatisch Inhalte über das Netzwerk aktualisieren können. Da

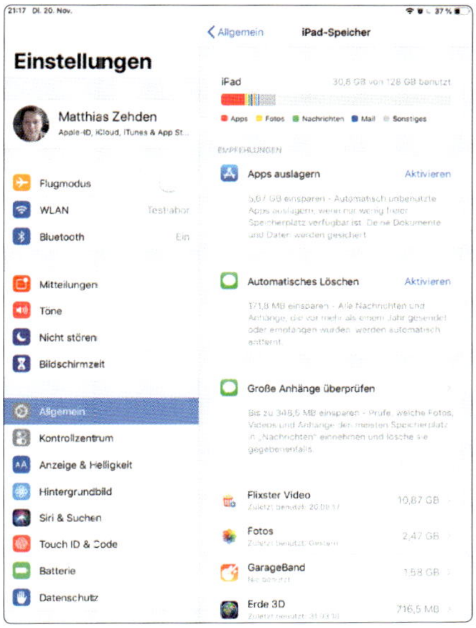

Die Speicherverwaltung von iOS 12 mit Tipps zum Platzsparen.

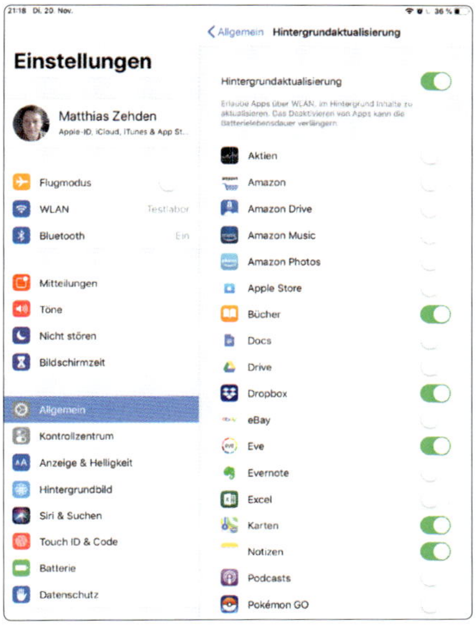

Reduzieren Sie die Hintergrundaktivitäten auf ein Minimum.

das eine Menge Strom und Leistung kosten kann, sollten Sie die Liste App für App durchgehen und nur die aktiv lassen, bei denen Sie die Funktion wirklich brauchen.

Lokale Einstellungen

Es folgen noch diverse einfache Einstellungen. In „Datum & Uhrzeit" finden Sie die automatische Bestimmung von Datum, Zeit und Zeitzone. Das Menü „Tastatur" enthält nicht nur die Auswahl lokalisierter Tastaturen, sondern auch die automatische Textersetzung beim Tippen. In „Sprache & Region" lassen sich die iPad-Sprache ändern und lokale Formate für Zahlen, Kalender oder Währung auswählen. Unter „Lexikon" werden die beim Nachschlagen benutzten Quellen vorgegeben.

Weitere Einstellungen

Außerdem finden Sie hier den „iTunes WLAN-Sync" zur Verbindung mit iTunes auf Mac und PC ohne USB-Kabel. In „VPN" können Sie verschlüsselte Netzwerkverbindungen („Tunnel") anlegen, und in „Profil" finden Sie die Verwaltung von Geräteprofilen. Dieser Punkt erscheint nur, wenn Sie Geräteprofile installiert haben, zum Beispiel zum Test von Betaversionen oder zur Verifizierung eines Servers. Das zugehörige Profil können Sie hier auch wieder entfernen.

iPad löschen

Am Ende der allgemeinen Einstellungen folgt noch das Menü „Zurücksetzen". Darin können Sie bei Problemen alle Einstellungen löschen oder bei Verbindungsproblemen nur die für das Netzwerk. Außerdem können Sie alle Einstellungen und Inhalte entfernen, um das Gerät in den Auslieferungszustand zurückzusetzen oder ein vorhandenes Backup einzuspielen. Sie können auch Änderungen am Tastaturwörterbuch, der App-Anordnung auf dem Home-Bildschirm oder Standort- und Datenschutzeinstellungen zurücksetzen. Den Abschluss bildet der Befehl zum Ausschalten des iPad.

Einschränkungen

Vermissen Sie hier die Einschränkungen, um bestimmte Apps oder Medienarten zu sperren? Deren Einstellungen hat Apple in iOS 12 in die neue Funktion Bildschirmzeit integriert.

Workshop: Einstellungen für Tastaturen und Texteingabe vornehmen

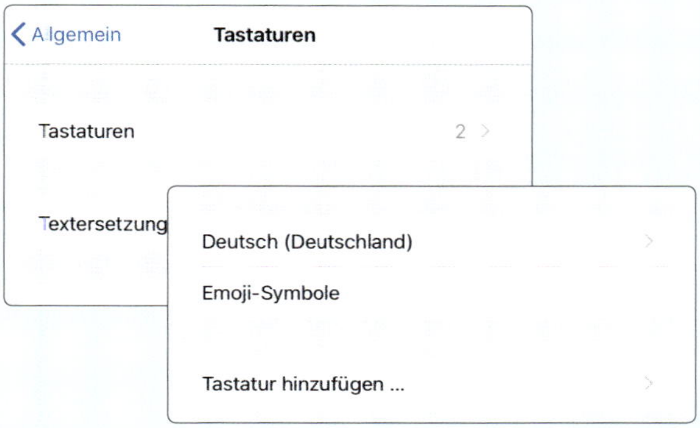

1 Tastaturbelegungen aktivieren

Tippen Sie in den Tastatureinstellungen auf „Tastaturen > Tastatur hinzufügen", um zusätzliche lokale Belegungen oder alternative Keyboards von Fremdfirmen zu aktivieren. Der Wechsel erfolgt später über die Weltkugeltaste.

2 Textersetzungen anlegen

In „Textersetzung" finden Sie Kürzel, die iOS bei der Eingabe automatisch ersetzt. Über die Plustaste können Sie eigene Ersetzungen hinzufügen. iCloud synchronisiert diese Liste übrigens auf all Ihren Geräten.

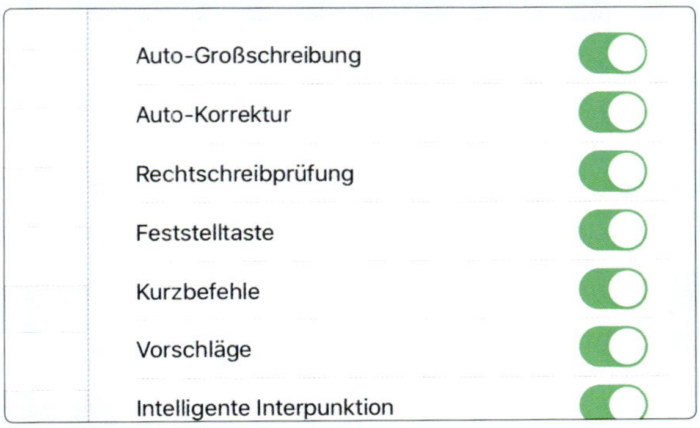

3 Vorschläge und Korrekturen

Unten in den Tastatureinstellungen können Sie noch diverse Eingabefunktionen an- und ausschalten, wie automatische Großschreibung nach einem Punkt oder die Textvorschläge bei der Eingabe oberhalb der Tastatur.

Bildschirmzeit kontrollieren

Mit Bildschirmzeit hat Apple eine wichtige neue Funktion in iOS 12 integriert, die dem Trend zur übertriebenen Smartphone- und Tablet-Nutzung entgegenwirken soll. Sie liefert unter anderem eine detaillierte Übersicht Ihres Nutzungsverhaltens. Darüber hinaus können Sie Vorgaben machen, wie lange iOS-Geräte oder bestimmte Apps genutzt werden dürfen. Besonders spannend wird das mit Kindern innerhalb einer Familienfreigabe, doch dazu gleich mehr. Der Zugriff auf die Bildschirmzeit erfolgt über den gleichnamigen Bereich in der App Einstellungen.

Erster Blick auf die iPad-Nutzung

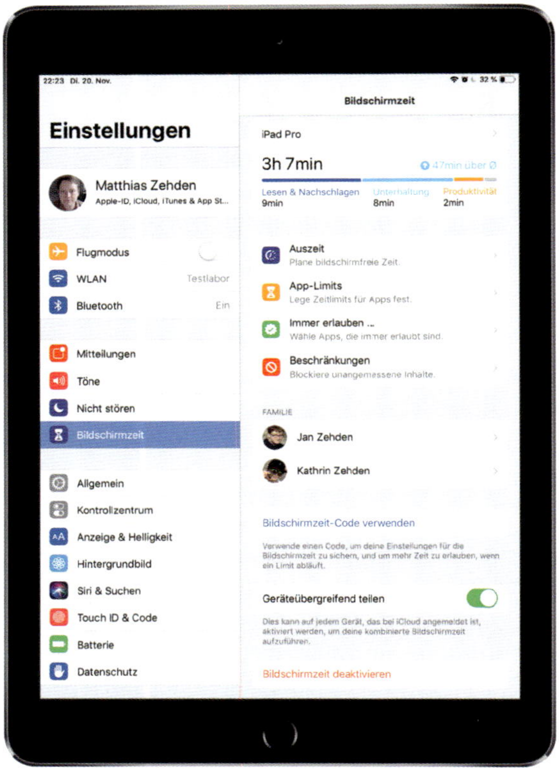

Bildschirmzeit zeigt oben die Nutzungszeit des Tages. Darunter folgen Limits zur Nutzungsbegrenzung und beim Einsatz in der Familienfreigabe die Kinder.

Haben Sie die Funktion noch nicht im Installationsassistenten von iOS 12 aktiviert, öffnen Sie Bildschirmzeit in den Einstellungen und schalten Sie sie ein. Dabei fragt iOS 12, ob es sich um Ihr Gerät oder das eines Kindes handelt. Letzteres wählen Sie, wenn Sie die Funktion für ein Kind in einer Familienfreigabe konfigurieren wollen.

Ist die Funktion aktiv, zeigt sie gleich als Erstes die Nutzungszeit des laufenden Tages, wobei einzelne Kategorien – ähnlich wie Sie das vielleicht schon von der Speicherbelegung kennen – farbig markiert sind. Normalerweise zeigt Bildschirmzeit hier die letzten 24 Stunden an, Sie können aber auch zu einer Übersicht der vergangenen sieben Tage wechseln.

Für mehr Details tippen Sie auf die Übersicht. iOS 12 zeigt dann eine Balkengrafik, die die Verteilung der Aktivitäten über den Tag anzeigt. So sehen Sie genau, wann Sie Apps welcher Kategorien benutzt haben. Darunter finden

Sie eine Liste Ihrer Apps, sortiert nach Nutzungsdauer. Es folgen Grafiken für im Anzeigezeitraum erfolgte Bildschirmaktivierungen und Mitteilungen.

Benutzungs-Limits setzen

Allein die Anzeige der Nutzungszeiten mag dem einen oder anderen schon ein schlechtes Gewissen machen, wenn man es mal wieder übertrieben hat. Sollte dieser Appell an die Vernunft nicht reichen, um sich selbst zu disziplinieren, können Sie die Nutzungszeiten auch begrenzen beziehungsweise sich automatisch erinnern lassen. Dabei können Sie zeitliche Limits für die gesamte Nutzungszeit des Geräts oder für einzelne Apps beziehungsweise Kategorien wie Spiele oder soziale Netze vorgeben. iOS 12 erinnert Sie, wenn Sie das gesetzte Limit erreichen. Dabei können Sie sich natürlich auch über diese Empfehlung hinwegsetzen. Man sollte die Funktion nicht als Selbstkasteiung auffassen, sondern mehr als Erinnerung, das iPhone oder iPad nach einer gewissen Zeit zur Seite zu legen, wenn man dazu neigt, es zu übertreiben. Änderungen an den Bildschirmzeit-Einstellungen lassen sich optional per Code schützen.

Unter dem Punkt „Beschränkungen“ finden Sie die Optionen der ehemaligen Funktion „Einschränkungen“. Hier können Sie bestimmte Features und Einstellungen auf dem Gerät sperren, dazu gehören zum Beispiel das Löschen von Apps oder In-App-Käufe, Altersfreigaben für Medien oder das Ändern von Datenschutzeinstellungen.

Bildschirmzeit für Familien

Mit „Bildschirmzeiten für Familie einrichten“ können Sie schließlich noch alle der genannten Funktionen innerhalb einer Familienfreigabe auf Kinder anwenden. Auf diese Weise können Sie deren Bildchirmzeiten kontrollieren und optional begrenzen, um eine altersgemäße Nutzung sicherzustellen. Mithilfe der Codesperre lassen sich die Limits durchsetzen. Überschreitungen müssen im Einzelfall per Anfrage an die Eltern von diesen genehmigt werden.

Lang erwartet

Mit Bildschirmzeit hilft Apple nicht nur allen Anwendern, ihre eigenen iPhone-Nutzungsgewohnheiten zu überprüfen und den inneren Schweinehund in Schranken zu halten, sondern bietet auch die lange von Eltern gewünsch-te Möglichkeit einer effektiven zeitlichen Kontrolle der Geräte ihrer Kinder.

Workshop: Die eigenen Nutzungsgewohnheiten analysieren

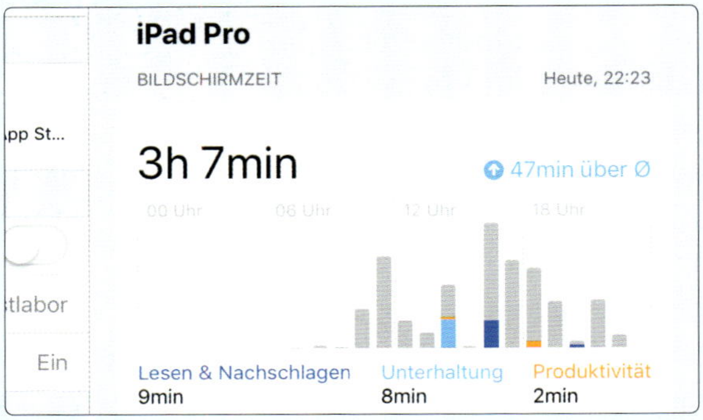

1 Tagesübersicht aufrufen

Tippen Sie in Bildschirmzeit auf die Übersicht der Benutzung, erscheint eine Säulengrafik mit stundenweiser Darstellung Ihrer Aktivitäten des Tages. Einzelne Anwendungsbereiche sind in den Säulen farbig markiert.

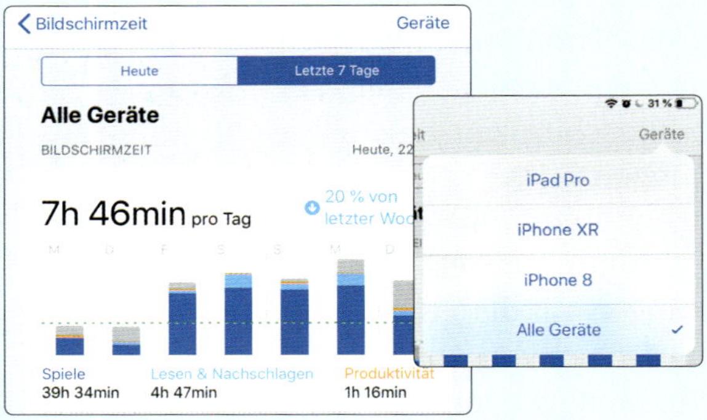

2 Wochenübersicht und andere Geräte

Über der Grafik können Sie zur Wochenübersicht wechseln. Verwenden Sie Bildschirmzeit auf mehreren iPhones oder iPads, können Sie mit der Taste „Geräte“ (oben rechts) ein anderes Gerät oder alle Geräte auswählen.

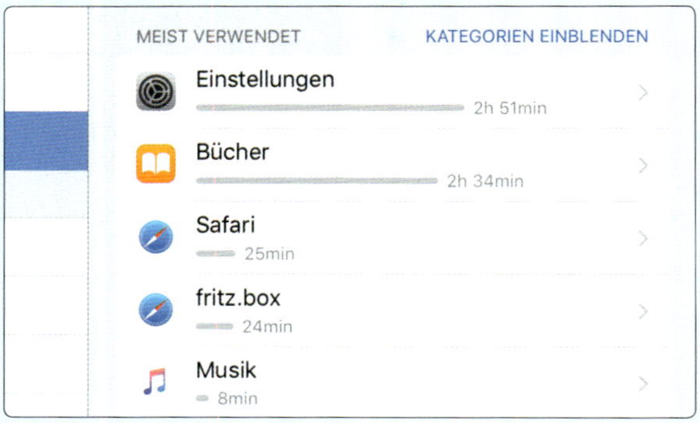

3 Nutzungsdauer pro App ansehen

Unter der Säulengrafik folgt eine Liste der Apps mit deren jeweiliger Nutzungsdauer. Tippen Sie darin auf eine App für weitere von Bildschirmzeit gespeicherte Informationen zur Nutzung oder um ein Zeitlimit für sie zu setzen.

4 Apps nach Kategorien anzeigen

Über der Liste finden Sie rechts den Befehl, um jeweils zwischen der Anzeige von Apps und Kategorien zu wechseln. Rufen Sie eine Kategorie auf, um die erfassten Nutzungszeiten der ihr zugeordneten Apps zu sehen.

5 Protokoll der Aktivierungen

Blättern Sie weiter nach unten folgt eine Grafik, die die Häufigkeit der Aktivierung zeigt, also wie oft Sie das Gerät zur Hand genommen haben. Bildschirmzeit liefert den Schnitt pro Stunde und die Zeit der meisten Aktivierungen.

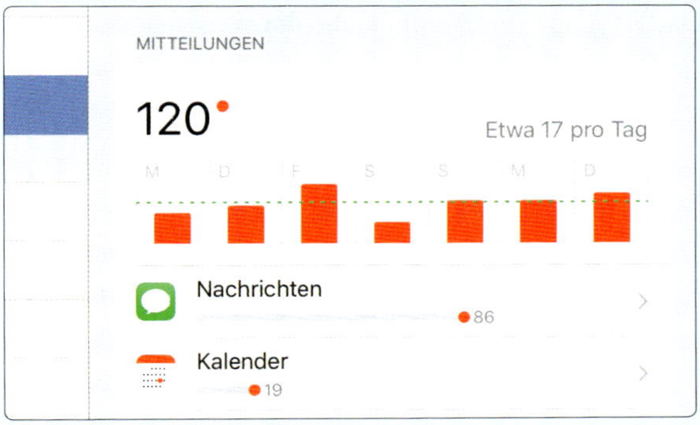

6 Erhaltene Mitteilungen prüfen

Zum Schluss zeigt Bildschirmzeit erhaltene Mitteilungen. Sie sehen die Häufigkeit über den Tag verteilt und die absolute Anzahl der Mitteilungen für jede App. Tippen Sie auf Letztere, um deren Mitteilungseinstellungen zu ändern.

Workshop: Individuelle Zeitlimits für Geräte und Apps vorgeben

1 Nutzung Ihrer Geräte einschränken

Der zweite Block der Bildschirmzeit-Einstellungen umfasst die (optionalen) Einschränkungen der Nutzung. In „Auszeit“ legen Sie die Zeit pro Gerät fest, in „App-Limits“ die erlaubte Zeit für Apps oder Kategorien von Apps.

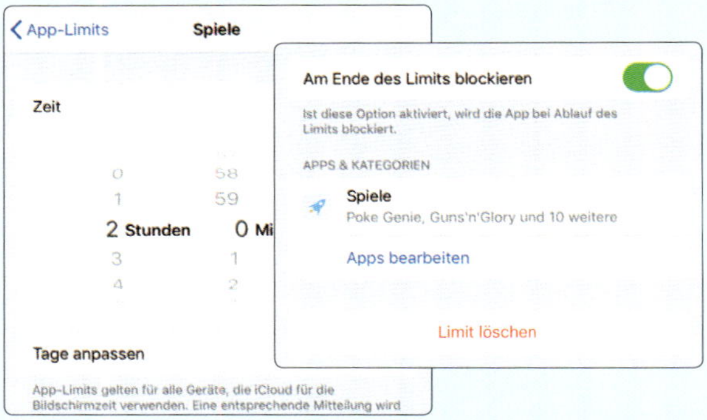

2 App-Nutzung begrenzen

Für eine neue Regel wählen Sie „App-Limits > Limit hinzufügen“. Wählen Sie aus der Liste eine Kategorie und legen die Zeit fest. Mit „Tage anpassen“ können Sie für jeden Wochentag ein eigenes Zeit-Limit setzen.

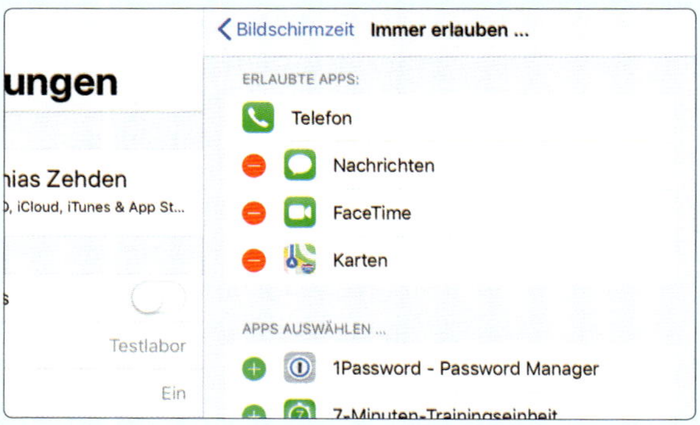

3 Ausnahmen vom Zeitlimit erlauben

In „Immer erlauben“ legen Sie Ausnahmen fest, also Apps, die sich trotz erreichtem Zeitlimit der Bildschirmzeit weiterhin nutzen lassen sollen. Ist das Zeitlimit einer App erreicht, fragt iOS, ob Sie sie weiter nutzen wollen.

WLAN und mobiles Netz

Drahtlose Netze sorgen für die Verbindung zur Außenwelt. Ob Facetime, iMessage oder Whatsapp - die aktuellen Kommunikationsdienste laufen über das Internet, und da mischt auch das iPad kräftig mit. Hinzu kommen Cloud-Dienste, Spiele, Shops aller Art oder das Streaming von Musik und Filmen. Daher gehört die Netzwerkkonfiguration zu wichtigsten Aufgaben bei der Einrichtung von iOS-Geräten.

Mobiles Netz konfigurieren

iPads mit eigenem Mobilfunkchip können auch unterwegs eigenständig online gehen. Dafür brauchen Sie gewöhnlich nur die SIM einzulegen, sich anzumelden, und die Einstellungen des Netzbetreibers werden automatisch zur Verfügung gestellt. Sollte eine manuelle Anpassung nötig sein, finden Sie die Einstellungen in iOS 12 jetzt in „Mobiles Netz > Mobiles Datennetzwerk“. Ihr Provider wird Sie entsprechend informieren.

Die Aufgabe des Benutzers ist gewöhnlich eher, darauf zu achten, das im Mobilfunkvertrag gebuchte Datenvolumen nicht zu überschreiten, ganz besonders bei Reisen ins Nicht-EU-Ausland, wo eventuell noch hohe Roaming-Gebühren anfallen. Die not-

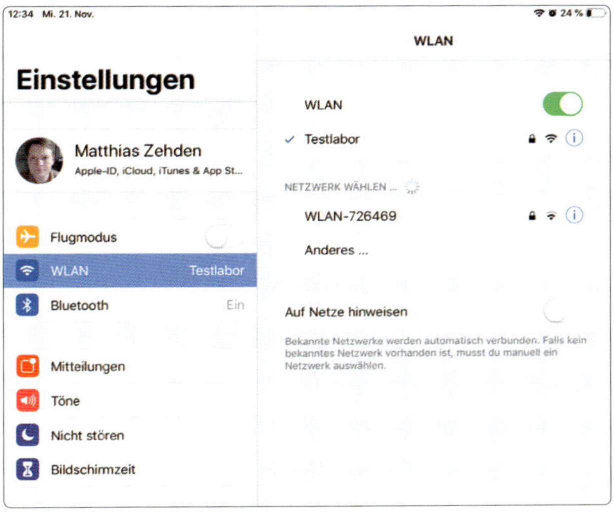

Konsequente WLAN-Nutzung im Büro, zu Hause und an vielen öffentlichen Orten entlastet das mobile Datenvolumen.

wendigen Infos und Funktionen finden Sie in der App Einstellungen unter „Mobiles Netz“. Dort können Sie den Zugriff auf Daten über das Mobilfunknetz ausschalten, separat das „Datenroaming“ im Ausland. In der Regel deaktivieren Sie hier aber eher den Internetzugriff für einzelne Apps oder prüfen, welche in letzter Zeit wie viel Daten übertragen hat.

WLAN-Verbindung nutzen

In Zeiten von LTE ist das WLAN oder der meist dahinterstehende DSL-Anschluss zwar gar nicht mehr unbedingt die schnellere Lösung, aber erstens ist LTE längst noch nicht überall ausreichend gut ausgebaut, und zweitens sind große Datenmengen mobil immer noch viel teurer als über DSL. Zu Hause oder im Büro ist es nach wie vor eine gute Idee, ein verfügbares WLAN zu nutzen. Auch auf öffentlichen Plätzen, in Flughäfen, in der Bahn oder in Hotels findet man immer öfter WLAN, wenn auch in sehr unterschiedlicher Qualität.

Stehen WLAN und mobile Daten zur Verfügung und ist die Funktion „WLAN-Unterstützung“ aktiv, wechselt iOS auf Mobilfunk, wenn dessen Verbindung schneller ist. So kann man sein gebuchtes Datenvolumen trotz vorhandenem (aber schlechtem) WLAN versehentlich aufbrauchen. Wer damit leben kann, nicht immer die schnellste Verbindung zu haben, sollte die WLAN-Unterstützung nur bei Bedarf unter „Mobiles Netz“ aktivieren.

Hotspot: Internetzugang für andere

Die dritte wichtige Netzwerkfunktion ist der persönliche Hotspot. Ist er aktiv, spielt das iPad selbst WLAN-Router und stellt anderen seine Internetverbindung zur Verfügung. So können Sie andere iOS-Geräte per WLAN online bringen, Rechner auch per Bluetooth oder USB-Kabel. Aber Vorsicht: Die Geräte am Hotspot verhalten sich wie im Heimnetz, laden bei Bedarf also auch mal schnell ein großes Update oder Ähnliches. Und wer ohnehin ein iPhone hat, kann sich beim iPad-Kauf mit dem günstigeren Wi-Fi-Modell begnügen und unterwegs über den persönlichen Hotspot des iPhone ins Internet gehen.

iCloud

Ist Ihr iCloud-Schlüsselbund aktiv, speichert iOS WLAN-Passwörter darin und gleicht sie zwischen Ihren Geräten ab. Ein auf dem iPhone benutztes WLAN ist somit auf Ihrem iPad oder Mac ebenfalls nutzbar.

Workshop: Das Mobilfunknetz für Datenverbindungen verwenden

1 Mobile Daten und Roaming nutzen

In „Einstellungen > Mobiles Netz" können Sie den Internetzugang per Mobilfunk mit dem Schalter „Mobile Daten" ausstellen. In „Datenoptionen" können Sie Roaming im Ausland deaktivieren, um Kosten zu vermeiden.

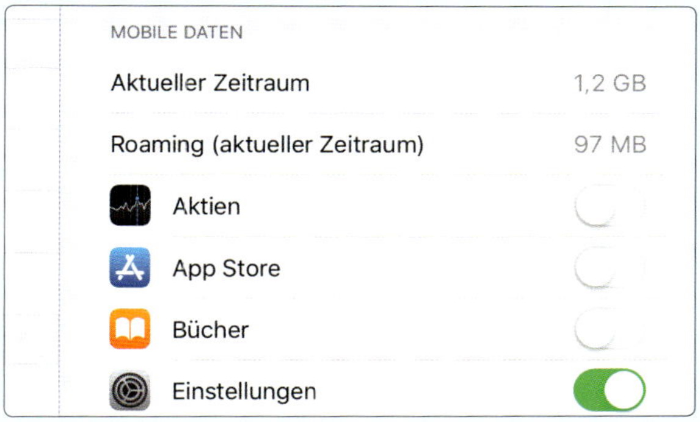

2 Mobiles Internet für Apps erlauben

Weiter unten sehen Sie, wie viel Daten über Mobilfunk übertragen wurden. Der Roaming-Anteil ist separat angegeben. Schalten Sie hier mobile Daten für alle Apps, die unterwegs nicht online sein müssen, aus.

3 Weitere Dateneinstellungen

Unterhalb der Liste können Sie die WLAN-Unterstützung durch 3G/LTE oder die Nutzung von iCloud Drive per Mobilfunk ausschalten und die Verbrauchszählung der Statistik für mobile Daten zurücksetzen.

Workshop: WLAN-Funktion von iOS 12 konfigurieren

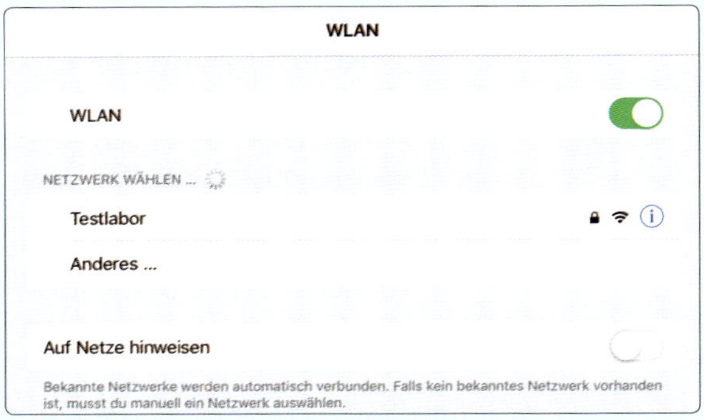

1 Drahtloses Netzwerk auswählen

Öffnen Sie die WLAN-Einstellungen des iPad. Unter „Netzwerk wählen“ können Sie alle sichtbaren WLANs in Reichweite sehen und eines davon auswählen. Für ein WLAN mit unsichtbarer SSID tippen Sie auf „Anderes“.

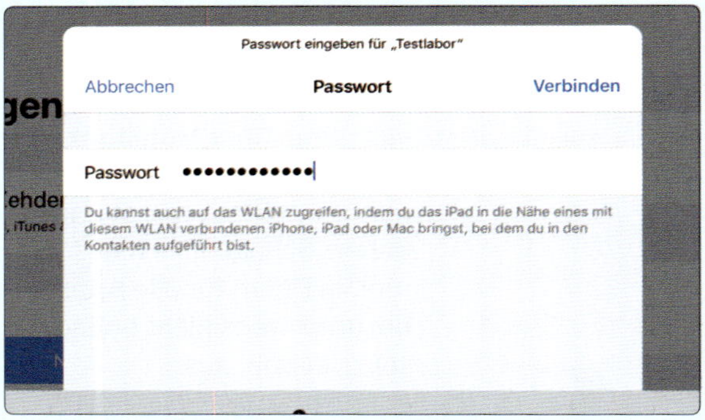

2 An einem WLAN anmelden

Für ein sichtbares WLAN geben Sie einfach das Passwort ein. Die Art der Verschlüsselung erkennt iOS 12 selbst. Bei unsichtbaren WLANs müssen Sie zusätzlich den Namen und die Verschlüsselungsart angeben.

3 Zugangsdaten eines WLAN enfernen

Das iPhone merkt sich die Daten für das nächste Mal. Tippen Sie auf das „i“ hinter dem WLAN-Namen, um mit „Dieses Netzwerk ignorieren“ die Zugangsdaten wieder zu löschen oder die automatische Nutzung abzuschalten.

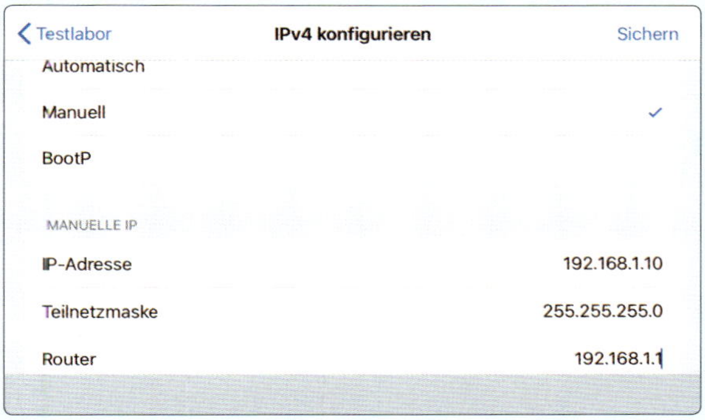

4 TCP/IP manuell konfigurieren

Tippen Sie im Info-Screen auf „IP konfigurieren", um von der automatischen Konfiguration des Internetprotokolls (per DHCP) zur manuellen Eingabe von IP-Adresse, Teilnetzmaske und anderen TCP/IP-Daten zu wechseln.

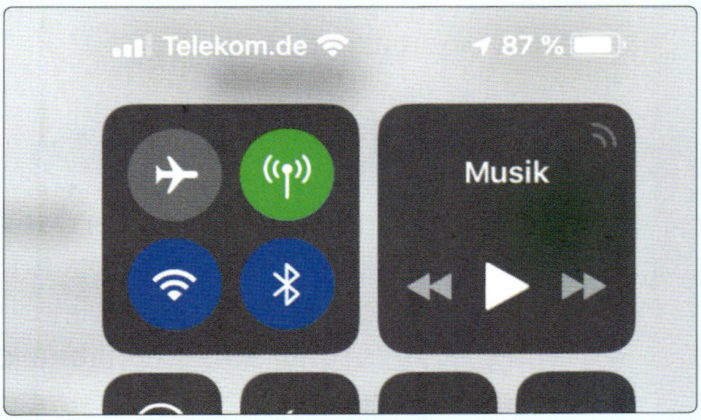

5 Drahtlose Netze ausschalten

Mit dem Flugmodus lassen sich über die Einstellungen (dauerhaft) oder im Kontrollzentrum (für den Tag) alle Verbindungen auf einmal abschalten. Sie können WLAN, mobile Daten oder Bluetooth aber auch einzeln schalten.

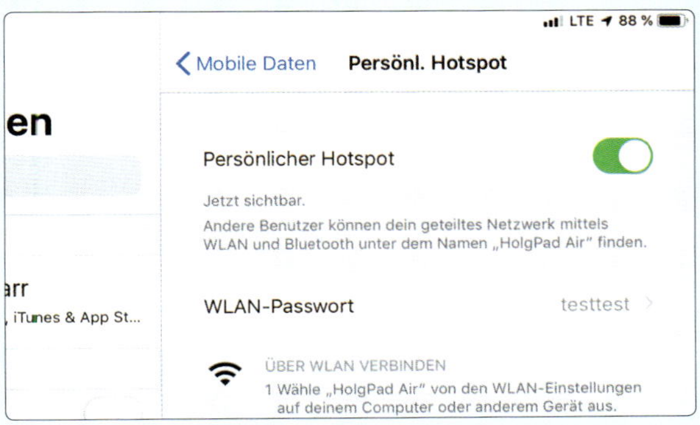

6 Mobile Internetverbindung teilen

Schalten Sie „Mobiles Netz > Persönlicher Hotspot" ein, erzeugt das iPad ein WLAN mit WPA2-Verschlüsselung, um den mobilen Netzzugang zu teilen. Das WLAN heißt wie das Gerät, das Passwort steht in den Einstellungen.

iPad und Daten schützen

iOS bietet viele Bausteine zum Sichern Ihrer Privatsphäre. Erst alle zusammen bewirken einen effektiven Schutz. Apple legt viel Wert auf das Thema Sicherheit und den Schutz privater Daten. Da auch die besten Schutzmechanismen links liegen gelassen werden, wenn sie umständlich anzuwenden sind, investiert Apple viel Energie in Technologien, die sie bequem nutzbar machen. Face und Touch ID, HomeKit oder Apple Pay sind perfekt ins System integriert und so einfach bedienbar, dass die Anwender sie auch tatsächlich verwenden. Denn nur dann können sie Geräte und die Daten auch schützen. Im Folgenden beschäftigen wir uns damit, die sicherheitsrelevanten Einstellungen von iOS 12 zu optimieren. In den Workshops gehen wir diverse Einstellungen zum Thema Sicherheit und Datenschutz durch, die dabei helfen, Gerät und Daten möglichst sicher zu machen.

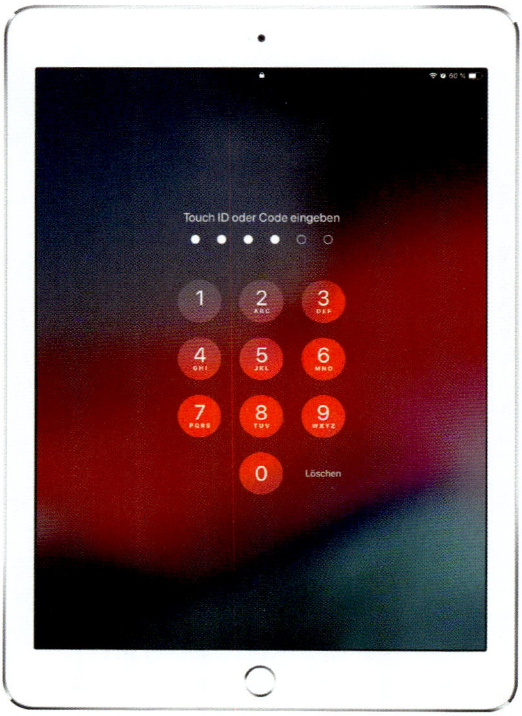

Face und Touch ID erleichtern die Anmeldung, trotzdem sollten Sie als Basis der Sicherheit mindestens einen sechsstelligen Code verwenden und die Zeitdauer zur Aktivierung sehr kurz einstellen.

Sicherheit durch Passwörter

Alles steht und fällt mit der Verwendung sicherer Passwörter. Da man sich lange Zeichenketten mit Groß- und Kleinschreibung, Zahlen und Sonderzeichen nicht besonders gut merken kann und dazu auch noch für jeden Dienst und Webshop ein eigenes verwenden sollte, hat Apple den iCloud-Schlüsselbund erdacht. Darin speichert iOS alle Passwörter und gleicht sie zwischen Ihren Geräten ab. Dadurch kommt Ihrem iCloud-Passwort allerdings eine besondere Bedeutung zu.

Eine anderer Weg, die Eingabe von Codes und Passwörtern zu vermeiden, sind die Erkennung von Gesichtern (Face ID) oder Fingerabdrücken (Touch ID). Das iPad speichert die biometrischen Daten des Benutzers in einem geschützten

Workshop: Schutz der Privatsphäre prüfen und verbessern

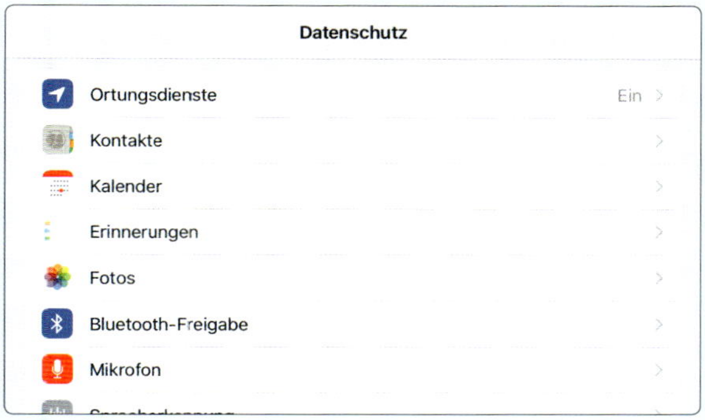

1 Datenschutzeinstellungen öffnen

Für den Datenschutz bietet iOS in den Einstellungen einen eigenen Bereich. Es gibt Einträge für den Zugriff auf die Hardware, wie Ortung, Mikrofon, Kamera, aber auch für die Nutzung privater Daten, wie Fotos, Kontakte oder HomeKit.

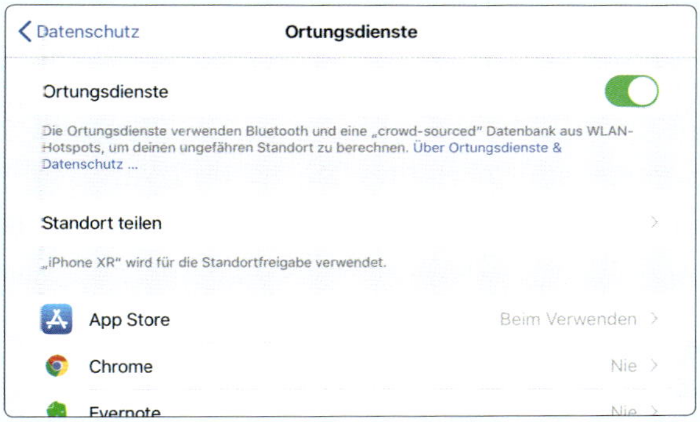

2 Zugriff für Apps deaktivieren

Wählen Sie einen Datenbereich aus, sehen Sie, welche Apps darauf zugreifen dürfen. Leider bleibt Ihnen nichts anderes übrig, als alle durchzusehen und die im Laufe der Zeit unnötig eingetragenen Apps zu deaktivieren.

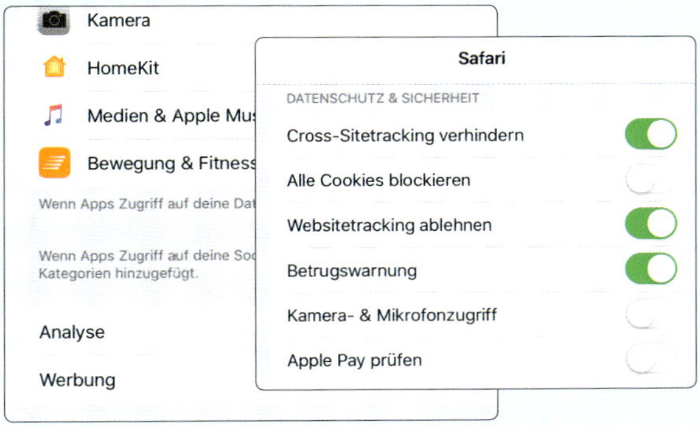

3 Besserer Schutz beim Surfen

In „Analyse" lehnen Sie das Senden von Diagnosedaten an Apple und in „Werbung" das Ad-Tracking durch Websites ab. Safari bietet zusätzlich Einstellungen zum Verhindern von Cross-Sitetracking und eine Betrugswarnung.

Bereich der Hardware. Wird der Benutzer erkannt, geben Face oder Touch ID den Zugriff frei. Die schnelle Legitimierung kann zum Entsperren genutzt werden, aber auch für Einkäufe im Store oder ab iOS 12 für das Ausfüllen von Website-Passwörtern. Entwickler können den Service in Ihre Apps integrieren.

Hilfe durch den Benutzer

Vernünftiges Verhalten trägt viel zum Schutz Ihrer Daten bei. Schließt Apple eine Schwachstelle mit einem Update, sollten Sie es auch zügig installieren. Ist die Lücke erst bekannt, steigt die Wahrscheinlichkeit, dass Schadsoftware sie angreift, rapide an. iOS meldet neue Updates. In iOS 12 lässt sich deren Installation automatisieren.

Ein anderer Punkt ist ein kritischer Umgang mit E-Mails und Nachrichten. Wenn jemand versucht, Zugangsdaten zu erfragen oder Sie auf eine Website zu locken, sollten Sie misstrauisch sein. Ein guter Schutz ist übrigens, nicht leichtfertig an Umfragen und Preisausschreiben teilzunehmen. Und wenn Sie das doch einmal machen, geben Sie eine E-Mail-Adresse an, die Sie exklusiv für solche Zwecke verwenden. Erhalten Sie an diese Adresse später angeblich Post von Ihrer Bank oder einem Shop, wissen Sie sofort, dass mit dem E-Mail etwas nicht in Ordnung ist.

iPad löschen

Ein wirklich schweres Geschütz, das nicht gerade ungefährlich ist, bietet iOS mit der Option „Daten löschen" ganz unten in den Code-Einstellungen. Aktivieren Sie den Schalter, wird nach zehn fehlerhaften Code-Eingaben bei der Anmeldung das Gerät unwiderruflich gelöscht. Vorsicht, das ist ernst gemeint!

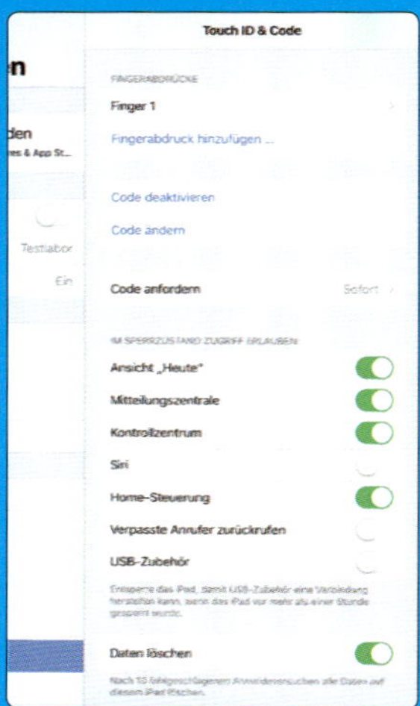

Angriffspunkte reduzieren

Eine weitere Maßnahme ist das Abschalten von Verbindungen, wie AirDrop, WLAN oder Bluetooth, wenn Sie sie nicht brauchen. Wo kein Zugang ist, kann auch kein Angriff erfolgen. Das spart ganz nebenbei auch noch Strom. In Zeiten von AirPods, Apple Watch und Handoff kann man allerdings kaum noch auf Bluetooth verzichten.

Workshop: Sicherheitseinstellungen für das iPhone optimieren

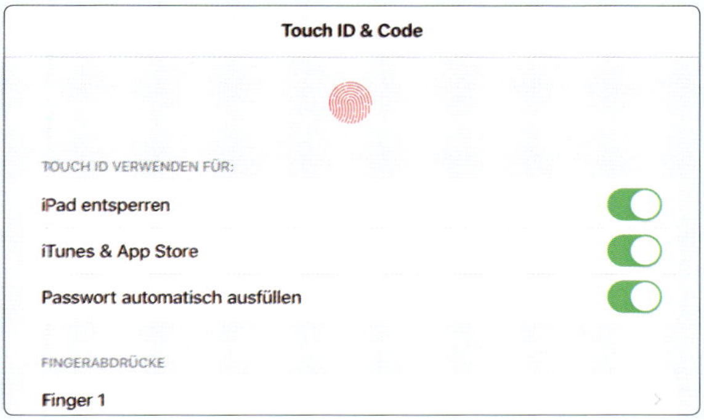

1 Face oder Touch ID verwenden

Die meisten Sicherheitseinstellungen finden Sie in „Face/Touch ID & Code". Aktivieren Sie Face ID oder Touch ID, entfällt die Versuchung, andere Einstellungen zu lockern, da Sie kaum noch den Code von Hand eingeben müssen.

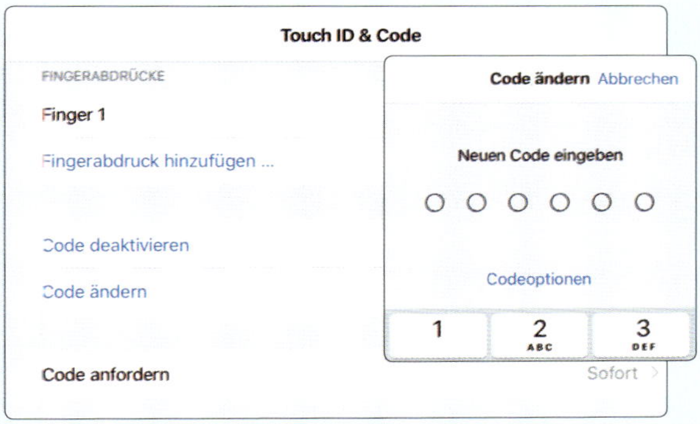

2 Kurze Codes umstellen

Wer noch einen PIN-Code mit vier Stellen nutzt, wählt „Code ändern". iOS 12 fragt dann automatisch nach sechs Zahlen. „Optionen" erlaubt bei der Eingabe des neuen Codes auch längere oder alphanumerische Schlüssel.

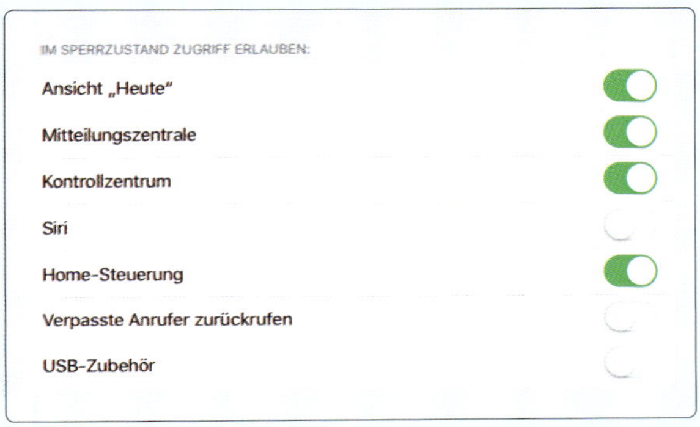

3 Private Daten besser schützen

Ist Face oder Touch ID aktiv, stellt iOS die Code-Anforderung auf sofort. Zudem können Sie einige sensible Funktionen bei gesperrtem Bildschirm abschalten, um Ihre Privatsphäre noch besser zu schützen.

Workshop: Sicherheitseinstellungen für das iPhone optimieren (Fortsetzung)

4 Aktivierungssperre anschalten

Besonders wichtig ist „Mein iPad suchen“ in den iCloud-Einstellungen. Die Funktion erlaubt nicht nur die Ortung des Geräts bei Verlust, sondern verhindert auch eine Aktivierung des iPad nach dem Löschen.

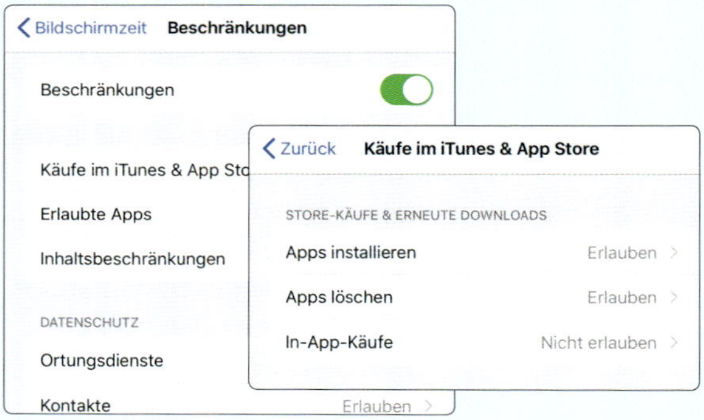

5 Einschränkungen überprüfen

Die Beschränkungen finden Sie jetzt in „Bildschirmzeit“. Unter „Käufe im iTunes & App Store„ sollten Sie zur eigenen Sicherheit In-App-Käufe sperren. Sie können auch das Laden oder Löschen von Apps verhindern.

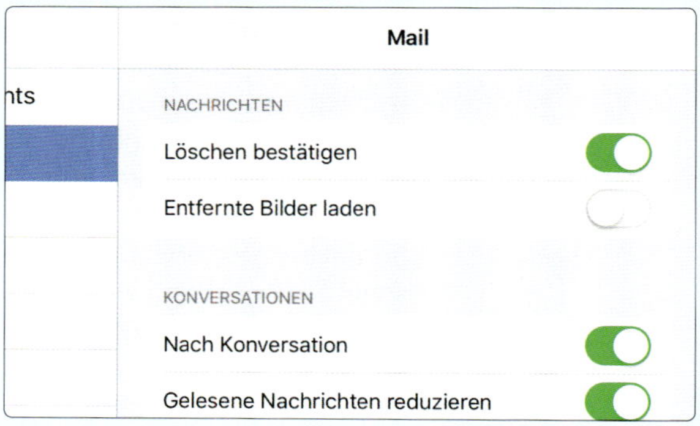

6 Entfernte Daten in E-Mails ignorieren

Das Laden von verlinkten Bildern in E-Mails sollte in den Mail-Einstellungen ausgeschaltet sein, da es die benutzte Adresse bestätigt und eine – wenn auch nur schwache – Sicherheitslücke darstellt.

iCloud, der Dienst im Hintergrund

iCloud sorgt für den automatischen Abgleich von Daten, verwaltet aber auch Ihre Einkäufe, Fotos und vieles mehr. Wir zeigen, was Sie über iCloud auf dem iPad wissen müssen.

Die Zeiten, in denen iCloud nur ein Dienst zum Abgleich von persönlichen Daten war, sind lange vorbei. Immer mehr Apps nutzen iCloud zum Speichern von Dokumenten und Einstellungen, von Notizen über Fotos bis zu Apples Office-Suite iWorks. iCloud übernimmt das Backup und ist die Basis für diverse Dienste, wie iTunes in der Cloud oder die Standortfreigabe.

Persönliche Daten laden

Durch iCloud wird ein neues oder gelöschtes iPad quasi umgehend betriebsbereit. Sie installieren das System und melden sich an Ihrem iCloud-Konto an. Schon lädt es Kontakte, Kalender, Notizen, Safari-Lesezeichen und viele andere Daten vom iCloud-Server. Wollen Sie nur einen Teil der Daten nutzen, können Sie in den iCloud-Einstellungen detailliert festlegen, welche Daten über iCloud synchronisiert werden sollen. Der Abgleich funktioniert in beiden Richtungen. Ändern Sie auf einem Gerät etwas, überträgt iCloud das automatsich auf alle anderen mit der gleichen iCloud-ID.

Zu den wichtigen Basisdiensten gehört iCloud Drive als zentraler Onlinespeicher für Dateien. Apps können Daten speichern und untereinander austauschen. Mit der iOS-App Dateien verwalten Sie die Dokumente auf iCloud Drive (und auch einigen anderen Cloud-Diensten).

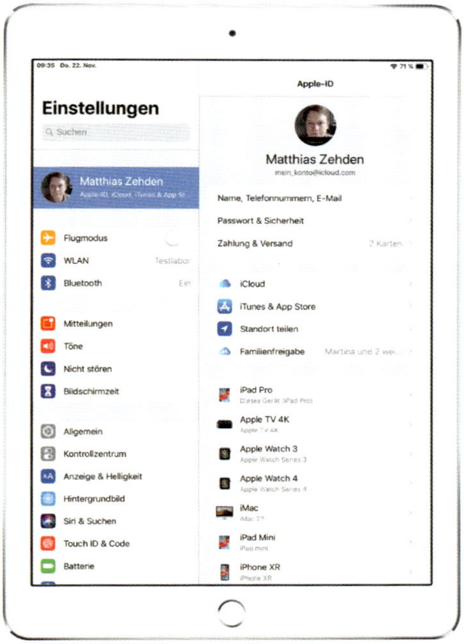

Über den Eintrag Ihrer Apple-ID haben Sie Zugriff auf die Auswahl der über iCloud synchronisierten Daten, die Familienfreigabe, Back-ups Ihrer Geräte und vieles mehr.

Fotos speichern und austauschen

Für den Abgleich von Fotos bietet Apple zwei Wege an. Fotostream dient dem Austausch neuer Bilder zwischen iOS-Geräten, Macs und

PCs. Dabei werden 1000 neu hinzugefügte Aufnahmen maximal 30 Tage von iCloud gepuffert. Vorsicht: Überschreiten Sie die 1000, werden die ältesten Fotos schon früher gelöscht. Dafür stellt Apple den Platz für Fotostream kostenlos zur Verfügung.

Die Funktion iCloud-Fotos verlagert dagegen Ihre komplette Mediathek der App Fotos auf Ihr iCloud-Konto. Sie erhalten also ein komplettes Backup Ihrer Fotos. Der Platzbedarf ist dabei wesentlich größer und wird auf den für Ihr iCloud-Konto gebuchten Speicherplatz angerechnet. Auf den Geräten lassen sich Fotos in reduzierter Auflösung speichern, um lokal Platz zu sparen.

Mehr Sicherheit durch iCloud

Aktivieren Sie in den iCloud-Einstellungen das Backup, sichert iCloud täglich die Dokumente und Einstellungen Ihres iPad auf Ihrem Konto. Damit das Backup startet, muss das iOS-Gerät mit Strom und WLAN verbunden und im Ruhezustand sein. Nach einem ersten vollständigen Backup werden später nur noch die Änderungen gesichert, was sehr viel schneller geht. Um Speicherplatz zu sparen, merkt sich iCloud beim Backup lediglich, welche Apps und iTunes-Medien vorhanden sind. Beim Wiederherstellen werden diese dann erneut aus dem Store geladen.

Als weiteres Sicherheitsfeature können Sie den iCloud-Schlüsselbund aktivieren. Darin speichern iOS-Geräte und Macs Server, benutzte WLANs und Zugangsdaten von Webseiten. Safari kann dadurch zum Beispiel bei der Anmeldung auf einer Webseite auf den Schlüsselbund zugreifen und die zugehörigen Daten daraus vorschlagen und in die Eingabemaske übernehmen.

„Mein iPad suchen" macht den Standort Ihres Geräts verfügbar. Auch hier erfolgt die Speicherung über iCloud. Die Daten werden zum Beispiel von der Standortfreigabe für Freunde genutzt oder von der kostenlosen App iPhone-Suche, mit der iOS-Geräte und Macs lokalisiert werden können. Ein verlorenes oder gestohlenes iPad lässt sich damit per Internet sperren oder löschen.

Weitere Funktionen

Außer den sichtbaren Funktionen steckt iCloud auch hinter sehr unterschiedlichen anderen Diensten, wie der Identifizierung für Handoff oder der Mitbenutzung der Internetverbindung über „Instant Hotspot". Auch für die geräteübergreifende Verfügbarkeit Ihrer Einkäufe aus App, Book und iTunes Store ist iCloud verantwortlich. Die Familienfreigabe zur gemeinsamen Nutzung von Einkäufen, Apple Music oder gebuchtem iCloud-Speicher basiert ebenfalls auf Apples Dienst.

Workshop: Die wichtigsten iCloud-Funktionen konfigurieren

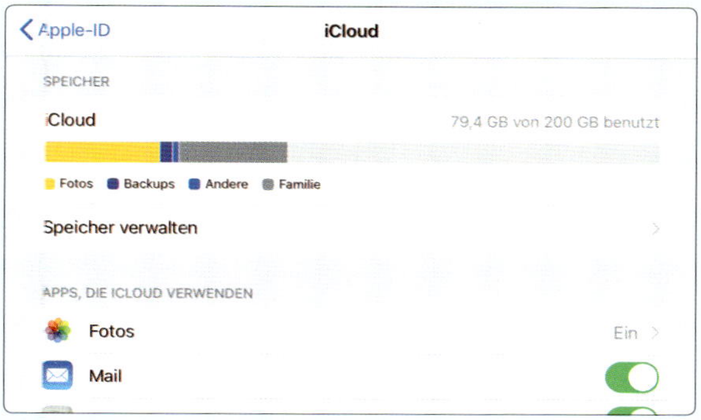

1 Am iCloud-Konto anmelden

Tippen Sie im Einstellungsbereich der Apple-ID auf „iCloud", um sich anzumelden und den Dienst zu konfigurieren. Unter der Speicherbelegung können Sie die Apps und Daten für den Abgleich mit iCloud einzeln auswählen.

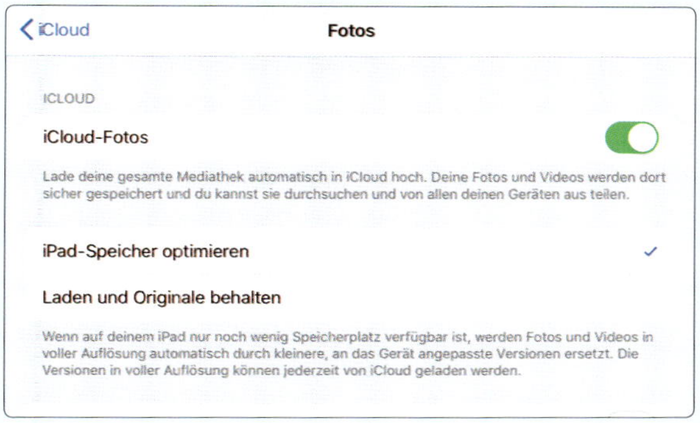

2 Daten für Synchronisierung wählen

Einige Datentypen werden einfach angeschaltet, andere müssen konfiguriert werden. Für Fotos stehen zum Beispiel die iCloud-Fotos (inklusive Speicherplatzoptimierung), Fotostream oder Albumfreigaben zur Auswahl.

3 Datentyp wieder deaktivieren

Schalten Sie eine Datenart wieder aus, zum Beispiel Kalender (im Bild), fragt iOS in den meisten Fällen, ob Sie die von iCloud kpoierten Daten behalten oder vom Gerät löschen wollen. Sie können den Vorgang auch abbrechen.

Workshop: Die wichtigsten iCloud-Funktionen konfigurieren (Fortsetzung)

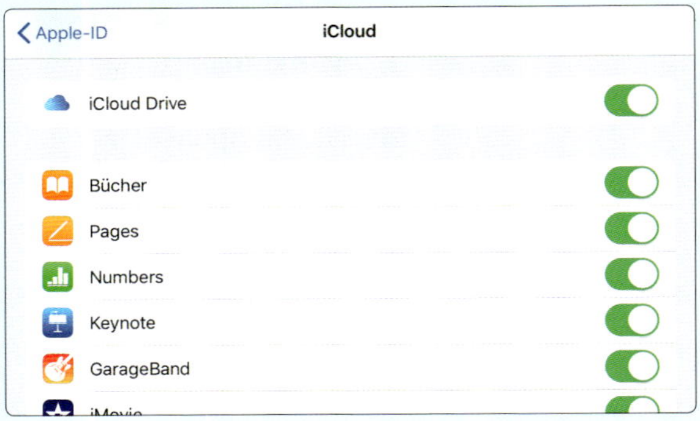

4 Zugriff auf iCloud Drive kontrollieren

Blättern Sie noch weiter nach unten, finden Sie unterhalb der Datenarten die Aktivierung von iCloud Drive und eine Liste der dazu kompatiblen Apps. Sie können für jede App einzeln den Zugriff an- und ausschalten.

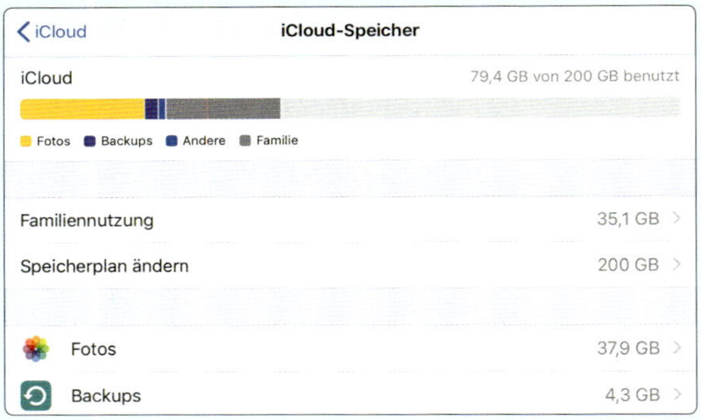

5 Speicherbelegung überprüfen

Tippen Sie oben in den iCloud-Einstellungen auf „Speicher verwalten", sehen Sie, welche App wie viel Platz auf iCloud belegt. Tippen Sie auf eine App für weitere Infos und um Speicherplatz wieder freizugeben.

6 Backups alter Geräte löschen

Unter „Backup" sehen Sie, welche Geräte auf Ihrem iCloud-Konto gesichert wurden und wie viel Platz das kostet. Finden Sie alte Geräte, die Sie nicht mehr nutzen, können Sie sie auswählen und ihr iCloud-Backup löschen.

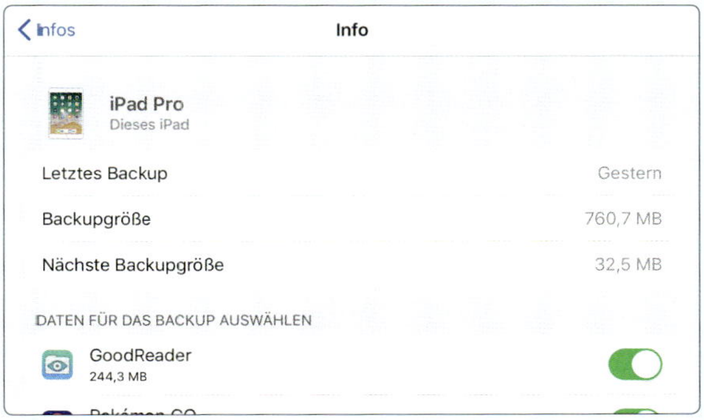

7 Backup des iPad konfigurieren

Tippen Sie auf das gerade benutzte Gerät, sehen Sie, wann das letzte Backup erfolgt ist und wie viel Platz die nächste Sicherung benötigt. Außerdem können Sie hier einzelne Apps vom Backup ausnehmen.

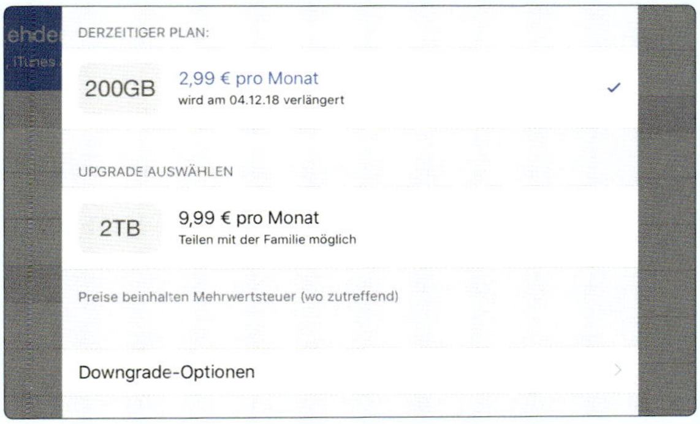

8 Gebuchte Kontogröße anpassen

5 GB iCloud-Speicher sind kostenlos. Wählen Sie im Bildschirm der Speicherverwaltung „Speicherplan ändern“, um mehr Platz für iCloud zu buchen oder „Downgrade-Optionen“, um das Kontingent wieder zu verkleinern.

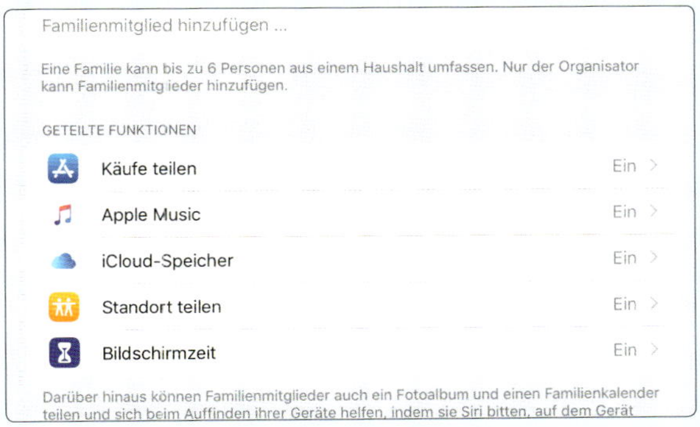

9 iCloud-Speicher mit Familie teilen

Ab 200 GB bietet iOS Ihnen die praktische Möglichkeit, den gebuchten Speicherplatz im Rahmen der Familienfreigabe flexibel mit anderen zu teilen. So muss nicht jeder ein eigenes Speicher-Upgrade buchen, was oft Geld spart.

Batteriestand unter Kontrolle

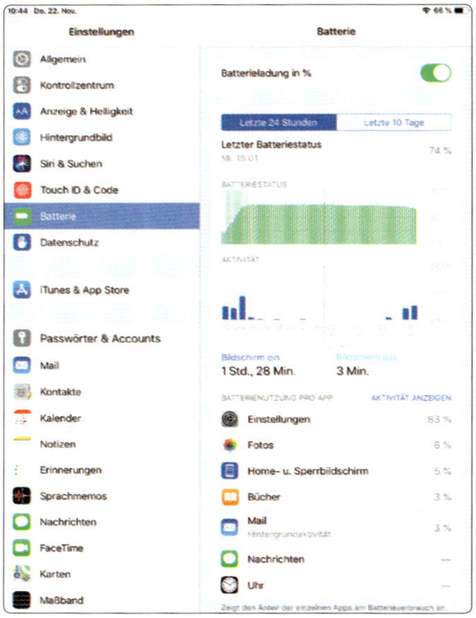

In „Batterie“ können Sie sich den Ladezustand in Prozent anzeigen lassen und prüfen, welche App am meisten Saft benötigt.

Die Batterieeinstellungen zeigen eine detaillierte Analyse des Stromverbrauchs. Das Einstellungsmodul „Batterie“ informiert darüber, welche Apps in den letzten 24 Stunden oder den vergangenen 10 Tagen besonders viel Strom benötigt haben. Das iPad liefert eine genaue Anzeige, des Stromverbrauchs und der Betriebszeiten Ihrer Apps. Hiermit können Sie leicht die größten Stromfresser aufspüren. Die grafische Darstellung ist in iOS 12 detaillierter geworden. In der Grafik finden Sie auch die Aufladephasen wieder.

Außerdem bieten die Batterieeinstellungen die Möglichkeit, den aktuellen Akkustand in der Statusleiste - zusätzlich zum kleinen Batteriesymbol - als Prozentzahl anzugeben. So sind Sie immer genau über die Restladung informiert.

Mehr Laufzeit für das iPad

Auf dem iPad verzichtet Apple wegen des viel größeren Akkus auf den automatischen Stromsparmodus des iPhone, dessen Aktivierung iOS 12 ab 20 Prozent Restladung vorschlägt. Der reduziert oder stoppt dort Hintergrundaktualisierungen, Hey Siri, automatische Mailabfragen und Downloads sowie optische Effekte der Oberfläche. Außerdem reduziert er die CPU-Leistung und die Helligkeit des Displays. Bei 80 Prozent Akkuladung stellt er sich automatisch wieder ab.

Der wohl wichtigste Tipp zum Stromsparen auf dem iPad ist, das Display nicht länger und heller als nötig laufen zu lassen. Die entsprechenden Einstellungen finden Sie im Bereich „Anzeige & Helligkeit“. Außerdem kann die Aktualsierung von Apps im Hintergrund viel Strom kosten, da sie gewöhnlich mit Netzwerkzugriffen verbunden ist, die ebenfalls zu den großen Verbrauchern gehören. Die zugehören Einstellungen finden Sie „Allgemein > Hintergrundaktualisierung“.

Batteriesünder

Die Hauptverbraucher sind im Alltag meist Display, Netzwerkzugriffe und Ortsbestimmung. In anspruchsvollen Apps kommen noch Prozessor und Grafik hinzu.

Workshop: Stromverbrauch und Aktivitätszeiten von Apps überprüfen

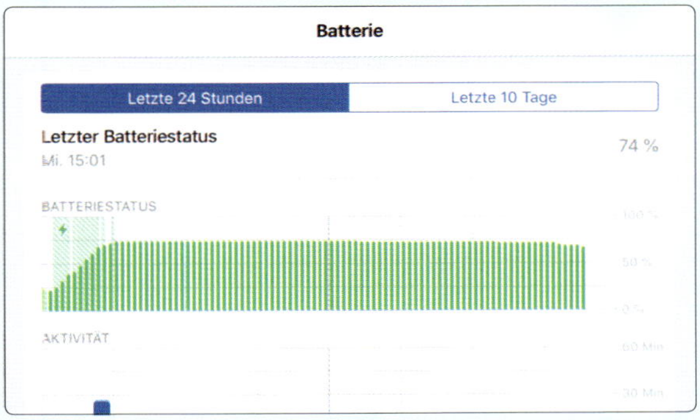

1 Ladezustand als Grafik anzeigen

In den Batterieeinstellungen sehen Sie Ladezustand und Aktivitätsphasen im zeitlichen Verlauf. Die Grafiken zeigen die letzten 24 Stunden oder 10 Tage. Zeiten, in denen das iPad am Netzteil angeschlossen war, sind hellgrün hinterlegt.

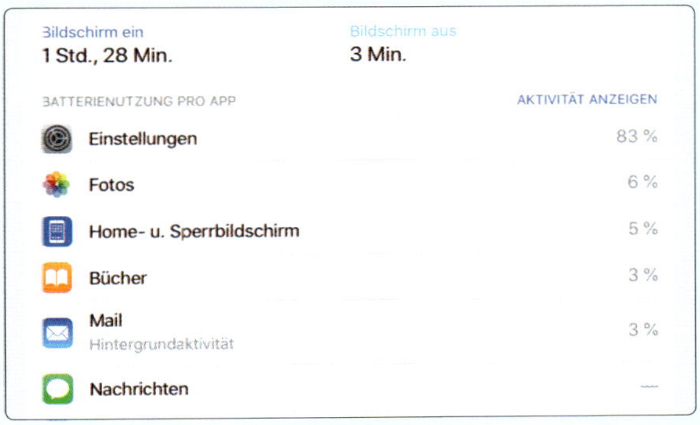

2 Stromverbrauch pro App anzeigen

Unter den Grafiken finden Sie eine Liste der Apps. Neben jeder zeigt iOS den Anteil am Stromverbrauch im ausgewählten Zeitraum. Tippen Sie auf „Aktivität anzeigen“, um zur Anzeige der Nutzungsdauer zu wechseln.

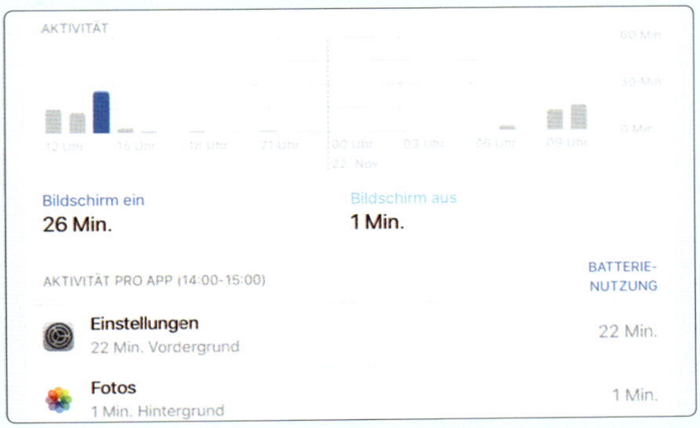

3 Mehr Details zum Stromverbrauch

Für noch mehr Details tippen Sie in einer der Grafik auf einen Zeitabschnitt. Sie sehen dann die Verteilung der Apps nach Stromverbrauch oder Aktivität in dem Zeitraum, der dem ausgewählten Balken entspricht.

3

Smarte Apps

Zum Lieferumfang des iOS gehören jede Menge Apps, die die wichtigsten Anwendungsbreiche bereits abdecken und eine sehr gute Grundlage für die tägliche Arbeit mit dem iPad sind. Viele davon verrichten ihren Dienst schon lange, andere kamen im Lauf der Zeit dazu.

Die Apps von iOS 12

Auf den folgenden Seiten geht es um die Vielzahl an Apps, die Apple dem iOS und jedem iPad beilegt. Darunter sind manche, ohne die kaum jemand auskommt und andere, die eher eine Nebenrolle spielen. Viele Apps wie beispielsweise der Safari-Browser spielen eine zentrale Rolle und werden schon aus Sicherheitsgründen bei vielen Systemupdates mit aktualisiert, viele andere präsentieren sich seit Jahren beinahe unverändert, was vollkommen in Ordnung ist, wenn ihre Aufgabe begrenzt ist und die Apps diese gut erfüllen. Den meisten Apps haben wir eigene Abschnitte gewidmet, alle anderen beschreiben wir danach.

Ohne Reue surfen mit Safari

Viele Infos werden heute über soziale Netze oder anbietereigene Apps verbreitet. Trotzdem bleibt das pure Web immer noch die offenste und umfangreichste Informationsquelle. Mit dem Browser Safari sind Sie hier auch mit iPhone und iPad sehr komfortabel unterwegs. Für Mobilgeräte optimierte Webseiten und schnelles Zoomen per Kneifgeste erlauben selbst mit dem vergleichsweise kleinen Bildschirm des iPhone ein schnelles und bequemes Surfen. Die clevere Tab-Verwaltung ersetzt dabei die vom Rechner gewohnte Möglichkeit, mehrere Seiten parallel zu öffnen. Selbst ein privater Modus, der temporäre Daten nach dem Verlassen automatisch wieder löscht, ist vorhanden.

Angesichts der Bedeutung des Browsers ist es kein Wunder, dass Apple die App mit praktisch jeder iOS-Version verbessert. Aber wirklich viel hat sich bei Safari mit dem Update auf iOS 12 nicht getan, zumindest nichts, was man sofort sehen würde. Die Änderungen spielen sich vor allem unter dem Blech ab, was vollkommen in Ordnung ist angesichts der Tatsache, dass der Brow-

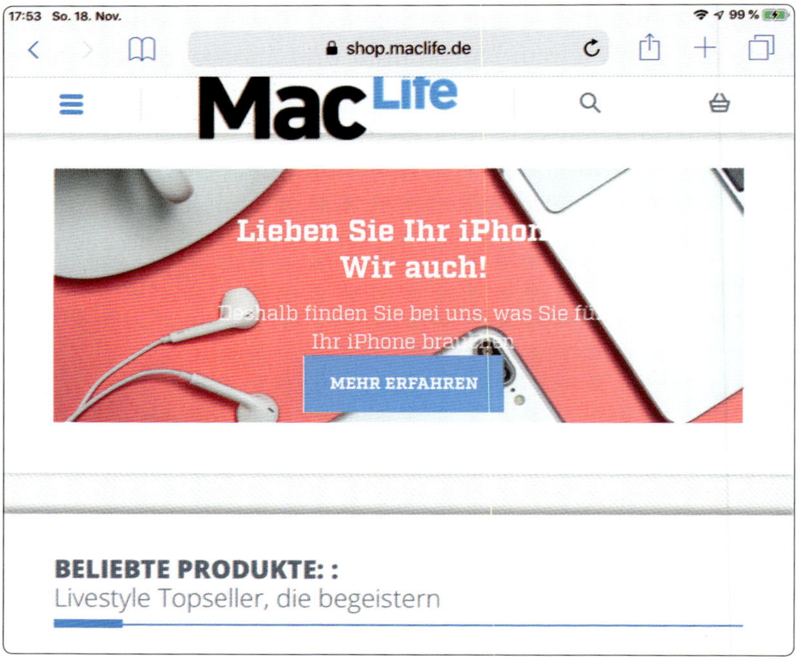

Safari ist der Standard-Browser für alle iOS-Geräte und wird fortlaufend verbessert. Der hohe Marktanteil sorgt dafür, dass es kaum noch Kompatibilitätsprobleme gibt.

Workshop: Webseite mit Safari öffnen und Web-Inhalte suchen

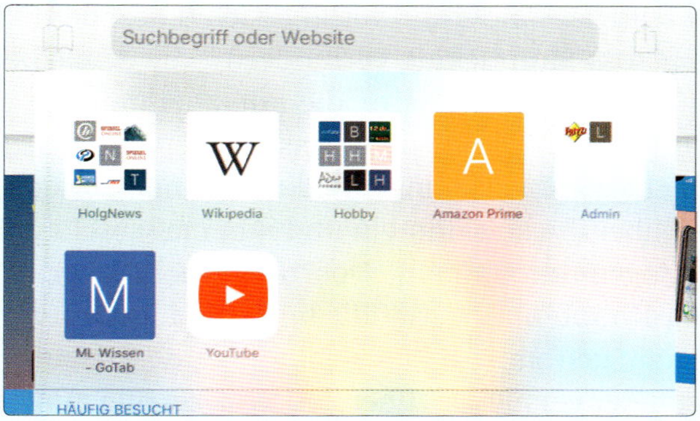

1 URL oder Suchbegriff eingeben

Zum Öffnen einer Webseite tippen Sie einfach in das Eingabefeld. Geben Sie die URL oder einen Suchbegriff in das Feld ein. Copy-and-paste wird natürlich unterstützt. Darunter bietet Safari Ihre Favoriten zur schnellen Eingabe an.

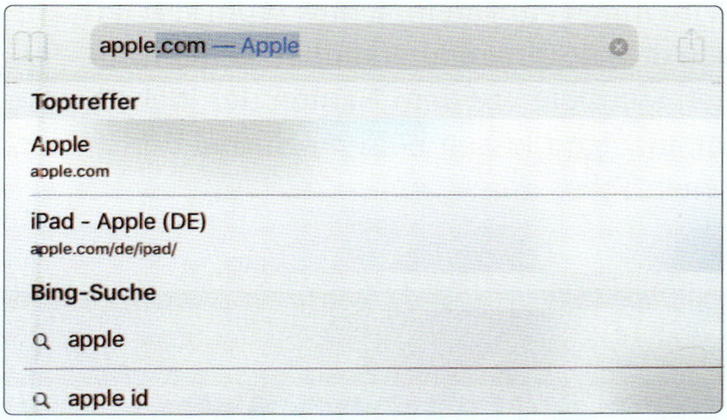

2 Treffer auswählen und los surfen

Während der Eingabe beginnt Safari sofort mit der Suche. Dabei berücksichtigt der Browser Webseiten aus dem Verlauf, genutzte Apps und Ergebnisse der Websuche. Wenn möglich, listet Safari passende Seiten auf.

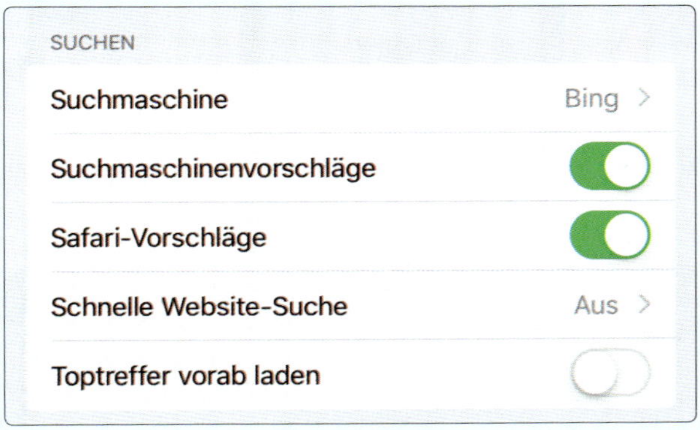

3 Die richtigen Einstellungen wählen

In den Safari-Einstellungen können Sie die Suchmaschine wechseln und einige Vorschläge abschalten, was aber nicht sinnvoll ist. Die Top-Treffer vorab zu laden kostet bei jeder Eingabe Strom und Datenvolumen.

> **Tracking**
>
> Websites erkennen Nutzer vor allem durch Cookies, aber auch durch technische Daten von der Seriennummer bis zur Speichergröße des Rechners. Diese Profildaten ermöglichen auch eine heimliche Erkennung ohne Zustimmung des Anwenders.

ser quasi zur Ursuppe der iOS-Apps gehört und auf den meisten iPads eine zentrale Rolle spielt.

Privatsphäre

Die wichtigste Änderung verbirgt sich hinter der Einstellung „Cross-Sitetracking verhindern", die Apple bereits mit iOS 11 eingeführt hatte, die nun aber deutlich effizienter wurde. Dies bedeutet, dass Webserver den Anwender nicht mehr unbedingt wiedererkennen können, um Daten über ihn zu sammeln und ihm maßgeschneiderte Werbung unterzujubeln. Den unvermeidlichen Social Media-Knöpfen à la „Gefällt mir" wird weitestgehend die Möglichkeit genommen, versteckten Code auszuführen. Und viele Anbieter versuchen, über den Browser alle möglichen Details über das Gerät von Typ bis zur Speichergröße auszulesen. In Zukunft wird ihnen ein vereinfachtes Profil serviert, aus dem sie kaum noch etwas Sinnvolles erkennen können.

Die kleinen Symbole vor dem Namen der Website, die sich nun optional anzeigen lassen helfen sehr bei der Indentifizierung der offenen Tabs.

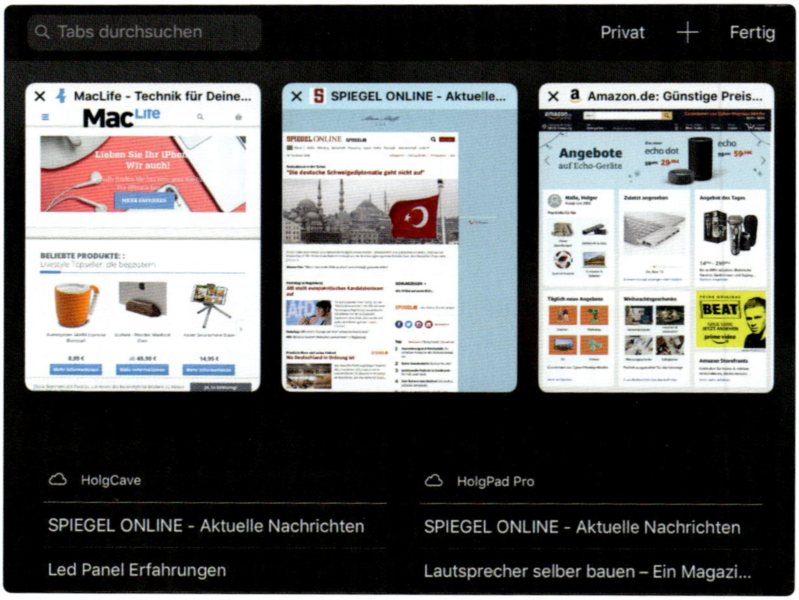

Die kleinen Symbole in den Tabs sorgen für deutlich mehr Durchblick, weil sie sehr hilfreich bei der Identifizierung bekannter Websites sind.

Workshop: Lesezeichen effizient nutzen und Desktop-Version anzeigen

1 Lesezeichen in Safari nutzen

Bereits gespeicherte Webseiten können Sie über die Lesezeichen aufrufen. Hier finden Sie auch die Leseliste sowie den Verlauf der besuchten Seiten. Durch Wischen nach links können Sie Einträge aus der Liste löschen.

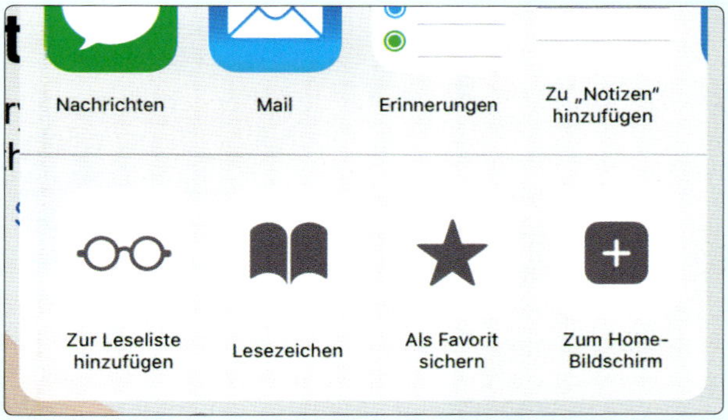

2 Lesezeichen sichern

Um die aktuelle Webseite in den Lesezeichen zu speichern, tippen Sie unten auf das Symbol für die Weiterleitung und dann auf „Lesezeichen". Anschließend können Sie einen Lesezeichen-Ordner wählen.

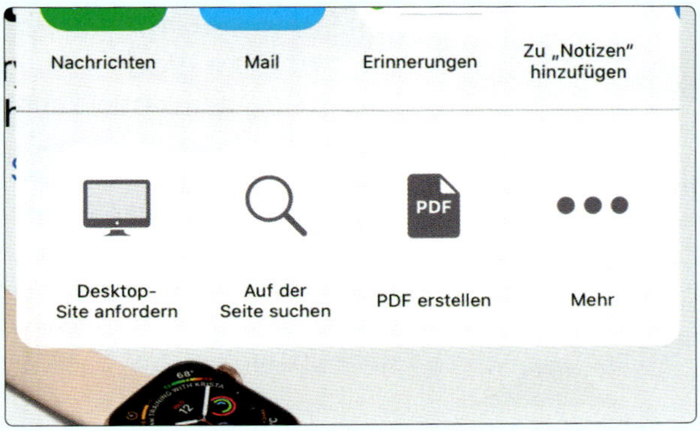

3 Desktop-Seite anfordern

Über die Weiterleitung können Sie die Webseite auch als PDF speichern oder die Desktop-Version der Seite anfordern. Die ist weniger übersichtlich, aber manchmal ganz praktisch oder sogar nötig, um alles zu sehen.

Workshop: Tabs verwalten, iCloud-Tabs und privates Surfen

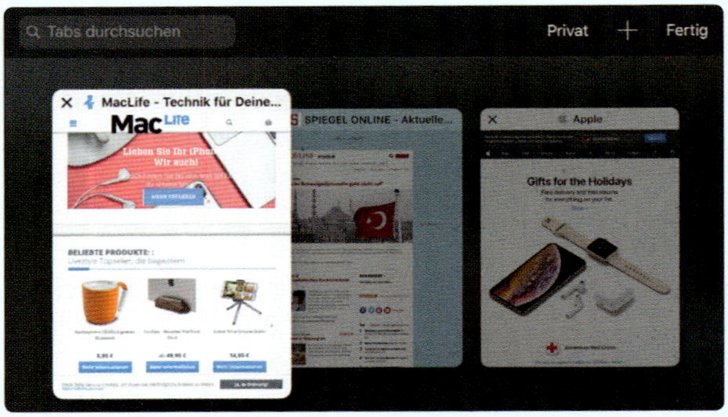

1 Tabs betrachten und eventuell schließen

Öffnen Sie die Tabverwaltung für die Übersicht der geöffneten Webseiten. Streichen Sie einen Tab zur Seite, um ihn zu schließen. Mit der Plustaste unten öffnen Sie einen neuen Tab. Oft sammeln sich auf iPads viele unnötige Tabs.

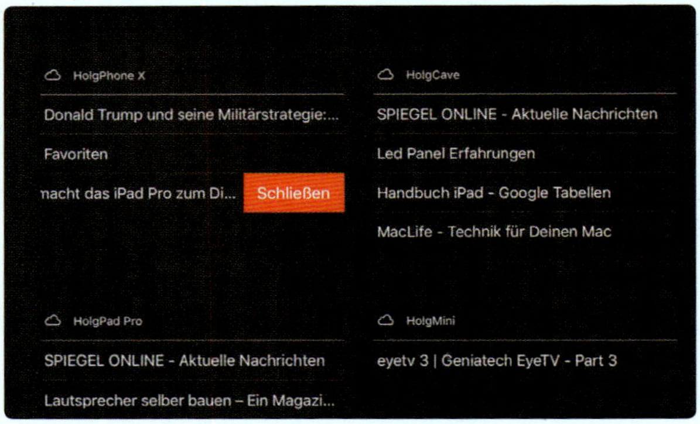

2 iCloud-Tabs von anderen Geräten

Unter der Übersicht finden Sie die iCloud-Tabs. Das sind Seiten, die auf mit Ihrer ID verknüpften Geräten wie Macs oder iPhones gerade geöffnet sind. Sie können diese aufrufen oder sogar durch Wischen schließen.

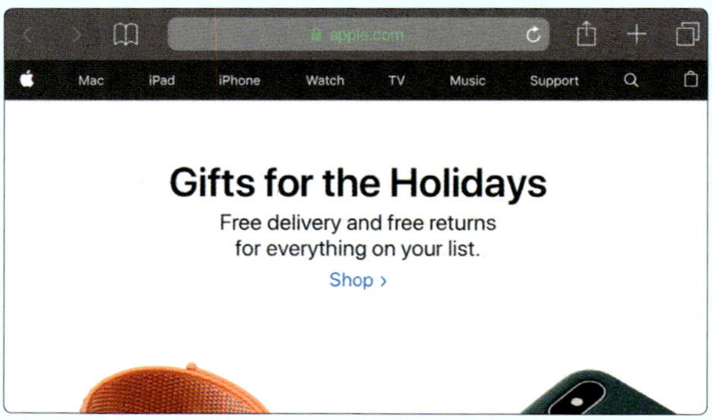

3 Surfen ohne Spuren auf dem iPad

Tippen Sie unterhalb der Tabs auf „Privat“, speichert Safari die Daten der Seiten nur temporär bis zum Schließen des Tabs, er erscheint auch nicht unter den iCloud-Tabs. Im Privatmodus ist die Statusleiste dunkelgrau.

Workshop: Privatsphäre beim Surfen verbessern und Symbole in Tabs anzeigen

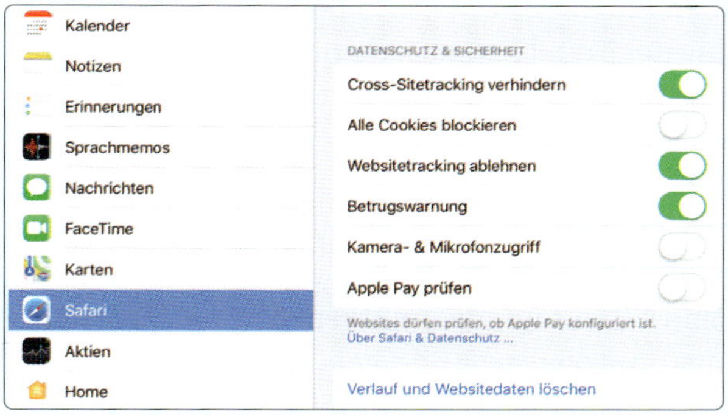

1 Cross-Sitetracking erschweren

Die Einstellungen zum Blockieren von Cross-Sitetracking und Websitetracking gab es vorher schon, doch unter iOS 12 arbeiten sie effizienter und verhindern das Wiedererkennen durch simplifizierte Systemprofile deutlich besser.

2 Website-Symbole in Tabs anzeigen

Neu ist die Möglichkeit, in den Tabs kleine Symbole für die Websites zu zeigen. Diese Möglichkeit kannte man zuvor nur vom Mac, sie sorgt aber nun auch unter iOS für eine gute Wiedererkennbarkeit in der Tab-Ansicht.

3 Tabs mit Symbolen für mehr Überblick

Nicht alle iOS-Geräte zeigen Tabs dauerhaft an, doch neben iPads zeigen auch die „Plus-Modelle" und das neue iPhone XS Max auf ihren großen Displays Tabs innerhalb von Safari an, die nun Symbole am Anfang haben.

Karten: Wege und Orte finden

Die App Karten ist mehr als nur ein digitaler Stadtplan mit Suchfunktion für Adressen. Durch die Integration des Umgebungsdienstes Yelp findet Karten auch Geschäfte, Restaurants und vieles mehr. Haben Sie die gewünschte Location gefunden, reicht eine Berührung des Touchscreens, damit Karten eine Route dorthin berechnet. Das Ganze funktioniert natürlich auch mit den Kontakten aus Ihrem iOS-Adressbuch. Als nettes Extra blendet Karten auf Wunsch Baustellen und die aktuelle Verkehrslage ein. Mittlerweile ist auch noch ein Fahrspurassistent hinzugekommen. Für die Navigation lassen sich außer iPhones auch iPads mit LTE-Modem und GPS-Empfänger nutzen. Über die Einstellungen lassen sich sogar Autobahnen und gebührenpflichtige Strecken bei der Planung vermeiden. Praktisch für Stadtbewohner sind Routen für Fußgänger und Radfahrer.

Im Prinzip versteht sich Karten auch auf öffentliche Verkehrsmittel, in Deutschland derzeit leider nur in Berlin. Ein echtes Highlight ist die tolle 3D-Darstellungder App in vielen Städten mit virtuellen Rundflügen („Flyover“). Die größte Schwachstelle wollen wir ebenfalls nicht verschweigen: Da Karten die Daten in Echtzeit lädt, sind Sie zur Nutzung auf eine Internetverbindung angewiesen. Das kann außerhalb der EU schnell teuer werden.

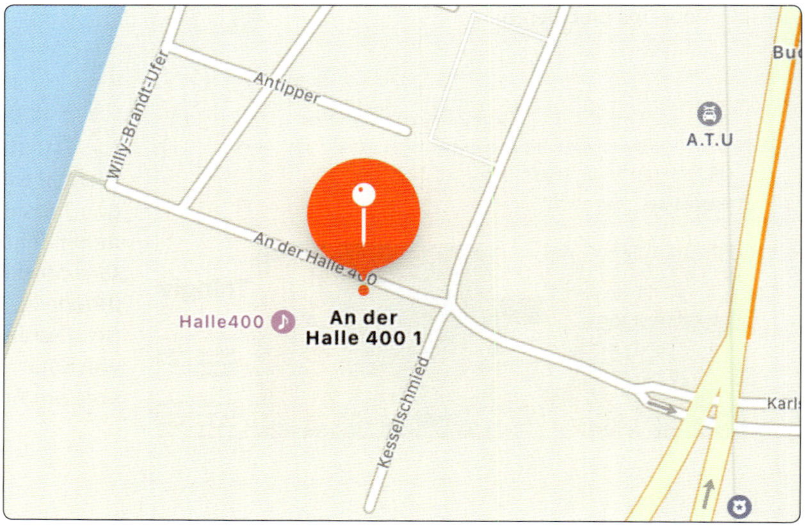

Einen bestimmten Ort zu finden oder sich die Adresse eines Kontaktes auf der Karte zeigen zu lassen und die Route dorthin zu planen ist mit Karten ein Klacks.

Workshop: Ausrichtung und Darstellung der Karte anpassen

1 Eigene Position auf Karte bestimmen

Karten zeigt die Ihre Position. Sie können den Ausschnitt drehen und zoomen. Mit der Pfeiltaste (oben) richten Sie die Karte in Blickrichtung aus, mit dem Kompass nach Norden. Zudem lässt sich der Ausschnitt zoomen und schieben.

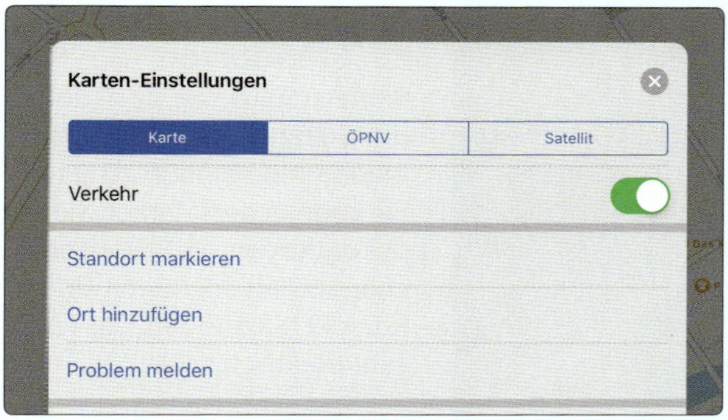

2 Kartenansicht wechseln

Tippen Sie in der Kartenansicht oben rechts auf das „i“, um die Karteneinstellungen aufzurufen. Hier können Sie die Ansicht zwischen Straßenkarte, ÖPNV-Netz oder Satellitenbild wechseln und sich die Verkehrslage anzeigen lassen.

3 Satellitenbilder zur Orientierung

Das Satellitenbild mit eingeblendeten Straßennamen hilft bei der Orientierung. Ist es aktiv, zeigt die App oben die 3D-Taste zur Aktivierung einer perspektivischen Ansicht. Echte 3D-Ansichten gibt es nur in großen Städten.

Workshop: Standorte auf der Karte markieren, nutzen und bearbeiten

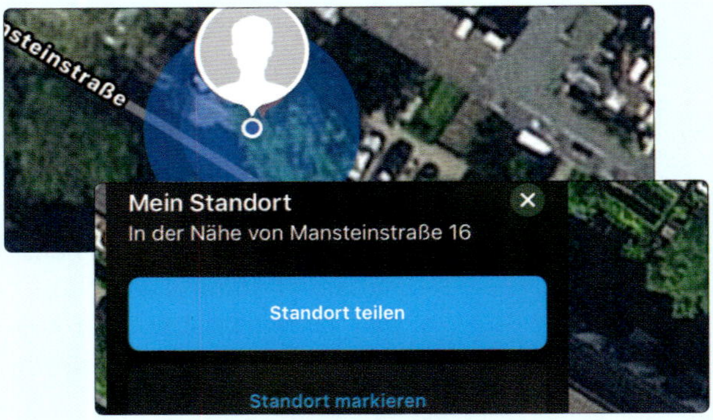

1 Standort auf der Karte markieren

Um sich den aktuellen Standort zu merken, tippen Sie darauf und wählen „Standort markieren". Sie können mit „Standort teilen" auch Ihre Position an andere verschicken, beispielsweise per Mail oder Nachrichten.

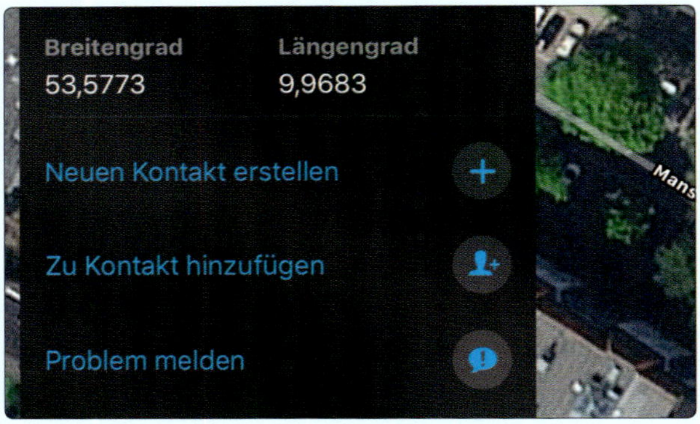

2 Funktionen mit Standorten

Blättern Sie weiter nach unten, um weitere Funktionen zum markierten Standort zu sehen. Sie können den Marker wieder entfernen, als Favorit speichern, teilen oder auch einem Kontakt hinzufügen. Das kann sehr praktisch sein.

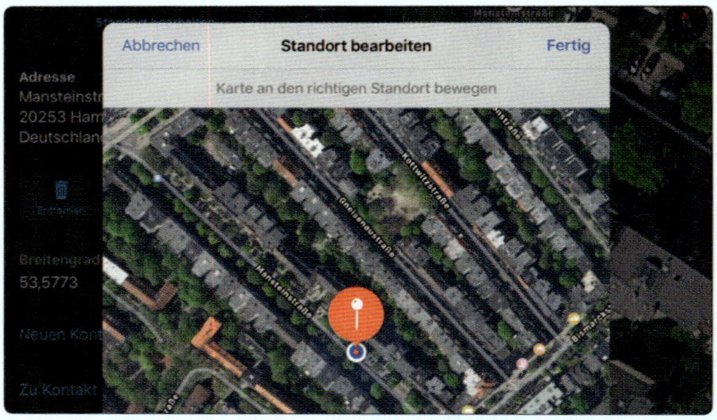

3 Standort auf der Karte bearbeiten

Tippen Sie im vorherigen Schritt auf „Standort bearbeiten", um den Marker genauer zu platzieren. Sie sehen ihn dafür auf einem verschiebbaren Kartenausschnitt im Satellitenbild und können ihn dort sehr fein verschieben.

Workshop: Navigieren mit dem iPad und der Karten-App

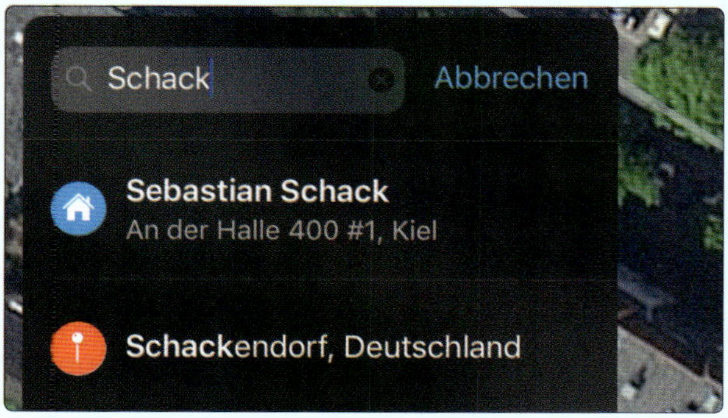

1 Ziel der Navigation eingeben

Wollen Sie eine Route planen, geben Sie Ihr Ziel, zum Beispiel Namen, Adresse oder Sehenswürdigkeit, in das Suchfeld ein. Karten bietet dann passende Kontakte und Orte an. Es sind auch Sonderziele wie Restaurants möglich.

2 Route der Wegführung auswählen

Wählen Sie ein Ziel, und tippen Sie auf die Taste „Route“. Karten zeigt den Weg, mit Fahrtdauer und Strecke. Unten lässt sich das Verkehrsmittel wählen. „Los“ startet die Navigation. Oft kann man zwischen mehreren Routen wählen.

3 Navigation auf dem iPad starten

Die App blendet nun oben die aktuelle Anweisung ein, darunter etwas kleiner die folgende. Unter der Karte sehen Sie Ankunftszeit sowie die Restzeit und -strecke,
- abends im Nachtmodus und auch im Querformat.

Kalender im Griff

Die Kalender-App ist einfach bedienbar und bietet mit gemeinsam genutzten Kalendern, Abos und Abgleich über iCloud alles, was der Normalanwender braucht. Unter der übersichtlichen Oberfläche von Kalender verbergen sich eine Menge nützlicher Funktionen, die das Leben leichter machen. Das beginnt bei der einfachen Möglichkeit zur Anpassung der Darstellung.

Spannender wird es allerdings beim Anlegen von Terminen. Das geht ganz schnell per Siri oder sehr viel flexibler in Handarbeit. Dann haben Sie nämlich Zugriff auf die vielfältigen Vorgaben für automatische Wiederholungen oder mehrfache Erinnerungen, können Notizen und Orte hinzufügen, für die auch die Fahrzeit berücksichtigt wird. Es lässt sich auch schnell unterwegs mit einem Fingertipp auf das Display ein neuer Termin anlegen, um diesem dann zu Hause den nötigen Feinschliff zu verpassen. In Familien oder kleinen Arbeitsgruppen kann man Personen zu Terminen einladen oder gleich einen Gruppenkalender aufsetzen, der alle informiert oder den alle gemeinsam bearbeiten. Damit Sie immer auf dem Laufenden sind, werden die Termine und Kalender via iCloud zwischen all Ihren Geräten abgeglichen.

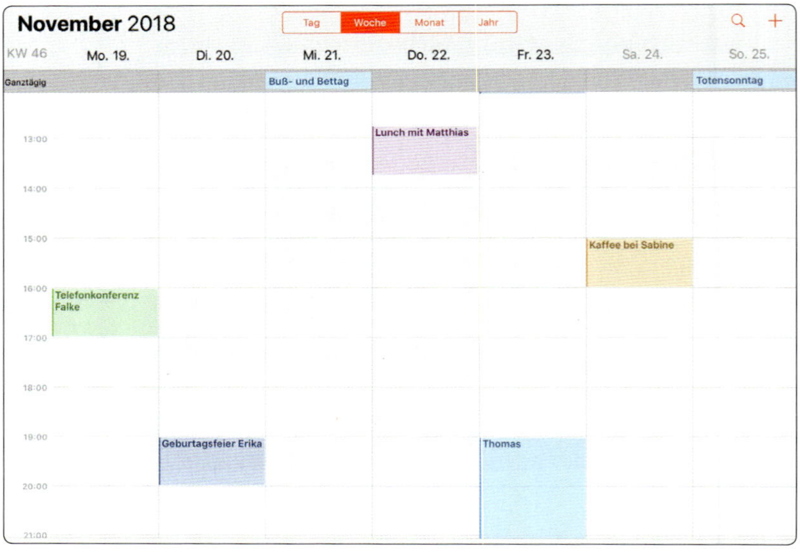

Auf dem iPad hilft der große Bildschirm dabei, die Übersicht zu behalten –unabhängig davon, welchen Zeitraum man wählt. Wischen nach links oder rechts verschiebt die Anzeige auf der Zeitleiste.

Workshop: Termine in den Übersichten finden

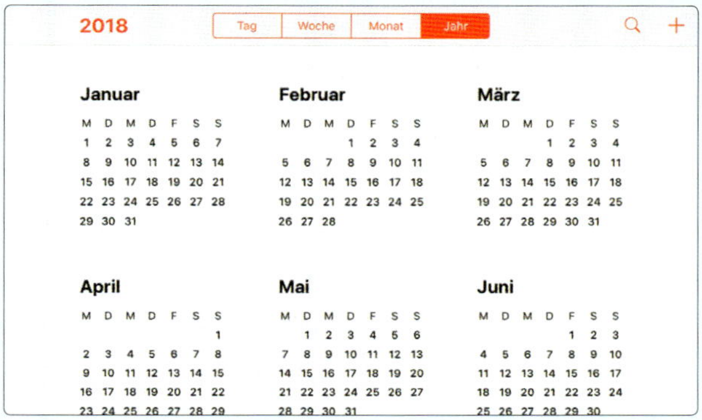

1 Die Jahresübersicht für mehr Überblick

In der Jahresübersicht ist der aktuelle Tag rot markiert. Sie können den Kalender in vertikaler Richtung durchblättern. Mit der Taste „Heute“ am unteren Bildschirmrand springen Sie zum jeweils aktuellen Tag zurück.

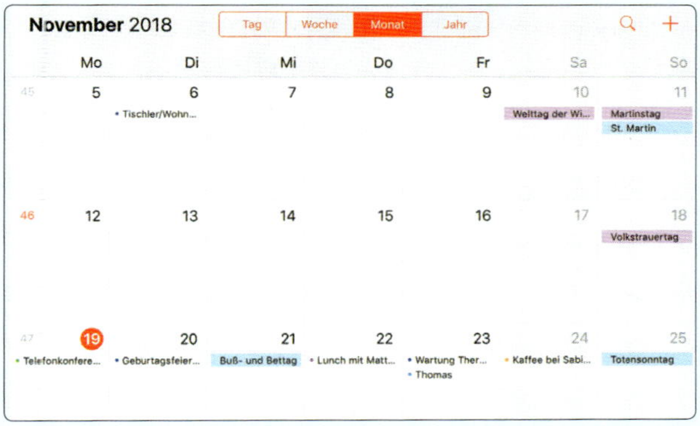

2 Monatsübersicht mit Terminen

In der Monatsübersicht können Sie die einzelnen Termine in absoluter Kurzform als Liste zum jeweiligen Tag sehen und auch darauf tippen, wenn Sie beispielsweise die genaue Uhrzeit zum Termin sehen wollen..

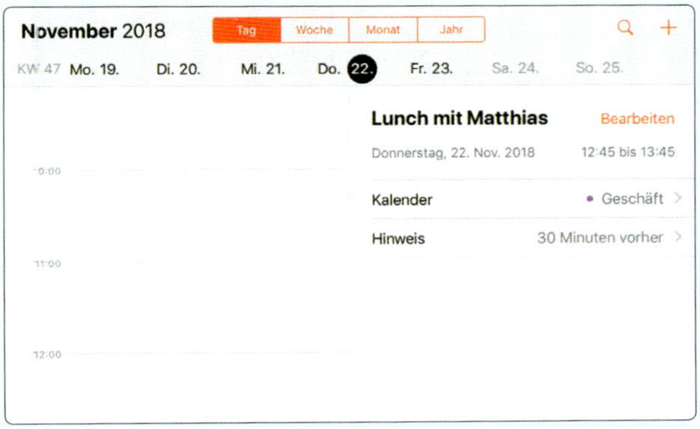

3 Tagesansicht und nächste Termine

In der Tagesansicht können Sie seitlich durch die Tage blättern. Hier wird automatisch der erste Termin des jeweiligen Tages in die Detailansicht übernommen, wo Sie ihn auch ganz einfach bearbeiten können.

Workshop: Termine Planen, Optionen festlegen und kontrollieren

1 Neuen Termin anlegen und planen

Für einen neuen Termin tippen Sie auf die Plustaste oder drücken länger auf die gewünschte Zeit in der Tagesansicht. Danach können Sie weitere Daten und zum Termin gehörige Optionen einfach anpassen.

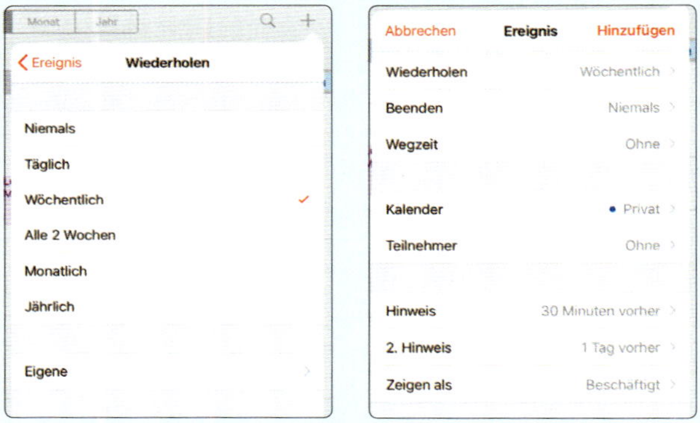

2 Optionen und Erinnerungen

Setzen Sie nach Bedarf eine – auf Wunsch berechnete Wegzeit an oder unter „Wiederholen" den Rhythmus für regelmäßige Termine. Weiter unten folgen Hinweise zur ersten und zweiten Erinnerung sowie eine URL oder Notiz.

3 Termine kontrollieren und bearbeiten

Sie können den Termin jederzeit in einer beliebigen Ansicht antippen, um die Details genau zu kontrollieren. Mit „Bearbeiten" können Sie Änderungen an allen Details vornehmen, bei einer Serie auch an allen Folgeterminen.

Workshop: Neue Kalender erzeugen und mit anderen teilen

1 Mehrere Kalender verwalten

Sie können mehrere Kalender anlegen, vordefiniert sind Privat und Arbeit, eventuell ein Familienkalender. Sie können durch Ankreuzen kontrollieren, welche sichtbar sind. Denken Sie daran, die Kalender später wieder einzublenden.

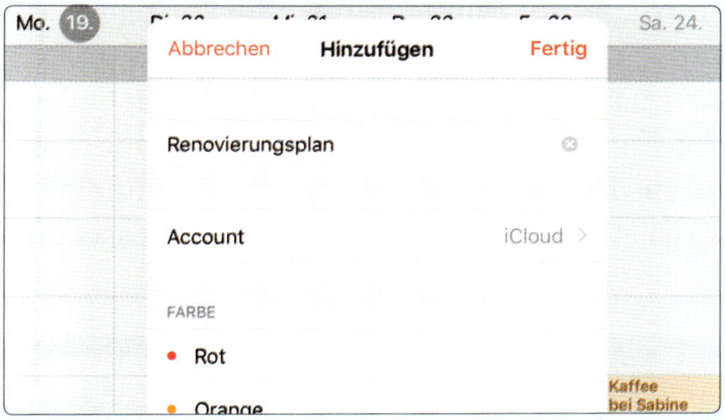

2 Neue Kalender anlegen

Tippen Sie unter der Kalenderliste auf „Hinzufügen“, um einen neuen Kalender anzulegen. Geben Sie einen Namen ein, und wählen Sie die Farbe, die möglichst noch nicht anderweitig vergeben ist. Bestätigen Sie mit „Fertig“.

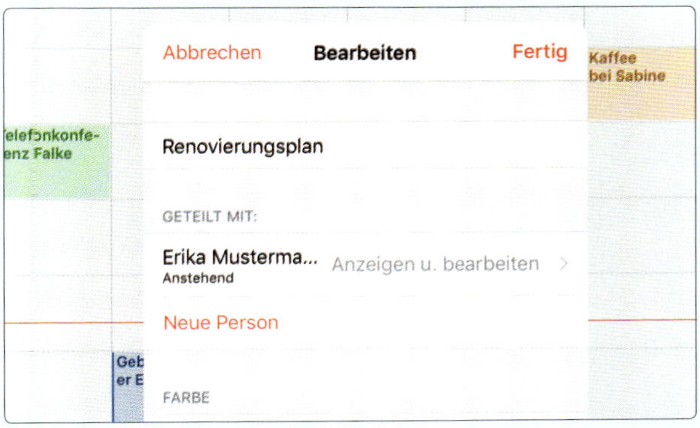

3 Kalender mit anderen teilen

Um Kalender mit anderen zu teilen, tippen Sie in der Kalenderliste auf das „i“ hinter dem Namen. Sie können mit „Neue Person“ jemanden hinzufügen oder andere wieder löschen. Der Kalender sollte dazu in der iCloud gespeichert sein.

Erinnerungen für die kleinen Dinge

Der Name der App Erinnerungen ist gleichzeitig ihre Aufgabe. Sie kommt immer dann zum Zug, wenn Sie an etwas denken müssen, aber ein Eintrag in den Kalender des iPad nicht wirklich praktisch wäre. Auf den ersten Blick empfinden viele Anwender die Existenz der App Erinnerungen als redundant, schließlich erinnert einen der Kalender mit seinen Hinweisen ja bereits an Termine. In der Praxis gibt es aber viele Dinge, die man nicht vergessen möchte, für die aber ein Kalendereintrag irgendwie nicht passt. Kleine, triviale Dinge des Alltags, die zu kurz oder nicht zeitabhängig sind.

Der Terminkalender ist zudem bei vielen Anwendern ohnehin schon so voll, dass sie gar nicht jedes Zwei-Minuten-Telefonat dort stehen haben wollen. Das gilt auch für einfache To-do-Listen, die nicht an eine bestimmte Zeit gebunden sind. Andere Aufgaben wiederum sind an Orte geknüpft, zum Beispiel an das Verlassen des Büros, das Einsteigen ins Auto oder die Ankunft zu Hause. Solche ortsabhängigen Denkanstöße fallen ebenfalls in das Aufgabengebiet von Erinnerungen, was besonders sinnvoll ist, wenn man zusätzlich ein iPhone besitzt und ständig bei sich trägt. Die App ist einfach der virtuelle Knoten im Taschentuch.

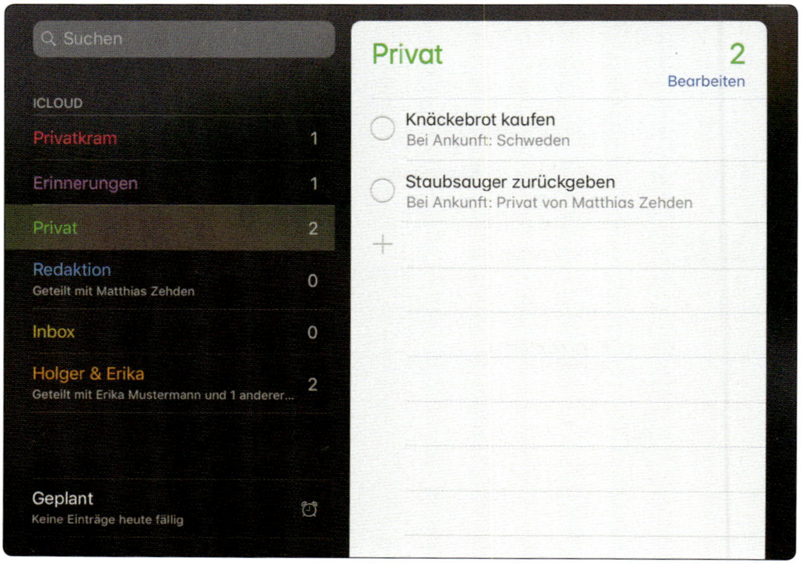

Erinnerungen bringt standardmäßig zwei Listen mit, doch Sie können beliebig viele Listen mit Erinnerungen hinzufügen und diese mit anderen teilen.

Workshop: Neue Erinnerungen anlegen und später abarbeiten

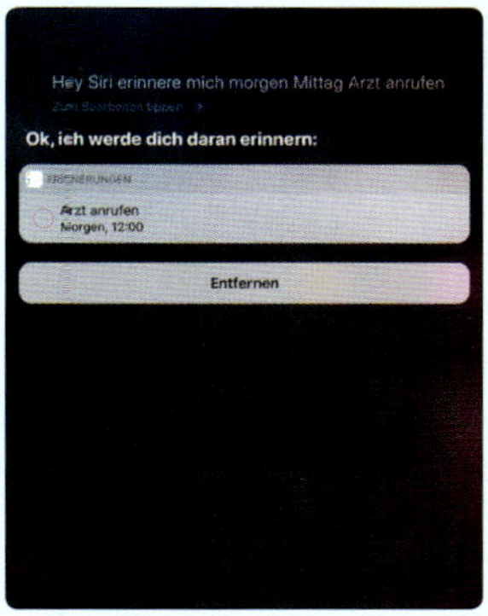

1 Neue Erinnerungen mit Siri anlegen

Eine einfache Möglichkeit zum Anlegen neuer Erinnerungen ist Siri. Die Spracheingabe geht schnell und passt perfekt zur Idee der unkomplizierten Erinnerung. Dabei erkennt Siri auch Zeitangaben und andere Details.

2 Neue Erinnerung manuell anlegen

Sie können auch eine Erinnerung über die Tastatur eingeben: Tippen Sie innerhalb der Erinnerungen-App neben das Pluszeichen und schreiben Sie den Titel. Anschließend tippen Sie auf „i" für Zeit- oder Ortsvorgaben.

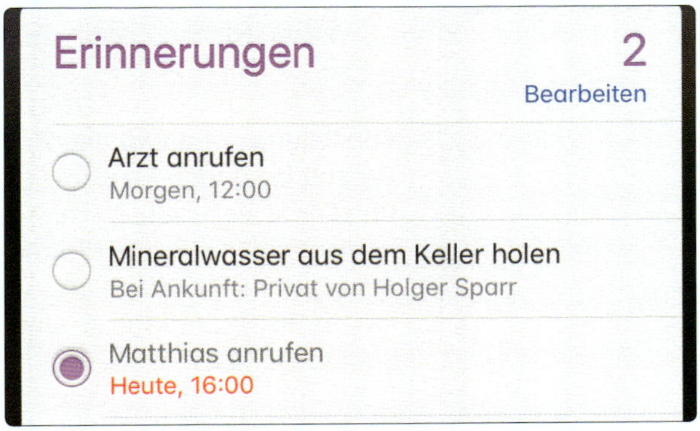

3 Erinnerungen als erledigt markieren

Haben Sie den Zweck einer Erinnerung beachtet, tippen Sie davor in den Kreis, um sie als erledigt zu markieren. Über den Befehl am unteren Rand der Liste können Sie erledigte Einträge jederzeit ein- und ausblenden.

Workshop: Erinnerungen verwalten, mit Orten verknüpfen und teilen

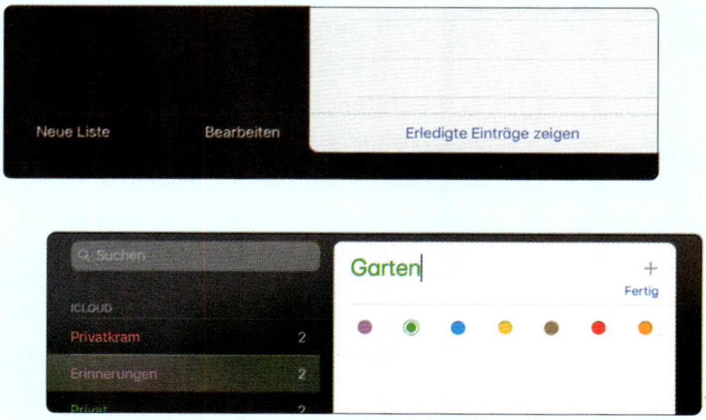

1 Neue Liste für Erinnerungen anlegen

Um eine neue Liste anzulegen, tippen auf das Kommando zum Erzeugen einer neuen Liste. Anschließend geben Sie der neuen Liste einen Namen, wählen eine der sieben angebotenen Farben aus und tippen dann auf „Fertig“.

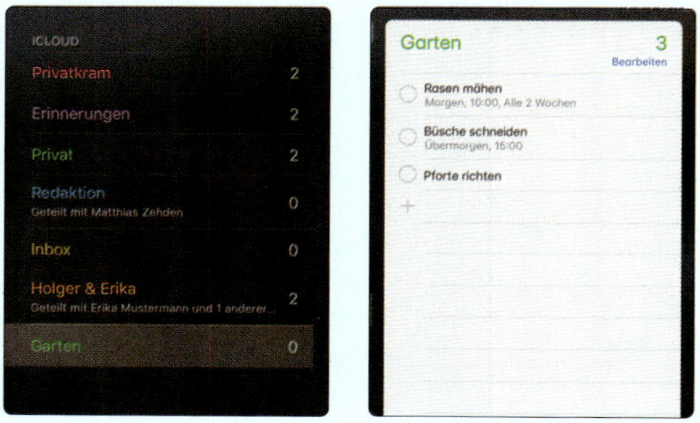

2 Neue Liste auswählen und füllen

Die neue Liste erscheint daraufhin in der Übersicht der Erinnerungslisten. Sie können Sie nun auswählen und mit neuen Einträgen füllen. Eigene Listen sind eine gute Möglichkeit, Erinnerungen thematisch zu sortieren.

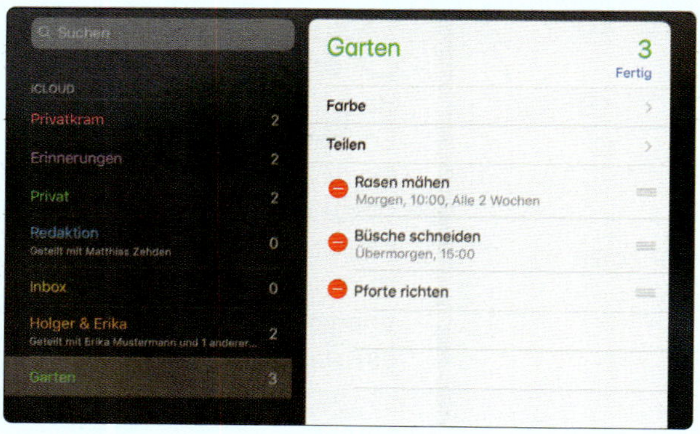

3 Liste bearbeiten und verändern

Tippen Sie oben in der Listendarstellung auf „Bearbeiten“. Daraufhin können Sie Name und Farbe wechseln und die Reihenfolge der Erinnerungen innerhalb der Liste ändern, indem Sie die Einträge an eine andere Stelle ziehen.

4 Erinnerungen mit anderen teilen

Tippen Sie beim Bearbeiten der Liste auf „Teilen“, um sie gemeinsam mit anderen zu nutzen. Sie können mit dem Befehl „Person hinzufügen“ andere per E-Mail einladen. Mit wem Sie die Liste teilen, wird in der Übersicht gezeigt.

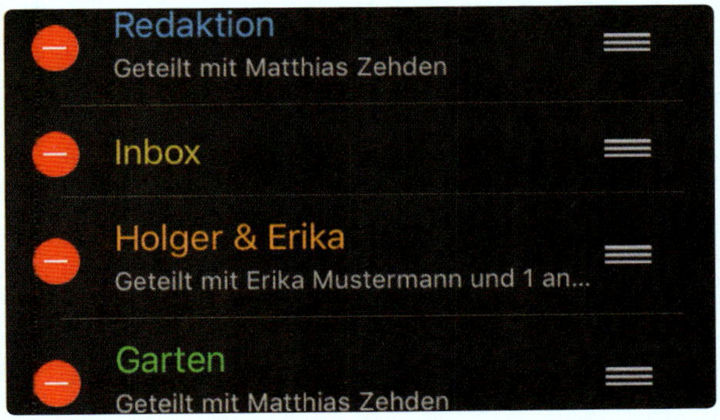

5 Listen nutzen und verwalten

Wenn Sie am unteren Rand auf „Bearbeiten“ tippen, können Sie die Reihenfolge der Listen ändern, indem Sie einen Titel getippt halten und an die gewünschte Stelle schieben. Nicht mehr aktuelle Listen können Sie löschen.

6 Geplante Erinnerungen anzeigen

Die Liste „Geplant“ durchsucht alle Listen nach tagesabhängigen Erinnerungen und stellt sie gesammelt in Ihrer Terminfolge dar. Fügen Sie hier manuell einen Eintrag hinzu, landet er in der Standardliste „Erinnerungen“.

Notizen mit Extras

Wer sich einmal an die Benutzung eines digitalen Notizblocks gewöhnt hat, wird diesen ganz schnell nicht mehr missen wollen. Es gibt dauernd etwas, was man sich für später merken will, ein paar Infos, eine To-do-Liste, Fotos oder eine URL. Apple hat die Notizen-App immer weiter ausgebaut und dazu mit Möglichkeiten zum Speichern von Medien sowie dem Abgleich der Inhalte mit anderen Geräten via iCloud ausgestattet

Später ist dann die Möglichkeit zur gemeinsamen Nutzung von Notizen mit anderen Anwendern hinzugekommen. Sie können problemlos eine Checkliste mit Kollegen abstimmen oder den Einkaufszettel der Familie verwalten. Seit kurzem erlaubt die App einfache Tabellen, scannt Dokumente und erkennt Handschrift. Profitools wie Evernote können zwar immer noch mehr, kosten aber auch monatlich etwas, wenn man sie wirklich ausnutzen will. Seit Apple den Funktionsumfang so deutlich erweitert hat, reicht Notizen für die meisten Anwender bereits völlig aus und macht die meisten alternativen Apps für Notizen damit überflüssig.

Die Notizen-App ist längst viel mehr als nur ein mittelmäßiger Ersatz für gelbe Zettel, denn die App sammelt Medien aller Art und erlaubt die Zusammenarbeit mit anderen.

Workshop: Einstellungen der Notizen-App festlegen und App vorbereiten

1 Generelle Einstellungen für Notizen

In den Einstellungen wählen Sie den Mail-Account zum Speichern der Notizen. Mit „Auf meinen iPad" erlauben Sie lokale Notizen. Es folgen Optionen zur Darstellung, wie die Sortierung und ein eingeblendetes Raster.

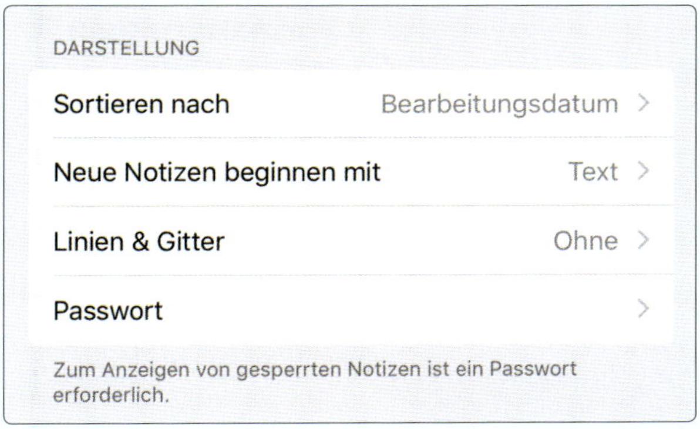

2 Passwort und Hervorhebungen

Die erste Zeile der Notiz kann automatisch hervorgehoben werden. Weiter unten legen Sie das Passwort für gesperrte Notizen fest und, ob innerhalb von Notizen gemachte Fotos und Videos im iOS-Archiv landen sollen oder nicht.

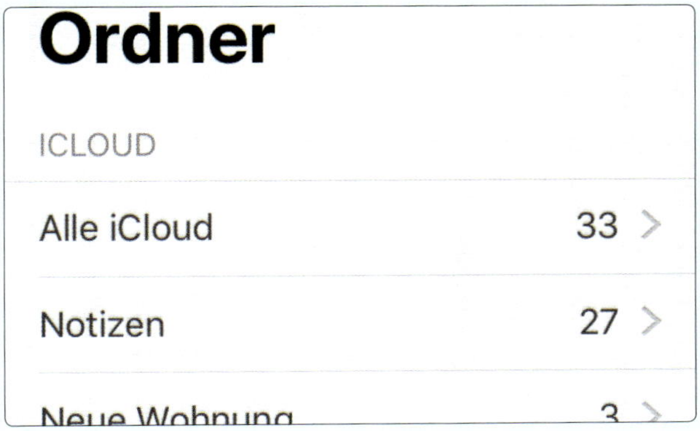

3 Ordner für Notizen auswählen

Öffnen Sie in der App Notizen die Auswahl der Ordner, um ein Konto zur Anzeige zu wählen. Hier haben Sie auch Zugriff auf die zuletzt gelöschten Notizen. Haben Sie lokale Notizen erlaubt, steht auch dafür ein Ordner bereit.

Workshop: Notizen mit Medien verknüpfen und mit anderen teilen

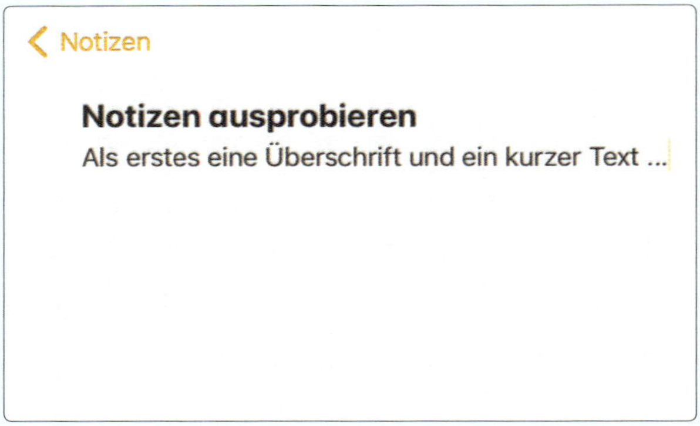

1 Neue Notiz und Text eintippen

Öffnen Sie Notizen, und tippen Sie auf die Taste für eine neue Notiz. Sie können nun Text eingeben. Nutzen Sie die verschiedenen Symbole oberhalb der Tastatur, um weitere Eingabeoptionen einzublenden oder Text zu formatieren.

2 Formatierungen verwenden

Die Knöpfe bieten Zugang zu Tabellen, Textformat, Checklisten, Kameranutzung und Freihandnotizen. Für Letztere müssen Sie kein iPad mit Apple Pencil besitzen. Für ab und zu reicht auch ganz schlicht der spitze Finger.

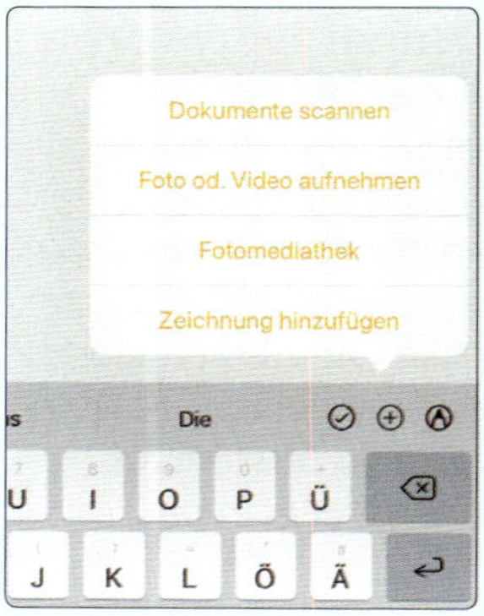

3 Dokumente mit der Kamera scannen

Die Kamerafunktion erlaubt nicht nur einfache Fotos hinzuzufügen, sondern besitzt auch einen Scanner für Dokumente, der perspektivische Fehler beim Abfotografieren von Vorlagen korrigiert und den Kontrast anhebt.

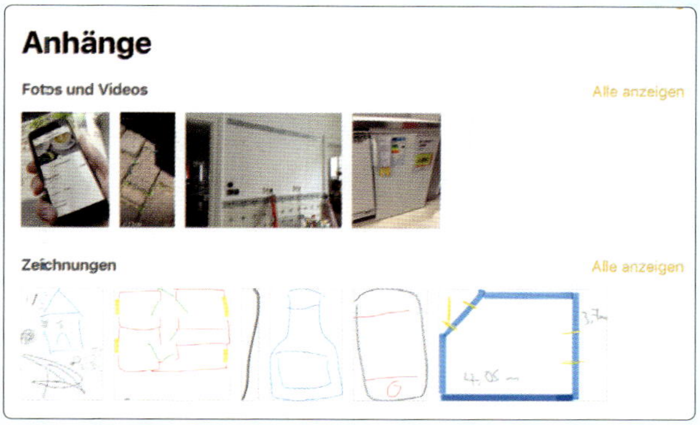

4 Angehängte Medien sichten

Schließen Sie die Notiz, wird sie synchronisiert, falls Sie iCloud nutzen. Unterhalb der Liste der Notizen öffnen Sie das Inventar. Hier finden Sie alle hinzugefügten Medien, wie Fotos, Zeichnungen, Karten, URLs und mehr.

5 Notiz mit anderen per iCloud teilen

Tippen Sie beim Schreiben der Notiz oben auf das Kontaktsymbol, können Sie andere einladen. Tippen Sie erneut auf das Symbol, um Einstellungen vorzunehmen oder die gemeinsame Nutzung zu beenden.

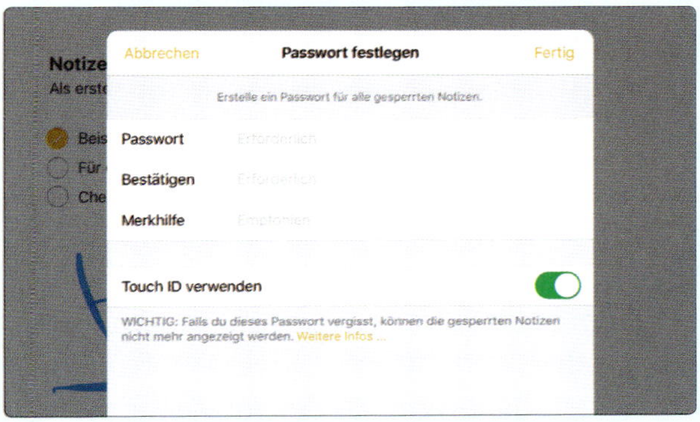

6 Notizen sicher verschlüsseln

Um eine Notiz zu verschlüsseln, tippen Sie bei der Eingabe oben auf das Teilen-Menü und wählen „Notiz sperren". Nutzen Sie das vergebene Passwort oder Touch ID. Ohne lässt sich die Notiz dann nicht wieder öffnen.

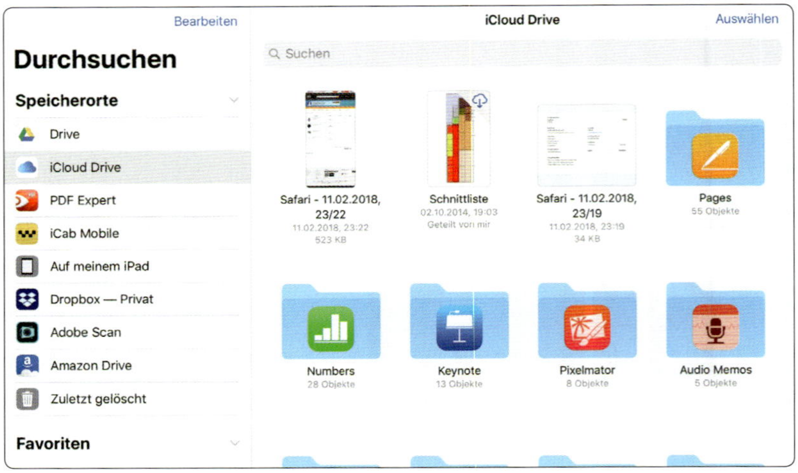

Die Dateien-App vereinheitlicht den Umgang mit Dateien und verschiedensten Cloud-Anbietern unter iOS. Selbst die Suche quer über alle Cloud-Anbieter hinweg ist möglich.

Dateien als zentrale Verwaltung

Früher zählten Dateimanager zu den meist geladenen Apps im Store, doch mittlerweile hat die Dateien-App von Apple selbst das Regiment beinahe komplett übernommen. Denn die App ist eine sehr gute Lösung für das Verwalten und Verteilen von Dateien auf dem iPhone. Vor allem integriert Dateien auch allerlei Cloud-Dienste von Fremdanbietern. Und kaum etwas hat man heutzutage mehr als Mitgliedschaften bei verschiedenen Cloud-Anbietern, die man teils zwangsweise bekommt, wenn man bestimmte Apps nutzen möchte. Umso besser also, dass nun eine zentrale Anlaufstelle geschaffen wurde.

Cloud-Anbieter inklusive

Als von Apple stammende App besteht Dateien natürlich darauf, dass man als Allererstes seine iCloud-ID einträgt und in den zugehörigen Einstellungen auch iCloud Drive aktiviert. Tatsächlich funktionieren einige der Features später auch wirklich nur mit iCloud Drive, außerdem ersetzt die App aber auch die dedizierte iCloud Drive-App früherer Versionen. Doch der eigentliche Witz an der App ist, dass sie praktisch alle alternativen Cloud-Anbieter integrieren kann. Und obwohl man die Apps von Dropbox, Google Drive, Microsoft

Workshop: iCloud Drive einschalten und alternative Anbieter konfigurieren

1 iCloud Drive konfigurieren

Die Dateien-App ersetzt auch die alte iCloud-Drive-App. Da jeder iPad-Besitzer auch einen iCloud-Account hat, muss er nur noch seine Daten angeben und in den iCloud-Einstellungen iCloud Drive freischalten.

2 Andere Cloud-Anbieter installieren

Um alternative Cloud-Anbieter nutzen zu können, muss man zunächst deren App installieren und in diesen seine Zugangsdaten angeben. Erst danach kann die Dateien-App auf die alternativen Inhalte zugreifen.

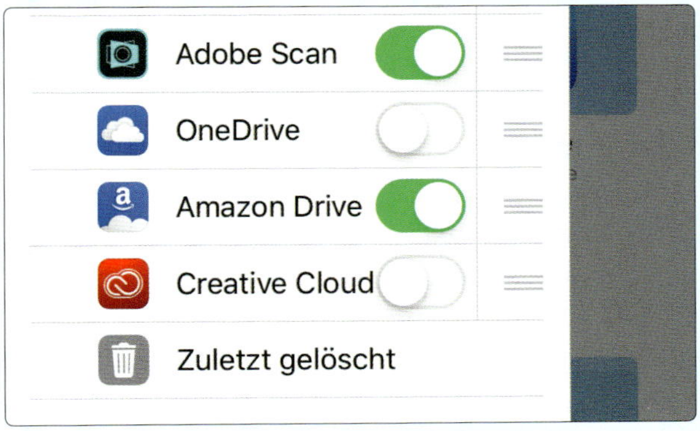

3 Alternative Cloud-Dienste nutzen

Unter „Speicherorte" lässt sich jeder dieser alternativen Anbieter einzeln aktivieren oder deaktivieren. Name und Checkbox tauchen erst nach erfolgreicher Anmeldung mit der jeweiligen App des Anbieters in der Dateien-App auf.

OneDrive und Co dank der Dateien-App im Grunde kaum noch braucht, muss man sie dennoch zunächst installieren und sich beim Anbieter anmelden, bevor man auf die anderen Clouds zugreifen kann. Nach erfolgreicher Installation kann man die Apps aber getrost in einen Ordner verbannen.

Dateien kopieren und öffnen

Man kann die Dateien-App beinahe so nutzen wie beispielsweise den Finder des Mac, also um Dateien zu verschieben, zu kopieren und zu öffnen. Das ermöglicht dann auch die Datei-orientierte Arbeitsweise, die sonst nur auf dem normalen Rechner möglich ist: Man sucht erst mal die Datei und öffnet über diese die zugehörige App, während man normalerweise immer erst die App und mit dieser die Datei öffnet. Die Dateien-App verschafft einem also eine Wahl, die man vorher kaum hatte. Zudem lassen sich mit der App Dateien zwischen den verschiedenen Clouds hin- und herschieben. Und ebenfalls extrem praktisch ist die Suchfunktion, die quer über alle Clouds hinweg nach Namen von Dateien sucht.

Dateien mit Tags markieren

Wer einen Mac hat, kennt die Möglichkeit, Dateien mit sogenannten „Tags“, also farbigen Markierungen zu versehen. So lassen sich beispielsweise wichtige Dateien oder Office-Dokumente mit Farben markieren, deren Bedeutung man innerhalb der Dateien-App frei definieren kann. Tags können manchmal sehr praktisch sein, um seine Dateien etwas zu organisieren.

Schwächen der App

Als Apple bekannt gab, dass zu iOS eine App zur Verwaltung von Dateien gehört, die man zuvor als iOS-Anwender eigentlich nie so recht zu sehen bekam, dachte hoffentlich niemand, dass er nun vollen Zugriff aufs komplette Dateisystem bekäme. Die Dateien-App kann nicht mehr, als vorher mit einer Kombination anderer Apps auch möglich war. Aber das ist eben der Punkt: Eine App macht viele andere überflüssig.

Workshop: Dateien-App nutzen, Dateien verschieben und öffnen

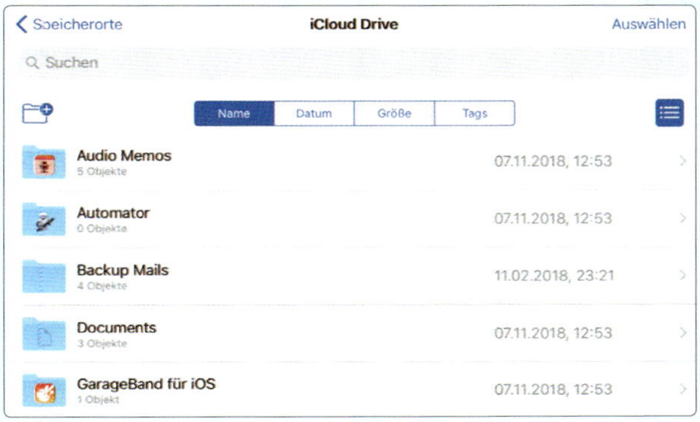

1 Inhalt der Cloud-Dienste ansehen

Von der Liste der Speicherorte aus kann man den Inhalt der jeweiligen Clouds begutachten. Darstellung und Sortierung lassen sich dabei anpassen, außerdem kann man neue Ordner erzeugen und die Listen sortieren.

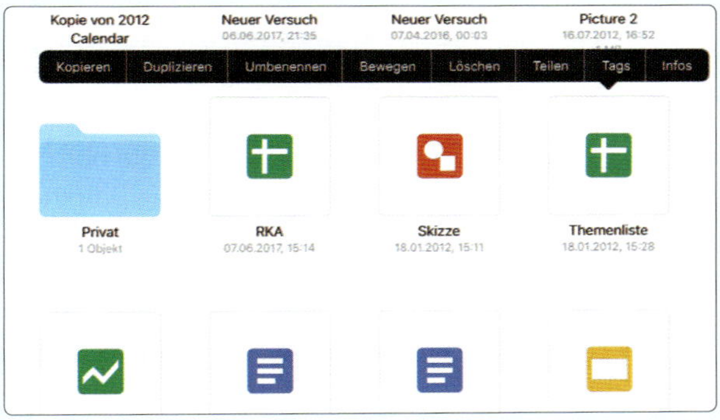

2 Kontextmenü effizient nutzen

Ein längerer Druck auf eine Datei bringt ein sehr praktisches Kontextmenü hervor. Darüber lassen sich Dateien löschen, weiterreichen oder sonstwie behandeln. Außerdem kann man sich Informationen zu Dateien ansehen.

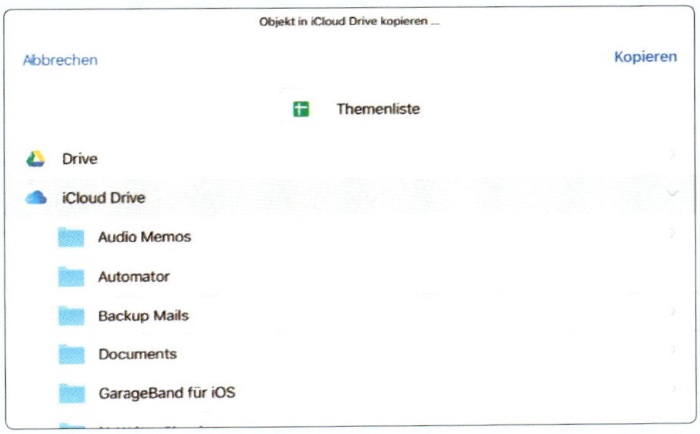

3 Dateien bewegen oder kopieren

Über das Kontextmenü kann man die Datei bewegen. Im nächsten Schritt darf man das Ziel auswählen. Ist dieses Ziel eine andere Cloud, wird aus der Bewegung eine Kopie, denn das Original bleibt erstmal erhalten.

Workshop: Dateien-App nutzen, Dateien verschieben und öffnen (Fortsetzung)

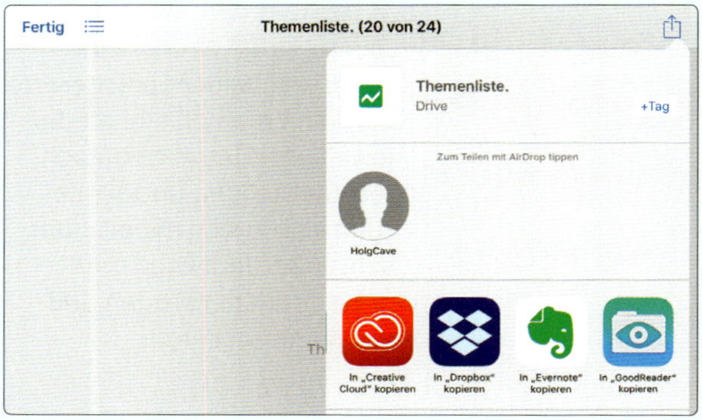

4 Dateien öffnen und übergeben

Kann nur eine App eine Dokumentart bearbeiten, reicht oft ein Tipp auf das Icon für die Übergabe. Ansonsten bleibt aber immer das „Teilen"-Menü, um die Datei an eine alternative App oder einen anderen Dienst zu übergeben.

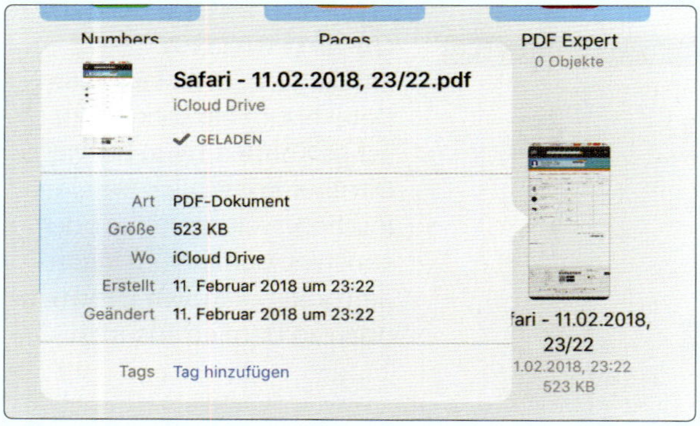

5 Infos über Dateien anzeigen

Über das Kontextmenü lassen sich auch sehr gut die üblichen Metadaten wie Dateiname, Speicherort, Erstellungsdatum und Dokumentart anzeigen – fast so, wie man es von macOS und Windows gewohnt ist.

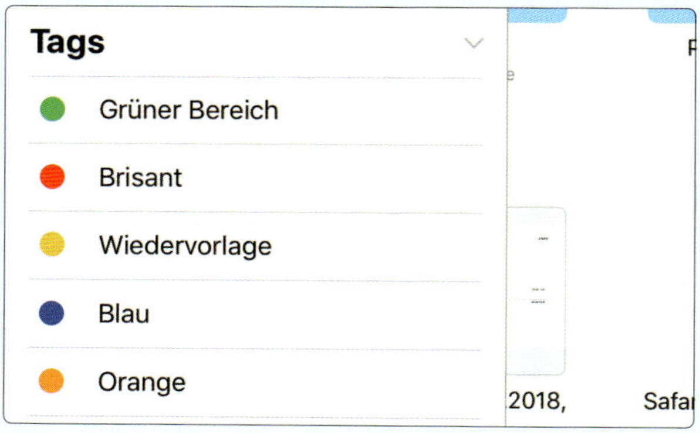

6 Tags für Dateien nutzen

Unterhalb der Speicherorte findet sich die Liste der Tags, die sich per Kontextmenü einzelnen Dateien zuweisen lassen. Die Namen der Tags kann man einfach bearbeiten, und sie werden per iCloud synchronisiert.

Siri lernt neue Tricks

Die Spracherkennung Siri begleitet das iPad schon eine ganze Weile, wurde aber eher zu Allgemeingut, denn schnell reagierten alle Smartphones, Tablets und auch smarte Lautsprecher auf Sprachanfragen. Und so langsam geriet Apple dabei ins Hintertreffen, denn es schien, als lernten die anderen schneller dazu als Apples Siri.

Kurzbefehle für Siri

Apple hatte sich recht schwer damit getan, Siri nach außen zu öffnen. Erst später kam die Möglichkeit für Fremdanbieter hinzu, Siris Wortschatz mit eigenen Befehlen zu erweitern und erst mit iOS 12 lernt die Spracherkennung nun auch Kurzbefehle. Dafür gibt es zwei Möglichkeiten, die übrigens beide aus Leistungsgründen Besitzern älterer iPad-Modelle vorenthalten bleiben: Zum einen kann man in den Siri-Einstellungen Kurzbefehle anlegen, zum anderen gibt es die neue Kurzbefehle-App.

Der Weg über die Einstellungen „Siri & Suchen“ ist im Zweifel der einfachere, aber auch weniger flexible Weg. Unter den

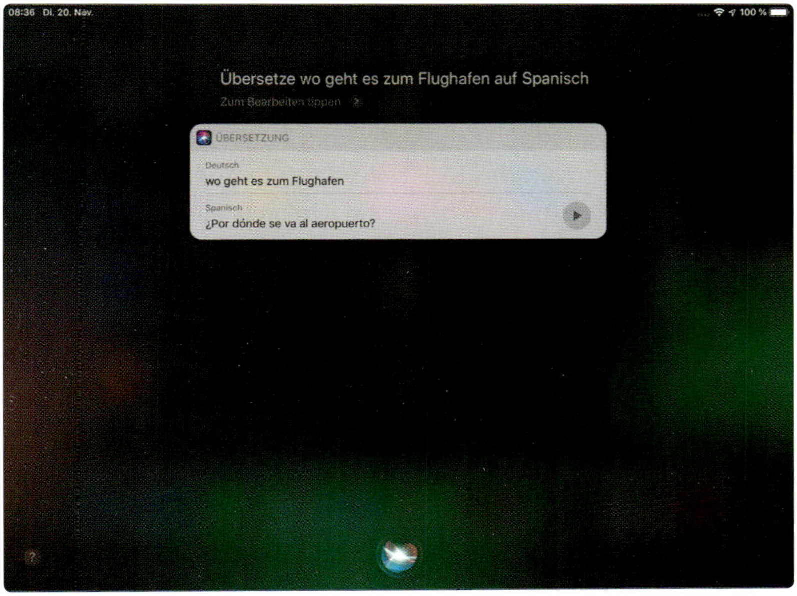

Siri steuert nicht nur das iPad und verschickt Nachrichten, sondern besitzt auch viel Allgemeinwissen und kann kleinere Übersetzungen liefern.

vorgeschlagenen Kurzbefehlen findet man alle möglichen Vorschläge von Apps, die das Verfahren unterstützen. Konkret finden sich hier, sortiert nach Apps, vor allem kürzlich ausgeführte Aktionen. Schreibt man beispielsweise eine Nachricht, schlägt Siri sehr wahrscheinlich vor, dass man dieser Nachricht für die Zukunft einen Kurzbefehl gibt - was ja durchaus sinnvoll sein kann, wenn man öfter Nachrichten wie „fahre jetzt los“ an immer die gleichen Empfänger schickt.

Der Haken dabei ist, dass man leider nicht selbst die Aktion definieren, sondern nur hoffen kann, dass Siri sie vorschlägt. Dafür aber schlägt Siri manchmal sogar über die Mitteilungen vor, den häufiger ausgeführten Tätigkeiten einen Kurzbefehl zu verpassen, um sie mit Siri besonders einfach aufrufen zu können. Der zweite Haken ist, dass die einfachen Siri-Kurzbefehle immer nur einzelne, isolierte und auf eine App beschränkte Aktionen ausführen können.

Für beide Nachteile ist die neue Kurzbefehle-App die Lösung, die wir im nächsten Abschnitt noch genauer beschreiben. Doch während letztere schon entfernt an Programmieren erinnert, lassen sich die vorgeschlagenen Kurzbefehle in den Siri-Einstellungen spielerisch einfach nutzen.

Weitere Verbesserungen

Nun ist es zwar praktisch, wenn man Siri neue Kurzbefehle beibringen kann, doch letztlich erreicht man damit nur auf einfachere Weise das, was auf die umständliche Tour immer schon ging. Der Vorwurf an das Siri-Team lautete aber, dass die Konkurrenz in Sachen Allgemeinwissen deutlich vorbeigezogen sei, was vor allem bei den smarten Lautsprechern wie dem HomePod negativ auffällt. Immerhin konnte Siri einiges zulegen und weiß mehr über Sport, Ernährung und anderes. Doch viele dieser Änderungen betreffen zunächst nur den amerikanischen Markt, anderswo werden sie nur nach und nach eingeführt. Andererseits ist es immer einen Versuch wert, Fragen einfach mal ins iPad zu diktieren, denn Siri liefert mittlerweile mehr Antworten, als man ihr zugetraut hätte.

Workshop: Siri richtig konfigurieren und effizient benutzen

1 Sprachaktivierung abschalten

In den Siri-Einstellungen lässt sich festlegen, ob das iPad die ganze Zeit nach der Aktivierung per Sprachbefehl lauschen soll, was der Sicherheit und des erhöhten Stromverbrauchs wegen nicht sehr empfehlenswert ist.

2 Einfache Fragen per Sprache

Siri beherrscht das Öffnen und Nutzen von Apps, Fragen zum Allgemeinwissen und auch den Zugriff auf Systemeinstellungen. Selbst die Passwort-Datenbank lässt sich relativ leicht abfragen, wenn das iPad entsperrt ist.

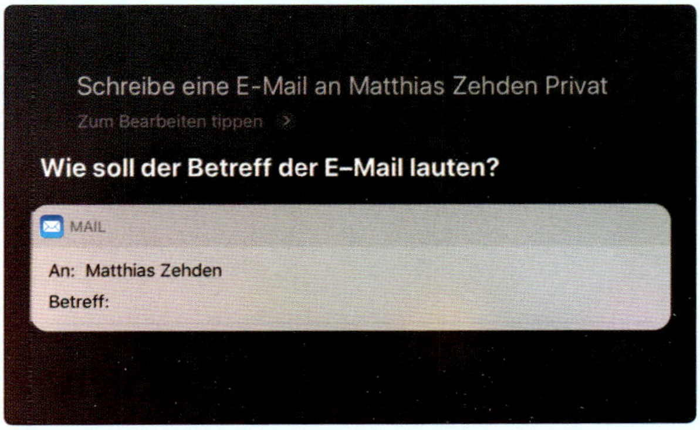

3 Komplexe Befehle in Schritten

Komplexere Befehle erteilt man besser peu à peu, denn Siri gerät sonst gern aus dem Tritt und fragt bei Bedarf nach. So lassen sich auch Aufgaben wie das Schreiben einer Mail mit Empfänger, Betreffzeile und Inhalt meistern.

Workshop: Kurzbefehl über die Einstellungen einrichten

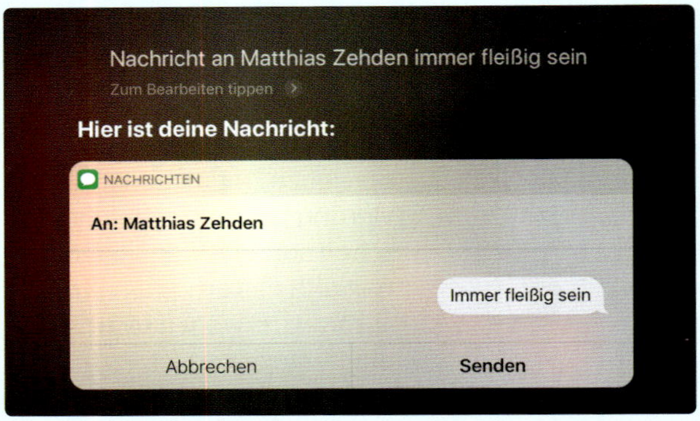

1 Grundlage für Kurzbefehl schaffen

Um einen Kurzbefehl für eine Aktion anlegen zu können, muss man die Aktion erst mal durchführen, womöglich sogar mehrmals. Dafür muss man nicht, wie hier, Siri nutzen, sondern die App muss nur über Siri steuerbar sein.

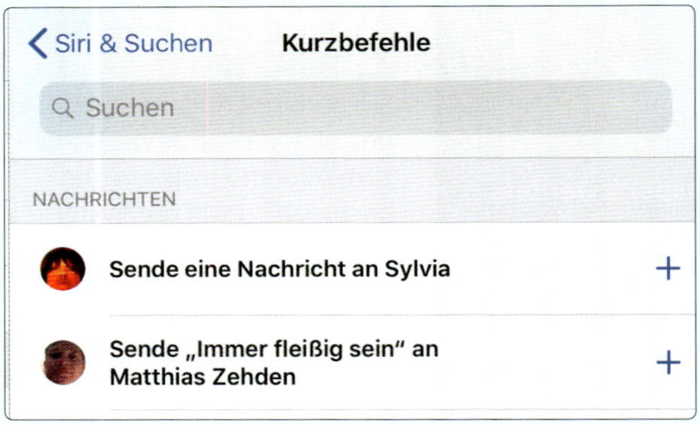

2 Aktion in den Einstellungen wählen

In den Siri-Einstellungen werden unter „Alle Kurzbefehle" die zuvor durchgeführten Aktionen angezeigt, die sich als Kurzbefehl definieren lassen. Dabei werden die möglichen Aktionen nach Apps getrennt präsentiert.

3 Kurzbefehl mit Siri anprechen

Über das Pluszeichen lässt sich der Kurzbefehl anlegen und eine passende Phrase dafür aufsprechen. Danach kann man den Befehl, der nicht anderweitig vergeben sein darf, aus den Vorschlägen auswählen.

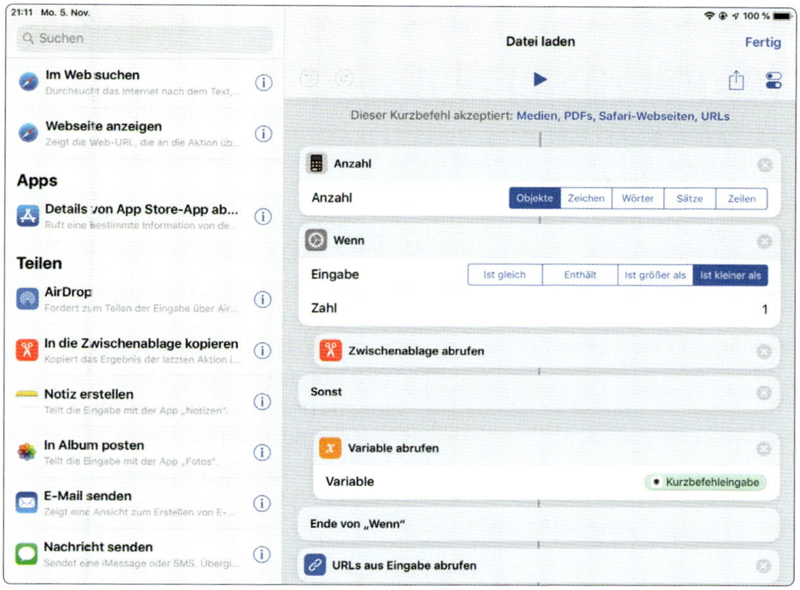

Kurzbefehle lassen sich durch eine Art grafische Programmierung erzeugen und später wie eigenständige Apps nutzen oder über Siri starten.

Die neue Kurzbefehle-App

Nun sind die in den Einstellungen definierbaren Siri-Kurzbefehle nur die eine Möglichkeit, der Spracherkennung neue Worte beizubringen, die andere ist die neue Kurzbefehle-App, die übrigens nicht zum Lieferumfang des iOS gehört, sondern separat aus dem Store geladen werden muss. Mit der App lassen sich per Drag and Drop neue Aktionen durch Kombinieren vorhandener Befehle zusammenstellen und anschließend mit einem Siri-Befehl versehen oder als eine Art neue App auf den Home-Bildschirm legen. Ein plakatives Beispiel für die Möglichkeiten ist das Ankommen zu Hause, wo man mit einem einzigen Befehl das Licht, die Heizung und die Kaffeemaschine starten kann.

Dafür musste Apple übrigens das Rad nicht neu erfinden, denn die Grundlage ist die - wirklich geniale - App Workflow, die Apple vor einer Weile gekauft hat und die nun als Basis für die neue App Kurzbefehle dient. Die App kann mehrere Aktionen verknüpfen, Menüs zeigen und Widgets anlegen. Die Möglichkeiten der App sind riesig und sprengen den Rahmen dieses Buchs, zumal sie weit mehr kann, als nur die Fähigkeiten von Siri zu erweitern.

Workshop: Die Kurzbefehle-App im schnellen Überblick

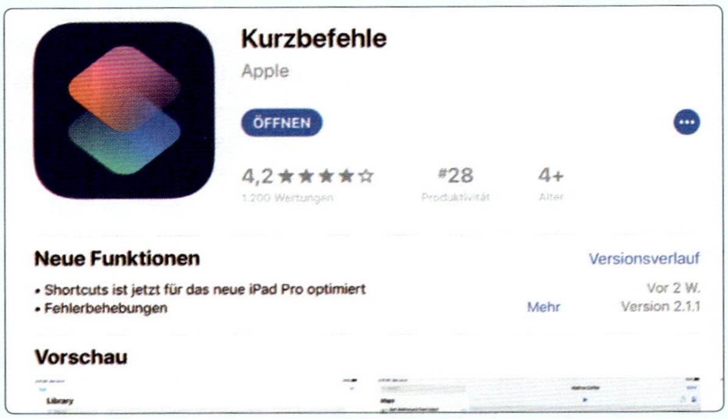

1 App separat aus dem Store laden

Die Kurzbefehle-App gehört bislang nicht zum Lieferumfang des iOS, sondern muss separat aus dem App Store geladen werden. Sie basiert auf der biserhigen Workflow-App und ist selbstverständlich kostenlos.

2 Aktionen aus der Liste wählen

Wenn man so will, kann man sich die Aktionen in der App aus einzelnen Aktionen zusammenstellen. Dazu listet die App einzelne Programmschritte auf, die man wie bei einer grafischen Programmierung verbinden kann.

3 Kurzbefehl per Siri steuerbar machen

Unter den Optionen zu einem Kurzbefehl gibt es die Möglichkeit, einen Sprachbefehl für den Aufruf mit Siri aufzusprechen. Kurzbefehle lassen sich aber auch auf den Home-Bildschirm legen oder als Widget speichern.

Workshop: Kurzbefehle in der Galerie suchen, laden und nutzen

1 Kurzbefehle in Galerie anzeigen

Die Übersicht zeigt zunächst die Bibliothek der auf dem Gerät installierten Kurzbefehle. Am unteren Rand kann man die Galerie auswählen, deren Inhalt wie beim App Store betreut wird und viele Vorschläge enthält.

2 Details zu Kurzbefehl ansehen

Für jeden der Kurzbefehle ist eine Beschreibung verfügbar, die auch die beteiligten Apps und Dienste zeigt. Per Fingertipp lassen sich die Befehle in die eigene Bibliothek übernehmen und dort natürlich auch ändern.

3 Befehlen nötige Rechte erteilen

Die Kurzbefehle lassen sich innerhalb der App mit einem Tipp auf den Wiedergabe-Knopf starten. Falls noch nicht erfolgt, muss man ihnen auch die zur Arbeit nötigen Rechte für die Nutzung von Diensten erteilen.

Workshop: Eigene Kurzbefehle anlegen, konfigurieren und starten

1 Neuen Kurzbefehl anlegen

Ein neuer Kurzbefehl lässt sich über das Pluszeichen anlegen. Die verfügbaren Aktionen werden daraufhin aufgelistet, sind allerdings nicht immer sinnvoll sortiert. Dennoch gewinnt man beim Blättern schon einen Eindruck.

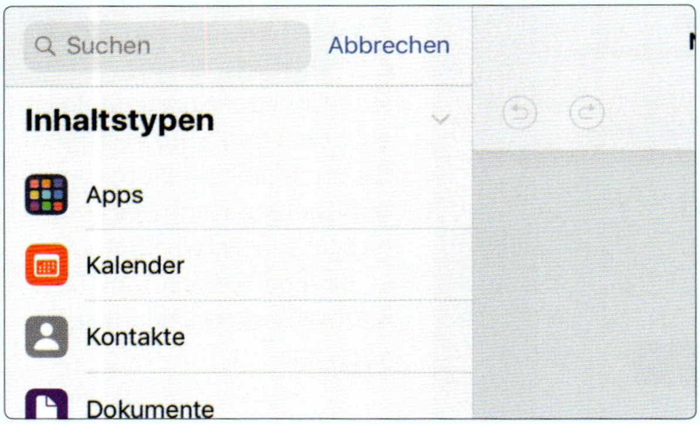

2 Befehle nach Themengebieten

Tippt man einmal ins Suchfeld, bekommt man die möglichen Aktionen nach Themengebieten und weiter unten nach Apps sortiert aufgelistet. Tippt man auf eines dieser Themen, bekommt man die zugehörigen Befehle zu sehen.

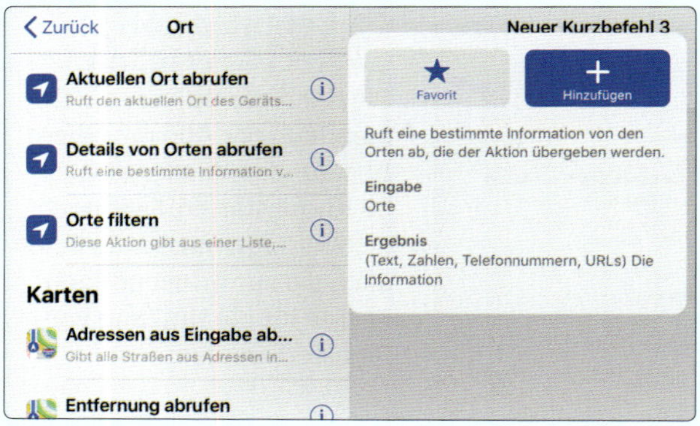

3 Details zu Einzelbefehlen ansehen

Tippen Sie auf das „i", um zu sehen, was der Befehl wirklich macht. Die Details zu einer Aktion zeigen nicht nur, was die Aktion macht, sondern auch, was als Ein- und ausgabe erwartet wird, wenn Aktionen verknüpft werden.

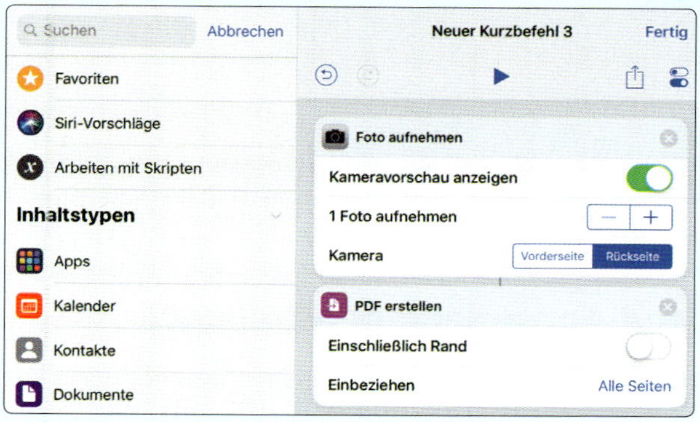

4 Einzelaktionen aneinander reihen

Reiht man einzelne Aktionen aneinander, werden Aus- und Eingabe automatisch verknüpft. Die Reihenfolge der Aktion lässt sich ändern und sie lassen sich löschen. Auch „Wenn dann"-Abfragen lassen sich nutzen.

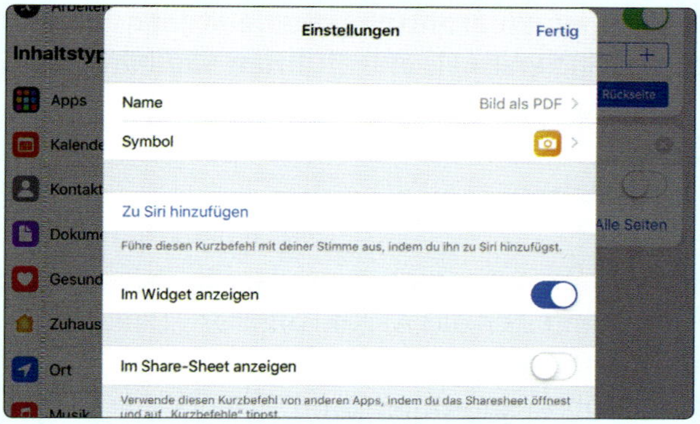

5 Optionen für Kurzbefehle festlegen

Über das Optionsmenü lassen sich Name und Icon vergeben, wobei auch die Farbe bestimmt werden kann. Zudem lässt sich eine Siri-Phrase aufsprechen oder der Befehl ins Teilen-Menü aufnehmen.

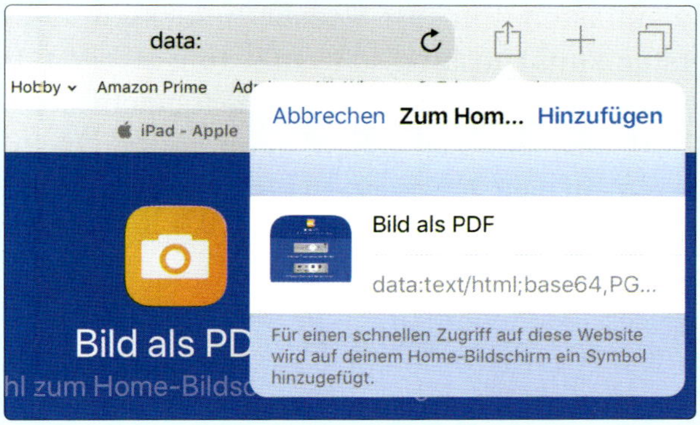

6 Befehl zum Homescreen hinzufügen

Fügt man den Befehl dem Home-Bildschirm hinzu, nimmt die App einen Umweg über Safari, wo der Befehl wie ein URL-Aufruf gesichert werden kann. Danach lässt sich der Kurzbefehl wie eine App nutzen.

Auf dem iPhone enthält die Maßband-App enthält auch die Wasserwaage, auf dem iPad ist man aber auf die Messfunktion beschränkt.

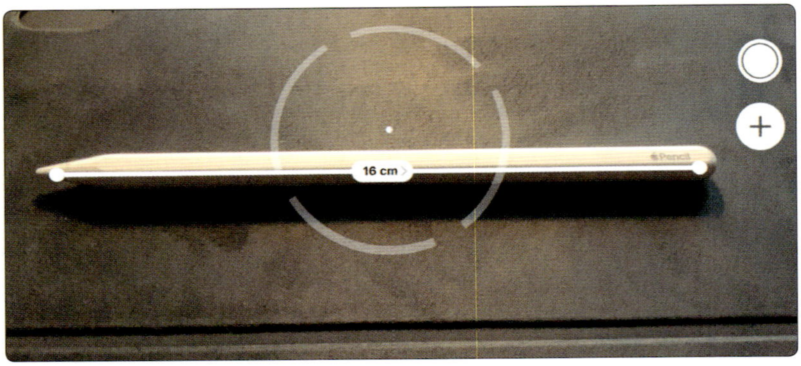

Die Maßband-App ersetzt den Zollstock

Es gibt schon eine Reihe Apps im Store, die Kamera, Kompass und Trägheitssensoren des iPad nutzen, um Maße von Gegenständen und Räumen zu ermitteln, aber erst jetzt bietet auch Apple mit der in iOS 12 erstmals eingeführten Maßband-App eine Möglichkeit, Distanzen zu ermitteln.

Distanzen und Flächen

Nach dem Start der App muss man meist das iPhone oder iPad ein wenig bewegen, damit sich das ARKit kalibriert. Danach bemüht sich die App, Oberflächen im Bild zu identifizieren, auf denen man seine Messpunkte anordnen kann. Dabei erkennt die App Ecken mit starkem Kontrast und lässt den Messpunkt dort ein wenig einrasten. Um eine Strecke zu messen, löst man am ersten Punkt aus und schwenkt zum zweiten. Dabei sollte man zwar nicht mit dem iPhone fuchteln, aber man darf durchaus zum Ziel gehen, denn die App bestimmt Maße von ein paar Zentimetern bis zu mehreren Metern. Rechtecke erkennt sie bei ausreichenden Kontrastverhältnissen selbsttätig und berechnet dann auch automatisch deren Flächeninhalt.

Im Test ermittelte die App die Maße recht zuverlässig, rundete aber immer auf ganze Zentimeter ab. Die ermittelten Maße lassen sich in die Zwischenablage übernehmen und in anderen Apps weiter nutzen.

ARKit 2

Maßband nutzt das ARKit und ist damit an dessen etwas strengere Systemvoraussetzungen gebunden: Ein A9-Prozessor und damit ein iPhone der fünften Generation oder eines der Pro-Modelle muss es mindestens sein.

Workshop: Strecken oder Flächen vermessen und die Wasserwaage nutzen

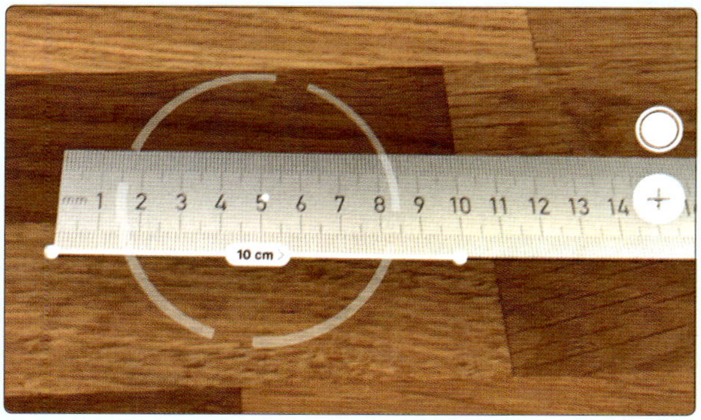

1 Einfache Strecken ausmessen

Der einfachste Anwendungsfall für die App ist das Messen einer Strecke wie mit einem Zollstock. Dafür markiert man Anfang und Ende mit dem Auslöser, danach werden Strecke und Messwert ins Bild eingeblendet.

2 Flächeninhalt automatisch berechnen

Wenn der Kontrast ausreicht und die Ecken klar erkennbar sind, erkennt die App auch Rechtecke und vermisst dann nicht nur die Strecken, sondern rechnet auch den Flächeninhalt einigermaßen genau aus.

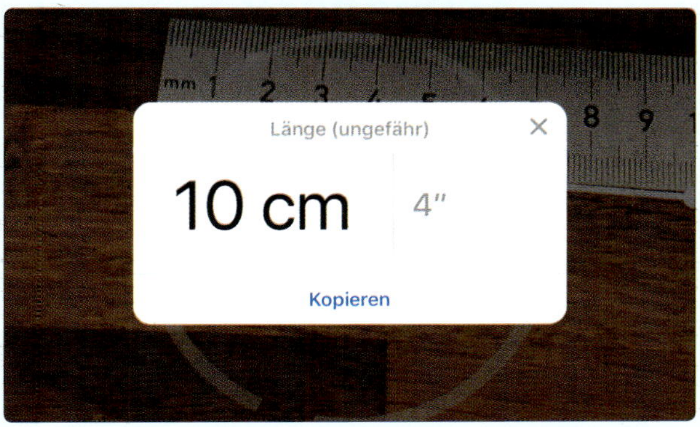

3 Werte in die Zwischenablage

Ein Tipp auf den kleinen Pfeil neben einer vermessenen Strecke oder Fläche bietet die Möglichkeit, den Wert in die Zwischenablage zu kopieren. Die Genauigkeit ist dabei allerdings begrenzt und wird auf ganze Zentimeter gerundet.

Aktien jetzt noch detaillierter

Es gibt vermutlich zwei Arten von Menschen: diejenigen, die selbst Aktien besitzen und sich deshalb auch für deren Kurse interessieren, und diejenigen, die Börsennachrichten nichts abgewinnen können. Während Apples Manager wohl zur ersten Gattung zählen und aus diesem Grund die Aktien-App nun aufs iPad gebracht haben, finden auch weniger Reiche wertvolle Informationen von Wirtschaftsdaten über den Goldpreis bis hin zu Umrechnungskursen für Währungen.

Schon auf dem allerersten iPhone gab es die Aktien-App, mit der man unterwegs die Kurse überwachen konnte - und die seitdem kaum verbessert wurde. Das macht es umso bemerkenswerter, dass erst elf Jahre später eine iPad-taugliche Version erscheint und Apple sogar eine Version der App auf die aktuelle macOS-Version portiert hat.

Die sichtbare Änderung gegenüber früheren Versionen ist die engere Verknüpfung mit Nachrichten, die zum gerade ausgewählten Wert passen. Der Kursverlauf lässt sich für fast beliebige Zeiträume von nur einem Tag bis unendlich darstellen.Doch die App kann noch mehr: Wenn man die Syntax kennt, kann man auch Wechselkurse oder Edelmetallwerte anzeigen lassen. So kann man jederzeit nachsehen, wie der Dollar steht oder was die Goldreserven im Tresor wert sind.

Währung

Gibt man im Suchfeld „EURUSD= X“ ein, bekommt man den aktuellen Dollarkurs. Ähnlich lassen sich auch andere Währungen anzeigen.

Die App sucht auch nach Währungen und Edelmetallen. Dabei muss man nicht die ganze „Formel“ eintippen, ein paar Buchstaben reichen.

Aktienkurse analysieren und Wirtschaftsnachrichten verfolgen

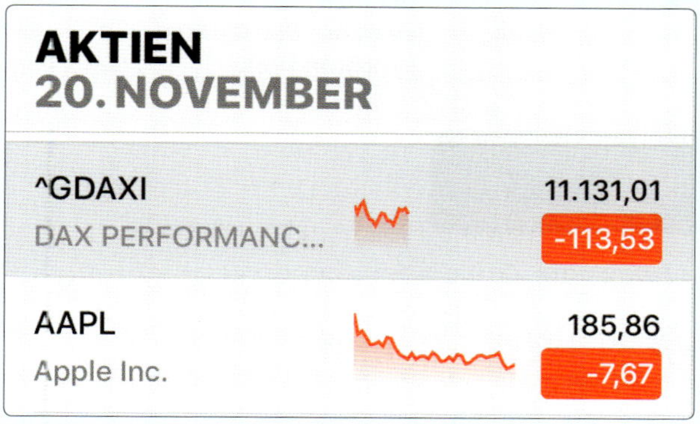

1 Kursübersicht mit vielen Informationen

Die Übersicht über die wichtigsten Kurse lässt sich natürlich den eigenen Vorstellungen anpassen. Tippt man auf die Prozentangabe unter dem Kurs, ändert sich diese in den absoluten Wert, für Details tippt man auf den Namen.

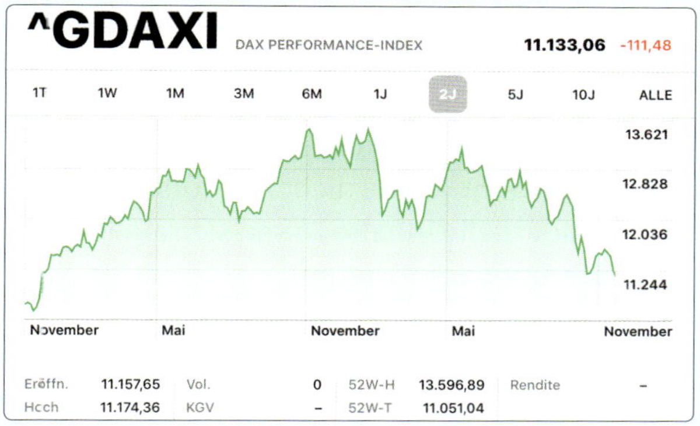

2 Detaillierte Kurse für lange Zeiträume

Ein Tipp auf einen Wert führt zum detaillierten Kursverlauf. Dieser lässt sich für fast beliebige Zeiträume bis hin zu einigen Jahren anzeigen. Die Zeile mit den Zeiten lässt sich übrigens scrollen und überbrückt dann auch lange Zeiträume.

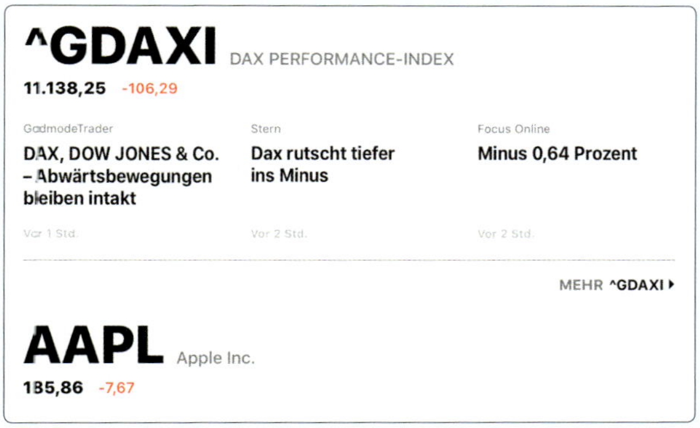

3 Wirtschaftsnachrichten lesen

Die Wirtschaftsnachrichten erscheinen als Ergänzung zu den Details und lassen sich ein- und ausblenden, sind aber verkürzt. Ein Tipp auf die Nachricht öffnet das vollständige Original der Nachricht im Browser.

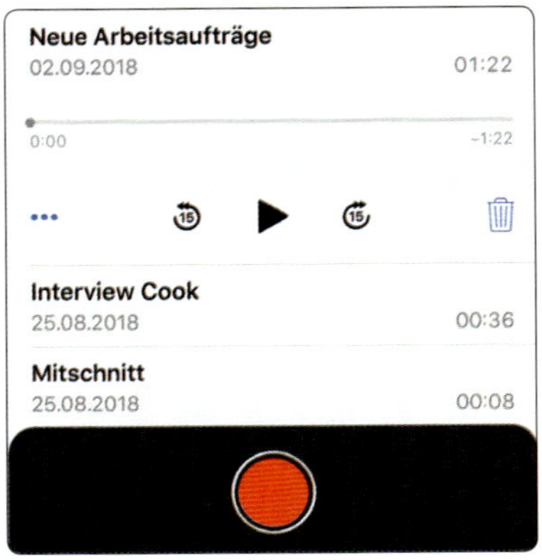

Sprachmemos lassen sich am einfachsten mit dem iPhone aufnehmen. und werden zwischen den Geräten synchronisiert.

Sprachmemos mit Flexibilität

Die Sprachmemos-App ist ein sehr praktischer Helfer, denn sie erlaubt die schnelle Aufnahme gesprochener Notizen und dient generell als schnell einsatzbereiter Audiorekorder. Lange hatte Apple die App nicht weiter beachtet und legte sie unverändert dem iPhone bei, doch mit dem Schritt auf iOS 12 gab es endlich eine Überarbeitung. Die App wurde nicht nur aufs iPad und sogar den Mac portiert, sondern die Inhalte lassen sich auch per iCloud zwischen den Geräten synchronisieren.

Wer parallel zum iPad noch ein iPhone besitzt, hat mit diesem natürlich das perfekte Aufnahmegerät, denn man hat es immer dabei und kann es wie ein Diktafon nutzen. Das iPad eignet sich dagegen vor allem zum Abhören der Aufnahmen.

Damit alle synchron bleiben, lassen sich die Notizen über iCloud zwischen den Geräten austauschen, was für Besitzer mehrerer Geräte auf jeden Fall eine gute Wahl ist. Neu ist aber auch, dass man in den Einstellungen bestimmen kann, wie lange man Sprachnotizen nach dem Löschen zur Sicherheit behalten möchte. Die Dateien werden dann für die eingestellte Zeit im Ordner „Zuletzt gelöscht“ aufbewahrt. Ebenfalls neu ist die Möglichkeit, die Aufnahmequalität von der bislang üblichen komprimierten Form auf eine höhere, unkomprimierte Qualität zu verstellen, die aber deutlich mehr Speicherplatz verbraucht.

Diktafon?

Apples App ist eher für Notizen als für Diktate brauchbar, denn es fehlen Features wie Sprachaktivierung oder Einfügungen. Wer das iPad als Diktafon nehmen möchte, findet im App Store etliche Apps, deren zusätzliche Features den Preis meist wert sind.

Workshop: Sprachmemos aufnehmen, bearbeiten und mit anderen teilen

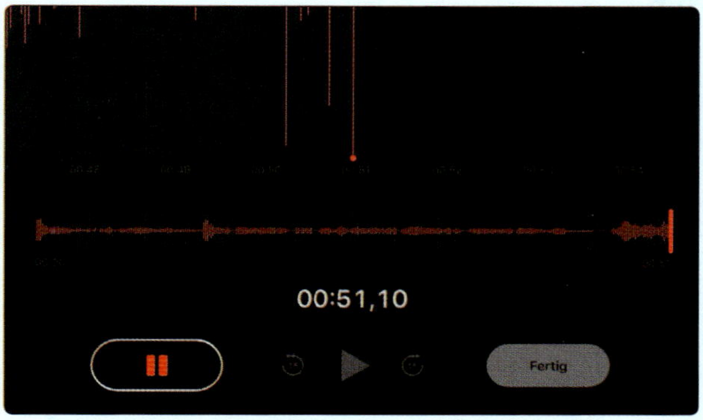

1 Aufnahme von Sprachmemo starten

Die Aufnahme von Sprachmemos erfordert erst mal nichts weiter als das Drücken der Aufnahmetaste. Wer möchte, kann die Aufnahme jederzeit pausieren. Leider lässt sich die Empfindlichkeit des Mikrofons nicht justieren.

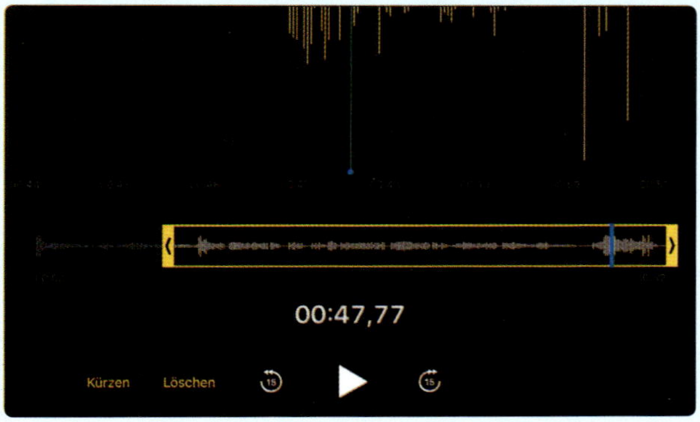

2 Sprachnotiz nachbearbeiten

Nach der Aufnahme kann man die Notiz bearbeiten, etwa indem man Anfang und Ende wegschneidet oder aber eine Passage aus der Mitte löscht. Über das gewohnte Teilen-Menü lässt sich die Notiz exportieren.

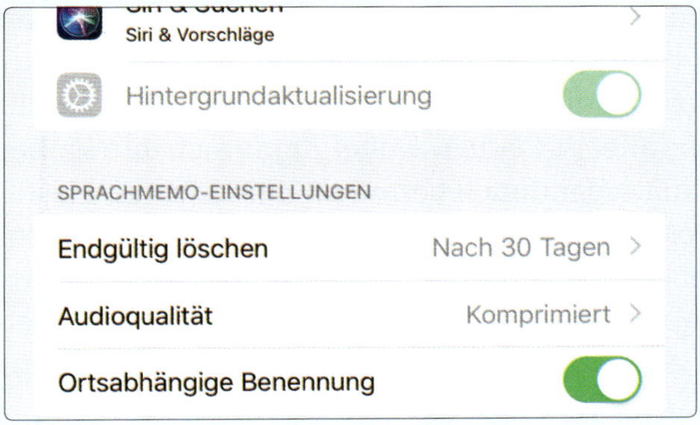

3 Voreinstellungen für Sprachmemos

In den Einstellungen darf man eine Sicherheitszeit bestimmen, während der gelöschte Dateien aufbewahrt werden, und die Audioqualität lässt sich auf unkomprimiert einstellen. Dabei entstehen aber sehr große Dateien.

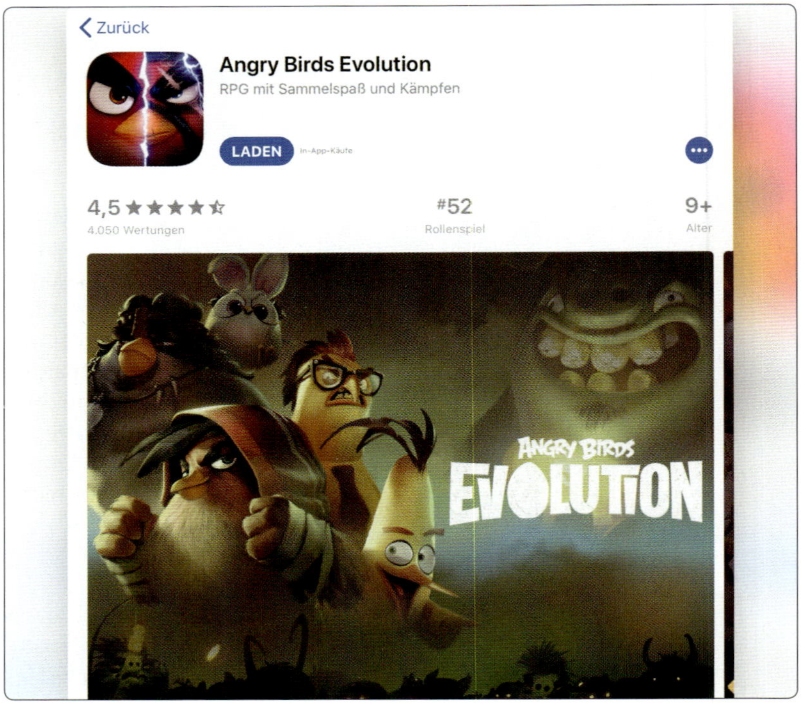

Die Detailansicht zu Apps enthält auch Screenshots und weitere Informationen zur App. Auch einen Blick in die Wertungen sollte man immer riskieren.

Der App Store erweitert die Möglichkeiten

Man könnte womöglich ganz ohne weitere Apps auskommen, denn das iOS hat viel zu bieten. Doch die eigentliche Smartphone-Revolution setzte erst ein, als auch Apps von Fremdanbietern hinzukamen und viele Dinge möglich machten, an die Apple allein vermutlich niemals gedacht hätte.Für den Zugang zum App Store ist die gleichnamige App zuständig. Mit ihr lassen sich Apps aller Art laden, wobei Apple sich alle Mühe gibt, die Kunden mit redaktionell betreuten Beiträgen und Listen im „Heute"-Bereich auf neue oder besonders wertvolle Apps zu stoßen. Wer lieber klassisch in den Kategorien etwa nach der besten Wetter-App stöbern möchte, tut dies am besten im Bereich „Apps" oder „Spiele". Wer hingegen einen speziellen Namen oder einen Begriff im Kopf hat, nutzt die Suchfunktion.

Die Detailansicht zur App bietet nicht nur Bilder und eventuell Videos, sondern auch eine Beschreibung, die man allerdings per

Workshop: Apps im Angebot suchen, finden und laden

1 Der Heute-Bereich im App Store

Im Heute-Bereich bietet Apples Redaktionsteam unter anderem täglich neue Geschichten über Apps und deren Entwickler. So wird man auf neue Apps aufmerksam und bekommt wertvolle Tipps zu bestehenden.

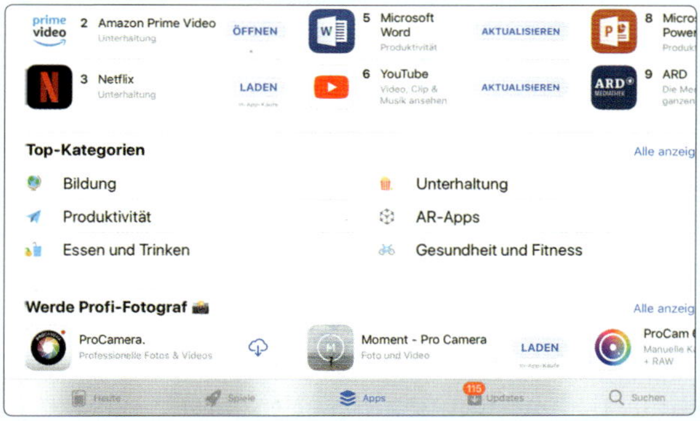

2 Kategorien des App Store einblenden

Wer die alten Kategorien des App Store vermisst, die es beispielsweise in iTunes gab, findet diese im Apps-Bereich, wo es zudem weitere Übersichten und Auflistungen gibt. Einige Kategorien muss man erst einblenden, um sie zu sehen.

3 Apps im Store kaufen und installieren

Hat man eine App gefunden, lässt sich diese mit einem einfachen Tipp auf „Laden" oder den genannten Preis installieren. Dafür muss man sich mit seiner Apple-ID autorisieren und damit die eventuelle Zahlung bestätigen.

Hand vollständig einblenden muss. Dadurch wird aber der Blick auf die Wertungen nicht verstellt. Im Vergleich zu anderen Shops gelten Wertungen und Charts des App-Store-Systems als vergleichsweise ehrlich und schwer zu unterlaufen, wodurch man den Bewertungen durchaus Glauben schenken darf. Das Lesen zwischen den Zeilen bleibt einem damit aber nicht erspart. Auch über den bisherigen Update-Verlauf erfährt man in der Detailansicht mehr. Hier sollte man darauf achten, dass die App aktiv gepflegt wird.

Kauf, Abo und In-App-Kauf

Beim Kaufen oder Laden einer App gilt es aufzupassen, denn es gibt mittlerweile viele Geschäftsmodelle für Entwickler, um Geld für ihre Apps zu erhalten. Der früher sehr große Anteil an Apps, die wirklich gratis waren und sich nur durch Bannerwerbungen finanzierte, schrumpft mittlerweile. Das gilt auch für den Bereich der reinen Kauf-Apps, die man einmal bezahlt und dann ohne Einschränkungen nutzen kann. Um sich solche Apps ansehen zu können, muss der Hersteller eine „Free" oder „Light"-Version der App anbieten, was für den Kunden umständlich ist und den App Store aufbläht. Daher haben In-App-Käufe die Kauf-Apps abgelöst. Wenn im Installationsknopf „Laden" und sehr klein daneben „In-App-Käufe" steht, sollte man weiter unten unter „Informationen" das Menü für In-App-Käufe aufklappen. So kann man nachsehen, welche Käufe zur Verfügung stehen, und die Beschreibung zur App sollte Infos darüber enthalten, welche Features erst nach dem Kauf zur Verfügung stehen.

Nicht selten ist der Preis für diese In-App-Käufe höher, als man dies früher von Kauf-Apps gekannt hat, und ebenfalls häufig trifft man auf gleich mehrere In-App-Käufe. Das muss kein Nachteil sein, wenn man einzelne Funktionen nur kaufen muss, wenn man sie wirklich braucht. Unter den In-App-Käufen finden sich mittlerweile oft auch Abos. Hier muss man monatlich oder jährlich zahlen, bis man die App nicht mehr nutzen möchte. Hat man das Abo über den App Store abgeschlossen, wird man immerhin auf jede Erneuerung hingewiesen und kann das Abo schnell kündigen.

Workshop: Die richtigen Einstellungen für den App Store

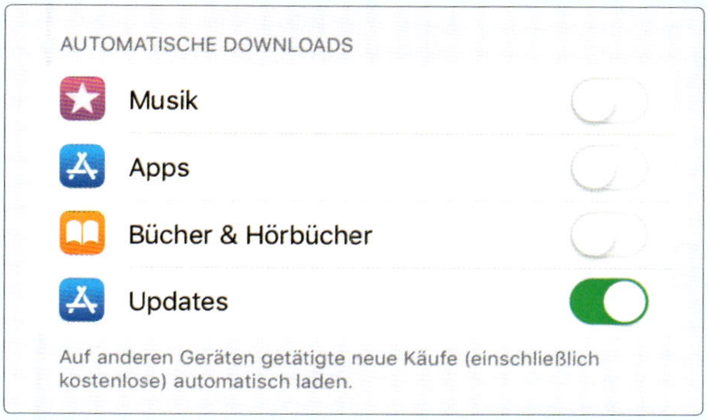

1 Updates erlauben und Apps laden

In den Einstellungen sollte man aufpassen, was man alles aktiviert. Lädt man alle Apps automatisch, werden diese installiert, sobald man sie auf einem anderen Gerät geladen hat. Updates hingegen sollte man ruhig erlauben.

2 Bewertungen uns Auslagerungen

Verbietet man Bewertungen in Apps, wird man nicht mehr dazu aufgefordert. Das Auslagern ungenutzter Apps kann eine Menge Speicherplatz sparen, ohne dass etwas verloren geht, denn Einstellungen und Daten bleiben auf dem iPhone.

3 Updates suchen und installieren

Werden die Updates nicht automatisch installiert, sollte man regelmäßig den gleichnamigen Bereich aufsuchen und nach Updates suchen. Dabei lassen sich Apps wahlweise einzeln oder gesammelt aktualisieren.

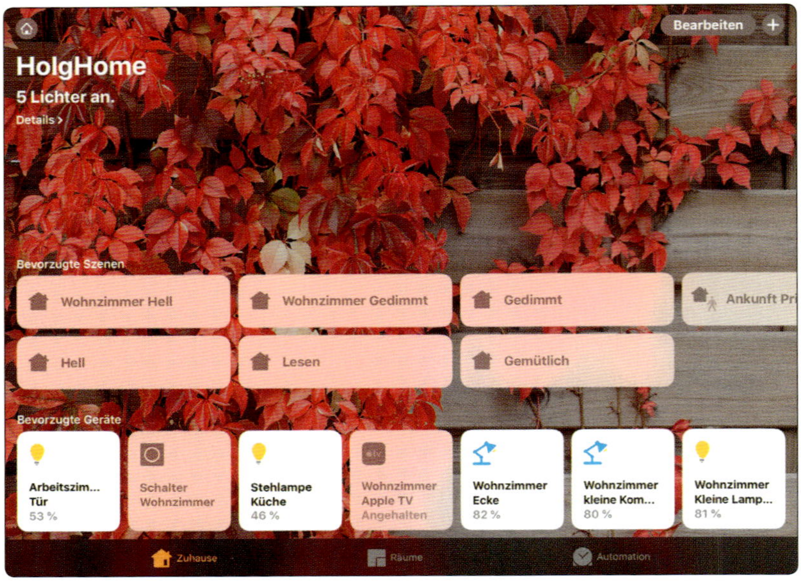

Die Home-App fasst Smarthome-Geräte verschiedener Hersteller zusammen und steuert sie gemeinsam.

Weitere Apps

Zum iOS gehören noch viele weitere Apps, die oft eher untergeordnete Bedeutung haben. Dazu kommen die mittlerweile kostenlosen Gaben von Apple in Form des iWork- und iLife-Pakets.

Home

Die Home-App steuert alle Smarthome-Geräte, die mit Apples Homekit zusammenarbeiten können. Mit Homekit versucht

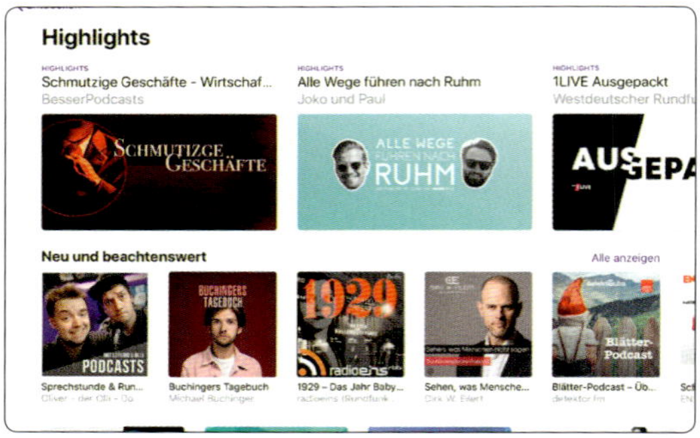

Podcasts mögen ja aus längst vergangenen Zeiten stammen, sind aber nach wie vor sehr beliebt.

Apple, die Steuerung von smarten Geräten wie Lampen, Heizungen und dergleichen mehr zu vereinheitlichen, denn genau daran kranken viele Smarthome-Geräte bisher. Alle bringen ihre eigene App mit, die zur Steuerung womöglich auch sehr praktisch ist, die aber Produkte anderer Hersteller meist ignoriert. Mit der Home-App lassen sich beispielsweise intelligente Lampen verschiedener Hersteller gemeinsam steuern. Auch verknüpfte Aktionen wie das Anstellen der Heizung und der Beleuchtung, sobald man nach Hause kommt, werden mit der Home-App möglich.

Podcasts

Die Podcasts-App kommt zwar vielen wie ein Anachronismus vor, zumal Podcasts noch aus den guten alten iPod-Zeiten stammen, doch das Konzept mit abonnierten Audio- und Videoinhalten ist nach wie vor sehr gut, und seit Apple die App zum Bestandteil des iOS gemacht hat und nicht mehr nur zum nachträglichen Download anbietet, interessieren sich auch wieder mehr iOS-Anwender für Podcasts. Das Podcast-Prinzip und die App sind also längst bewährt, weshalb tiefgreifende Änderungen auch kaum zu erwarten sind. Aber auch die kleinen Dinge können sich als sehr nützlich erweisen: In den Einstellungen lässt sich ab sofort bestimmen, wie viele Sekunden die Tasten für Vor- und Rückspulen überspringen.

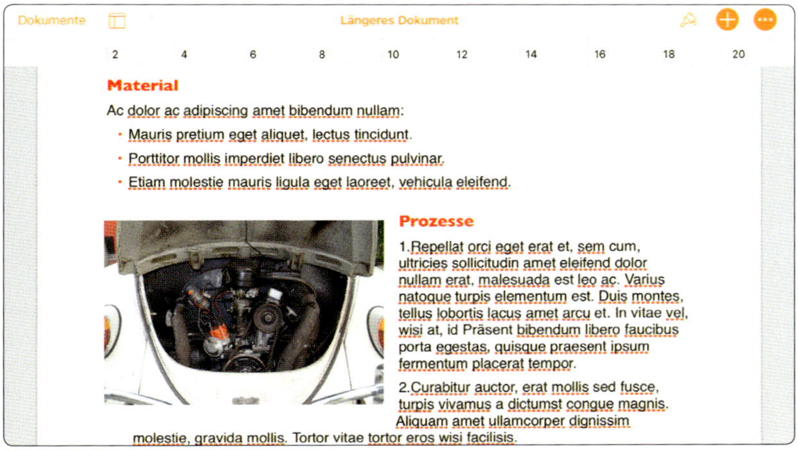

Das iWork-Paket (im Bild: Pages) legt viel Wert auf die Gestaltung von Office-Dokumenten und profitiert von vielen Vorlagen. Mit externer Tastatur ist das iPad eine perfekte Büro-Maschine.

iWork & iLife

Kein Systembestandteil, aber kostenlos im App Store zu haben sind auch noch weitere Apps wie das iLife-Paket (iMovie & Garageband), das iWork-Paket (Pages, Numbers & Keynote) sowie weitere Apps wie Apple Store oder iTunes U. Diese bekommen ihre Updates allerdings unabhängig vom iOS.

Doch es wäre geradezu fahrlässig, vor allem das iWork-Paket nicht wenigstens auszuprobieren, denn mit ihm kann man auf dem iPad Office-Dokumente nicht nur öffnen, sondern auch ändern und erstellen. Wer viel Büro-Arbeit mit dem iPad leisten will, sollte sich eine externe Tastatur anschaffen. Der Nachteil der Apps ist allenfalls ihre Größe, die einiges an Speicherplatz auf dem iPad belegt. Das gilt erst recht für die iLife-Apps iMovie und GarageBand, die mit einer Vielzahl an Vorlagen geliefert werden und dadurch riesig sind.

Weitere Apps

› Der Name klingt im Fall der App **Uhr** viel zu harmlos, denn sie bietet eine Weltzeituhr, einen Wecker, Timer, Stoppuhr und erinnert auch noch ans rechtzeitige Zubettgehen.
› Die **Kontakte**-App nutzen viele kaum als Schnittstelle zur zentralen Adressdatenbank, weil diese auch in anderen Apps von FaceTime über Mail bis Nachrichten bereitsteht. Die Kontakte-App ist aber oft komfortabler und startet bei Bedarf die anderen Apps.
› Die **Tipps**-App enthält Ratschläge für den Umgang mit dem neuen System in kleinen Häppchen. Damit ist sie die ideale App für Leute, die ungern Bedienungsanleitungen lesen.
› Mit **Freunde finden** können sich mehrere iOS-Anwender gegenseitig nicht nur den eigenen Standort mitteilen, sondern auch Nachrichten schicken lassen, sobald sie diese Gebiete betreten oder verlassen.
› Die **iPhone-Suche** lokalisiert jedes Apple-Gerät, also iPhones, iPads und auch Macs, sobald man diese Fähigkeit dort in den Einstellungen freigeschaltet hat. Wurde das Gerät gestohlen, lassen sich damit aus der Entfernung Daten löschen oder das Gerät sperren.

Workshop: Zum System gehörige Apps löschen und wieder installieren

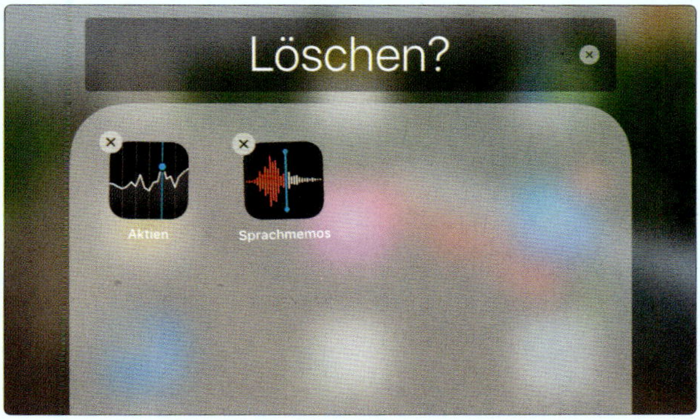

1 Eine App zum Löschen vorbereiten

Mit Ausnahme einiger systemrelevanter Apps lassen sich die meisten der mit dem System gelieferten Apps löschen. Dazu halten Sie das App-Symbol lange gedrückt, bis es wackelt und tippen auf das Kreuz oben links.

2 Unerwünschte System-Apps löschen

Letztlich verhalten sich die zum iOS gehörigen Apps beim Löschen nicht anders als andere auch. Zugehörige, lokale Daten werden mit gelöscht, nicht aber Daten, die per iCloud mit anderen Geräten abgeglichen werden.

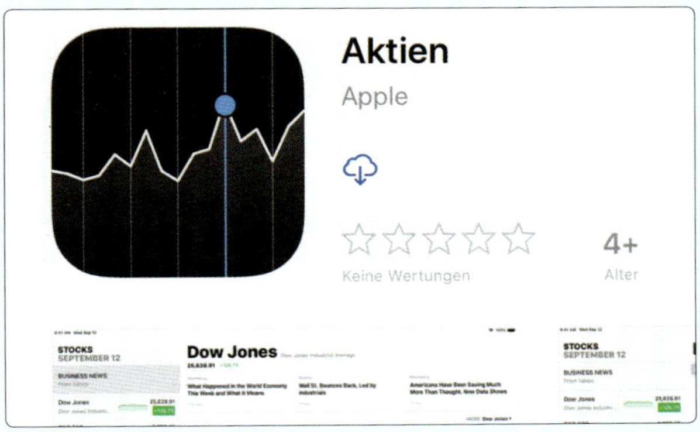

3 System-Apps erneut aus dem Store laden

Wer das Löschen der System-Apps später bereut, findet sie jederzeit wieder zum Download im App Store. Apple legt dort alle löschbaren System-Apps zum Download bereit. Die Installation ist natürlich kostenlos.

4

Kommunikation

Das iPad ist zwar kein Smartphone und kann selbst in den Versionen mit LTE-Modem keine Mobilfunkgespräche aufbauen, aber dennoch kann es die modernen Kommunikationsmittel von E-Mails bis hin zu Videokonferenzen nutzen. Und es es kann eben bei Bedarf doch die Verbindungen des iPhone mitbenutzen, sofern man Letzteres parallel besitzt.

FaceTime als Kommunikationszentrale

FaceTime begann seine Karriere als Tool für Videogespräche, lernte dann aber auch den Umgang mit reiner Audio-Kommunikation. Und damit wurde die App auch für das iPad sehr wichtig, denn wer parallel ein iPhone besitzt, kann sehr einfach dafür sorgen, dass Mobilgespräche parallel auch auf dem iPad eingehen und dass man sogar vom iPad aus Gespräche über das iPhone aufbauen kann.

Das iPad als iPhone-Nebenstelle

Damit das klappt, muss man auf beiden Geräten die Voraussetzungen in Form korrekter Einstellungen schaffen. Auf dem iPad selbst reicht es, in den FaceTime-Einstellungen die „Anrufe vom iPhone" zu aktivieren. Auf dem iPhone ist etwas mehr zu tun: In den Telefon-Einstellungen markiert man unter „auf anderen Geräten" diejenigen iPads und Macs, an die Anrufe durchgereicht werden dürfen. Das passiert nur dann, wenn sich iPhone und iPad im gleichen WLAN und damit nah beeinander befinden. Praktisch ist die Funktion nicht nur zum Führen von Gesprächen, sondern auch, weil das iPad ankommende Anrufe signalisiert.

Gruppenfunktion nachgeliefert

Konkurrenten wie Skype und Co boten schon lange auch Videokonferenzen mit mehr als zwei Teilnehmern, FaceTime musste dagegen bisher passen. Die Abhilfe war bereits für iOS 12 angekündigt, doch tatsächlich lieferte Apple die Gruppenkonversation für FaceTime erst mit dem iOS 12.1-Update nach. Dafür ist die Funktion selbst extrem simpel, denn Gespräche lassen sich von vornherein mit mehreren Teilnehmern aufbauen oder es lassen sich bestehende Gespräche erweitern.

Die aktuelle FaceTime-Version kann aber auch die Effektkamera nutzen, um das übertragene Bild mit Effekten wie Texten, Videofiltern und für Besitzer der aktuellen iPad Pro-Modelle sogar mit Animojis und Memojis zu versehen.

Davon einmal abgesehen kann FaceTime mit anderen iOS- und macOS-Anwendern neben Video- auch Audiogespräche über die Datenverbindung in sehr hoher Qualität, aber dennoch mit recht geringer Datenrate aufbauen. Damit emüfiehlt sich FaceTime unter Apple-Anwendern auch als einfache und leistungsstarke Alternative zu klassischen Voice-Over-IP-Lösungen.

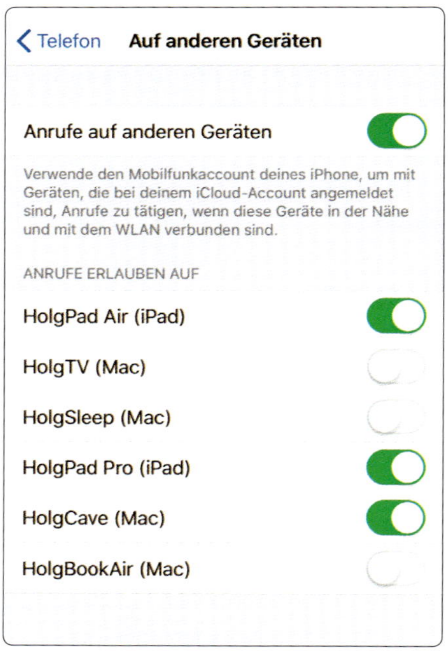

Auf dem iPhone muss man anderen Geräten über die Telefon-Einstellungen Anrufe explizit erlauben. Zusätzlich müssen beide Geräte das gleiche WLAN nutzen.

Workshop: Videokonferenzen mit der Effektkamera aufpeppen

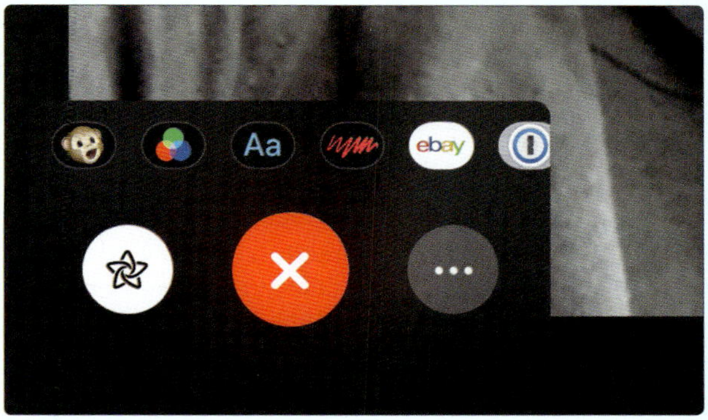

1 Effekte in Videokonferenzen

Die „Effektkamera" steht für Nachrichten und FaceTime zur Verfügung. Bei FaceTime lassen sich bewegte Bilder mit allerlei Effekten versehen, die vom vorhandenen iPad abhängen und relativ viel Rechenleistung benötigen.

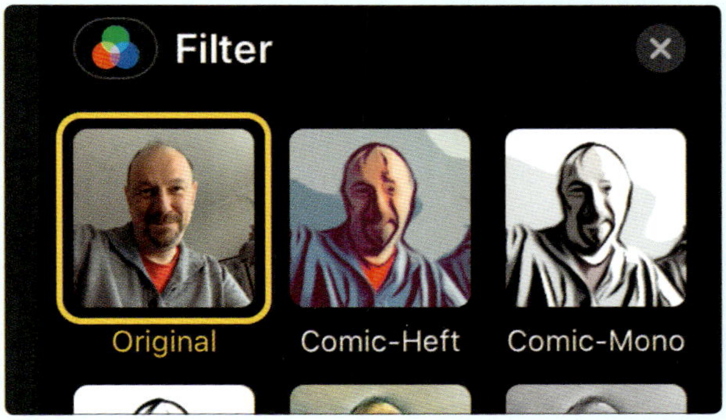

2 Fotofilter verfremden Bilder

Eine der sinnvolleren Möglichkeiten der Effektkamera sind die Filter, mit denen sich die Bilder beispielsweise in Schwarzweiß wandeln oder mit bunten Farben versehen lassen. Die Effekte sehen ziemlich surreal aus.

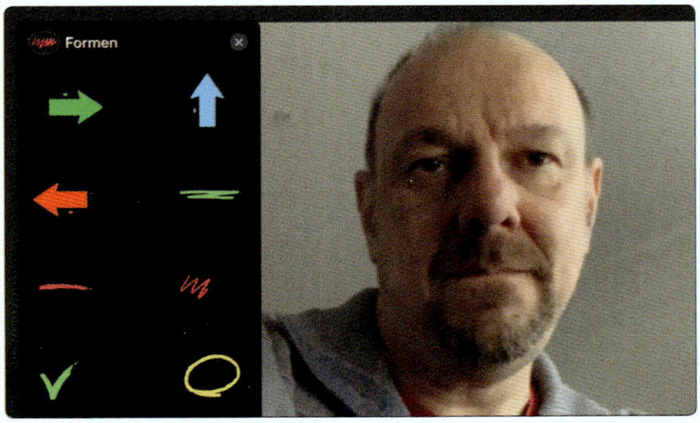

3 Formen und Symbole aufs Bild legen

Durchaus sinnvoll für Konferenzen kann es beispielsweise sein, Symbole wie Pfeile oder Hervorhebungen über das Livebild zu blenden. Die Effekte lassen sich auch während der Konferenz ändern und löschen.

Kommunikation

4

Workshop: Videokonferenzen per FaceTime einberufen und führen

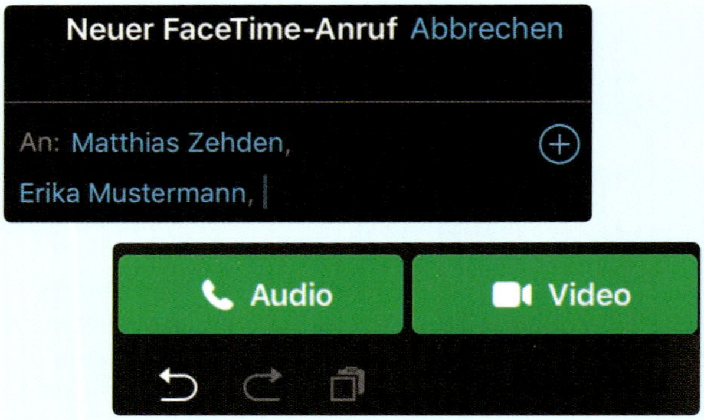

1 Videokonferenzen einberufen

Konferenzen lassen sich auf mehrere Arten in FaceTime starten: In FaceTime selbst lassen sich über das Pluszeichen schon bei der Erstellung eines Gesprächs mehrere Personen hinzufügen, um sofort eine Konferenz zu starten.

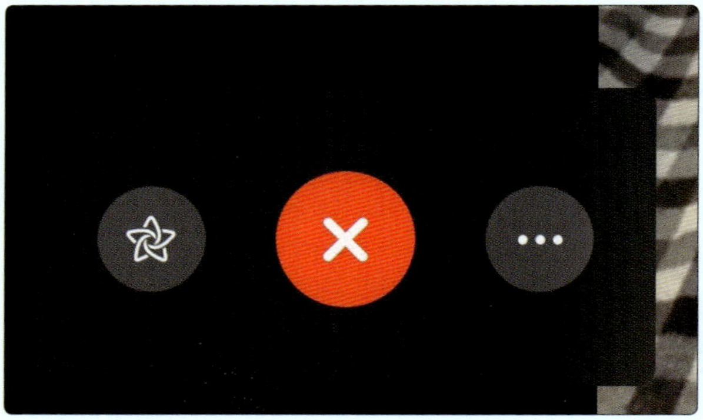

2 Optionen während des Gesprächs

Während eines normalen Videogesprächs lassen sich mit einem Tipp die drei Punkte für weitere Optionen auch weitere Teilnehmer zur Konferenz hinzufügen. Diese können übrigens auch nur per Audio-Verbindung mitmachen.

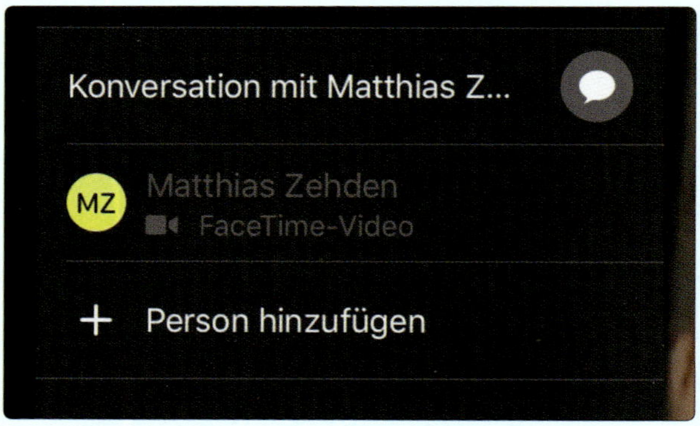

3 Teilnehmer zu Gesprächen bitten

Über „Person hinzufügen" kann man weitere Teilnehmer einladen. Wenn diese zu alte Systeme oder Geräte einsetzen, werden sie nur in grau angezeigt. Mitmachen dürfen nur Anwender aktueller iOS- und machOS-Versionen.

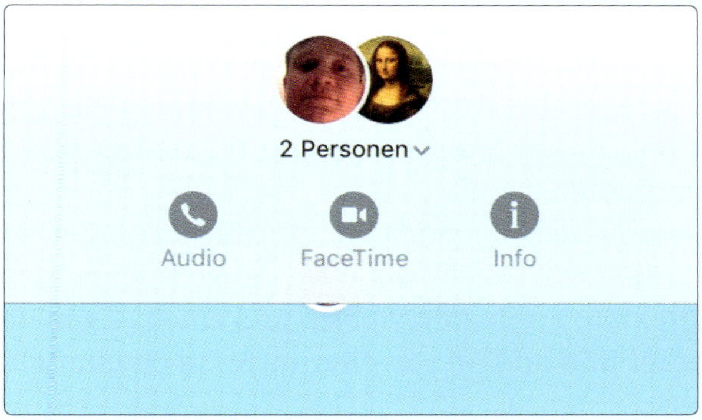

4 Konferenzen aus Nachrichten

Gruppenkonversationen lassen sich auch aus der Nachrichten-App und dort aus einem Gruppenchat heraus aufbauen, wenn alle die Voraussetzungen erfüllen. So lässt sich das lockere Gespräch intensivieren.

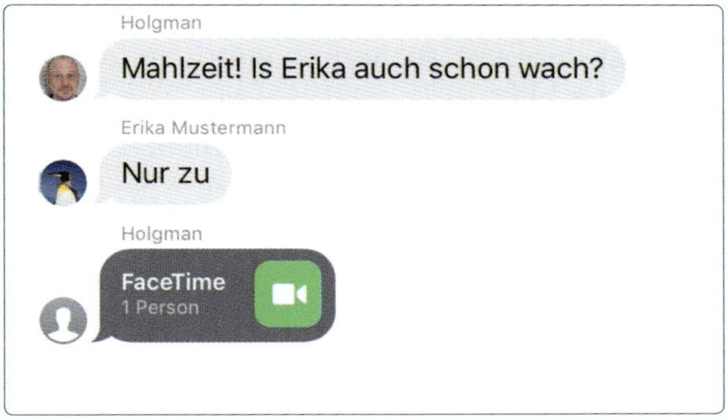

5 Einladung zur Videokonferenz

Wandelt ein Teilnehmer den Gruppenchat in eine Videokonferenz, bekommen alle anderen ein Einladung gesendet, die sie zunächst annehmen müssen. Dadurch kann es eine Weile dauern, bis die Konferenz steht.

6 Teilnehmer manuell hervorheben

Bei vielen Teilnehmern übernimmt die FaceTime-App automatisch die Gewichtung und holt den aktiven Teilnehmer nach vorn. Doch man kann jederzeit einen der Teilnehmer antippen, um ihn in den Vordergrund zu holen.

Nachrichten mit Persönlichkeit

Die Nachrichten-App war ursprünglich die Möglichkeit für iPhone-Besitzer, Kurznachrichten zu senden und zu empfangen. Dadurch, dass später der für iOS- und macOS-Geräte verfügbare iMessage-Dienst dazu kam, wurde die App auch für iPads interessant. Mit iMessage lassen sich nicht nur Texte, sondern auch Medien und Dateien aller Art verschicken, wodurch die App problemlos mit bekannten Messengern wie WhatsApp und Facebook-Chats mithalten kann.

Per iMessage lassen sich auch Standortmitteilungen, Audiobotschaften und mehr. Mittlerweile hat Apple Nachrichten mit grafischen Effekten, Freihandscribbles und einem eigenen App Store für Sticker und andere Erweiterungen noch einmal deutlich aufgebohrt.

Die Schwachstelle von Nachrichten ist die Beschränkung auf Apples Systeme. Wer im Freundeskreis viele Windows- oder Android-Nutzer hat, braucht zusätzlich einen anderen Dienst oder muss für diese einfach E-Mail nutzen. Schon deshalb wird WhatsApp auch weiterhin sehr beliebt bleiben, doch deer beliebte Dienst läuft leider nicht auf dem iPad.

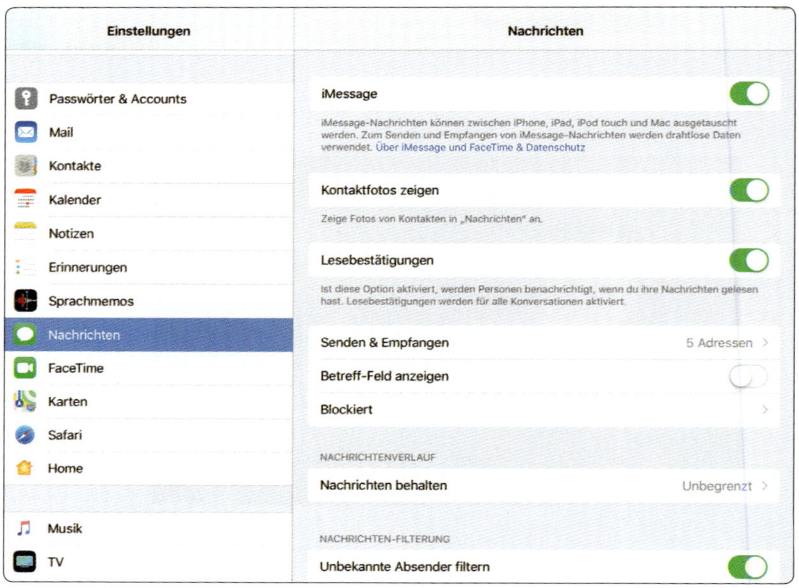

Ein Blick in die Nachrichten-Einstellungen lohnt sich. Hier finden Sie zum Beispiel die Lesebestätigung für andere, die Zuordnung weiterer Mail-Adressen sowie eine Sperre für unerwünschte Kontakte und die SMS-Integration, inklusive Zeichenzähler.

Workshop: Die ersten Schritte mit der Nachrichten und iMessages

1 Liste der Konversationen nutzen

Nachrichten sammelt alle Konversationen in einer Liste. Ob Sie das jeweilige Kontaktfoto dazu anzeigen lassen, falls verfügbar, legen Sie in den Nachrichten-Einstellungen fest. Zum Öffnen tippen Sie auf einen Thread.

2 Nachrichten kommentieren

Sie sehen nun rechts Ihre Nachrichten und links die des Chatpartners. Tippen Sie lange auf eine Nachricht, um Optionen einzublenden. Sie können so zum Beispiel ein Bild sichern oder einen Kommentar hinzufügen.

3 Nachrichten einzeln löschen

Die Funktion zum Löschen ist etwas versteckt. Wählen Sie in Schritt 2 „Mehr", können Sie Nachrichten markieren. Tippen Sie unten auf den Mülleimer, um sie zu löschen. Mit dem Pfeil können Sie sie weiterschicken.

Animojis und Memojis

Nur Besitzer eines der noch neuen iPad Pro-Modelle kommen in den Genuss des Truedepth-Kamerasystems und damit der Animojis, die den Gesichtsausdruck auf allerlei Tiere und dergleichen projizieren. In iOS12 kamen einige Charaktere wie ein Koala, ein T-Rex oder ein Geist hinzu. Vor allem aber darf man sich nun aus einer Art Baukasten eigene Avatare basteln, die Apple „Memoji" getauft hat. Dazu darf man Parameter von der Kopfform über die Frisur und Ohrringe bis zum Hut definieren und so einen Stellvertreter im Stile eines Phantombilds gestalten. Wirklich treffen wird man sich damit allerdings nur in den seltensten Fällen, die Gesichter sehen stets wie Comicfiguren mit viel zu großen Augen aus.

Allen Anwendern steht dagegen die Effektkamera offen, mit der sich mit der Kamera geschossene Bilder noch vor der Aufnahme mit diversen Extras von Sprechblasen bis hin zu Emojis und Animojis belegen lassen. Die Effektkamera findet sich auch in FaceTime, wo sie sogar Filme mit Effekten versehen kann.

Verschlüsselung

Von Anfang an waren Nachrichten im iMessage-Dienst mit einer sogenannten End-To-End-Verschlüsselung versehen, werden also direkt auf den iPhones und noch vor dem Verschicken oder Lagern der Nachrichten codiert. Das macht den Dienst besonders sicher.

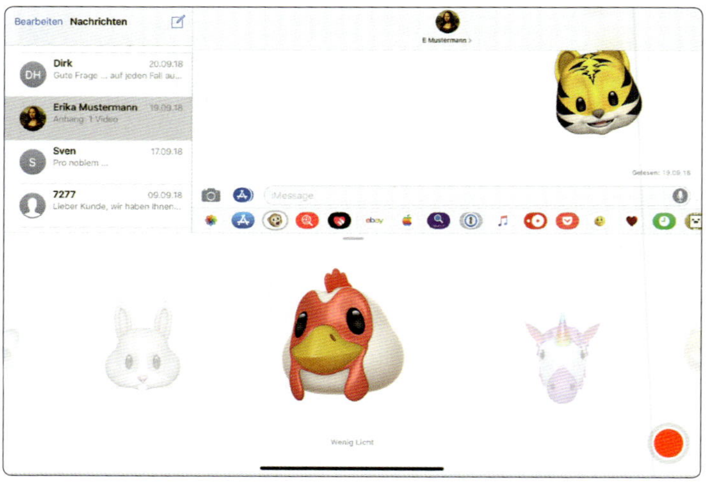

Nur Besitzer eines 2018er iPad Pro-Modells können kleine Filmchen mit Animojis versenden, also Comic-artigen Köpfen, die den eigenen ersetzen.

Workshop: Nachrichten erstellen und mit Medien ergänzen

1 Neue Textmitteilung erstellen

Im einfachsten Fall tippen Sie in das Eingabefeld und schreiben eine Nachricht. Dabei bietet iOS an, bestimmte Wörter durch Emojis zu ersetzen. Zur Emoji-Tastatur kommen Sie über den Smiley unten in der Tastaturdarstellung.

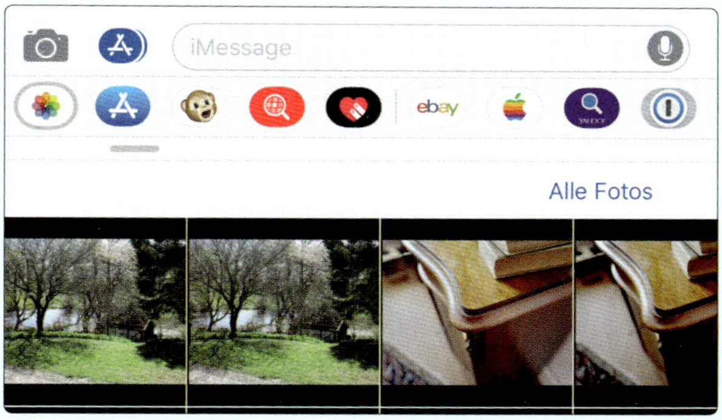

2 Fotos und Filme in Nachrichten

Tippen Sie links vom Eingabefeld auf die Kamera, um schnell ein Foto oder Selfie zu machen. Sie können auch ein Bild aus der Mediathek des iPad auswählen und in eine Nachricht einsetzen, um sie dann zu verschicken.

3 Skizzen und weitere Inhalte

Tippen Sie rechts unten auf der Tastatur auf das Symbol mit dem geschwungenen Strich, um eine Skizze zu verschicken, die sie zeichnen. Das App Store-Symbol bietet zudem diverse Apps mit Funktionen für Nachrichten an.

Workshop: Nachrichten erstellen und mit Medien ergänzen (Fortsetzung)

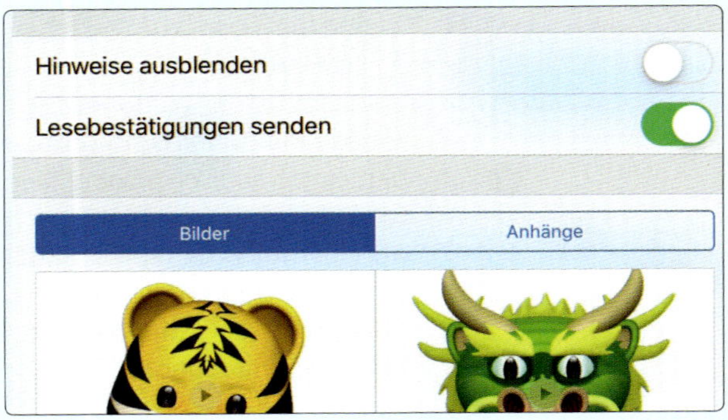

4 Lesebestätigungen versenden

Tippen Sie im Thread-Titel auf das „i“, können Sie Hinweise auf neue Nachrichten und die Lesebestätigung individuell für diesen Thread regeln. Hier gibt es auch Übersichten aller zugehörigen Fotos und Anhänge.

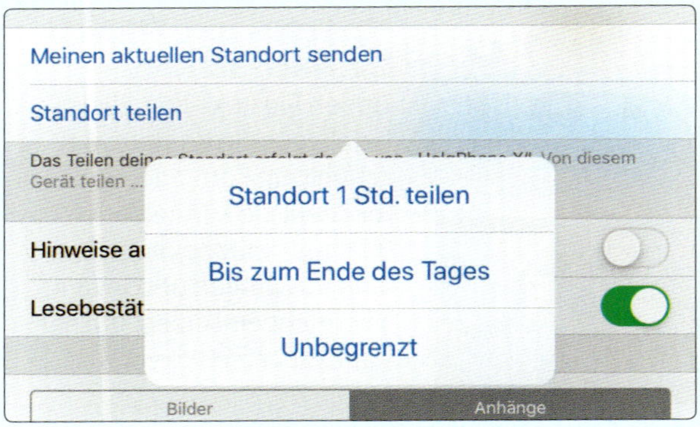

5 Standortmitteilung begrenzen

Auf der Detailseite finden Sie auch Befehle, um die aktuelle Position als Kartenausschnitt zu verschicken oder den Standort zu teilen. Letzteres können Sie auf eine Stunde oder bis zum Ende des Tages begrenzen.

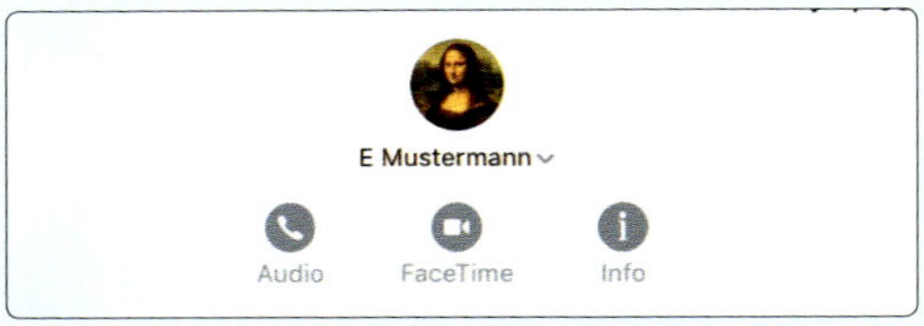

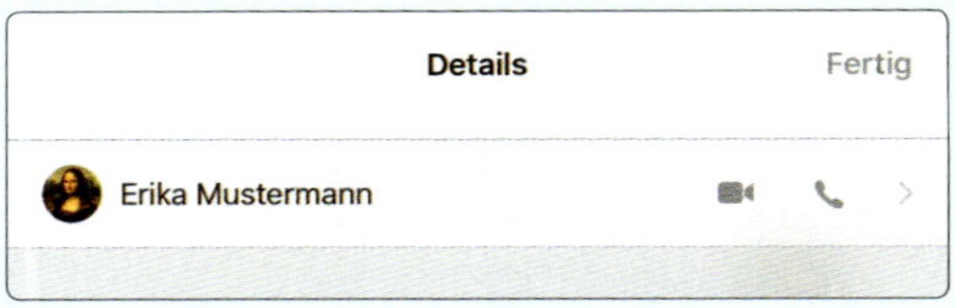

6 Kontakte aus Nachrichten nutzen

Über die Zeile mit dem Namen können Sie direkt einen FaceTime- oder Audioanruf starten. Wenn Sie zuvor auf Info getippt haben, öffnet der Pfeil ganz rechts übrigens den zugehörigen Eintrag in Ihren Kontakten.

Workshop: Memojis auf dem iPad Pro anlegen und Effekte nutzen

1 Eigenes Gesicht als Memoji basteln

Zusätzlich zu den Animojis darf man sich auf dem neuen iPad Pro auch Memojis basteln, mit denen man im Phantombildstil Gesichter gestalten kann – allerdings nur dann, wenn man eher wie eine Comic-Figur aussieht.

2 Memojis und Animojis nutzen

Memojis lassen sich ebenso wie Animojis zur Aufnahme kurzer Filme nutzen, die man mit der Aufnahmetaste rechts startet. Dabei werden die eigenen Gesichtszüge auf das künstliche Gesicht projiziert und als Film verschickt.

3 Effektkamera für Verfremdungen

Die neue „Effektkamera" steht über das Sternsymbol neben dem Auslöser zur Verfügung. Hiermit lassen sich Fotos gleich mit Effekten von Texten über Videofilter bis hin zu Animojis belegen – je nach iPhone oder iPad. .

Mail mit viel Komfort

Nach wie vor gehört ein Email-Client als unverzichtbarer Bestandteil zu jedem Tablet und Smartphone. Die gute alte E-Mail ist einfach nicht totzukriegen, und das ist auch gut so. Moderne Kommunikationswege wie iMessage, WhatsApp und andere sind vielleicht schneller und direkter, aber E-Mail geht eben einfach immer - auf jeder Plattform, auf jedem Gerät. Kein Nachrichtendienst erreicht auch nur ansatzweise die Zahl aktiver Benutzerkonten wie die traditionelle E-Mail.

Auf iPhone und iPad liefert Apple hierfür seit der ersten iOS-Version die App Mail, die dann von Update zu Update immer vielseitiger und komfortabler wurde. Die App ist hervorragend an den kleinen Bildschirm und die Bedienung per Touchscreen angepasst, sodass viele Anwender morgens schnell das iPhone für einen ersten Mail-Check nutzen und dabei gleich den üblichen Werbemüll aussortieren. Dank moderner IMAP-Postfächer sind die Mails dann auch auf allen anderen Geräten gleich gelöscht oder als gelesen markiert. Die große Zahl an Werbe-Mails gehört zu den wenigen wirklichen Nachteilen von E-Mail. Doch selbst dagegen lässt sich etwas machen.

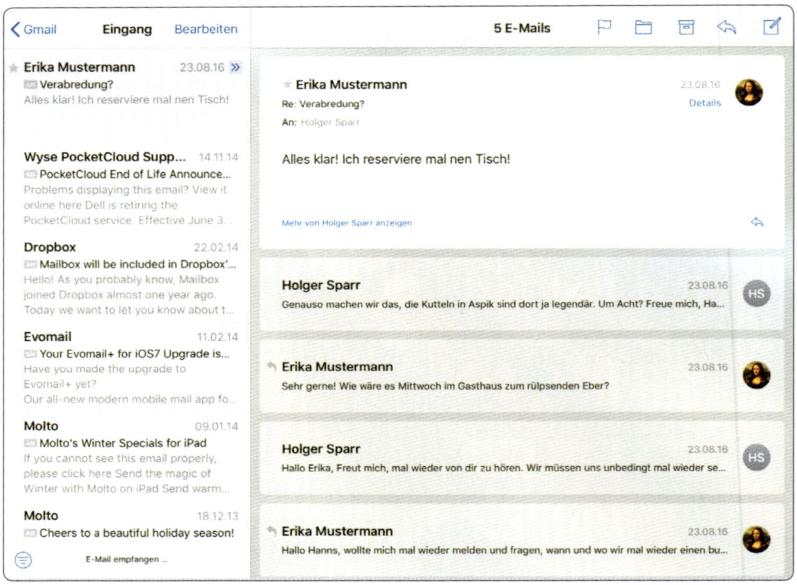

Der Hauptbildschirm der App zeigt eine Liste der Nachrichten. Ganz oben können Sie wählen, welche Postfächer angezeigt werden. Tippen Sie auf „Bearbeiten“, können Sie E-Mails auswählen und markieren, löschen oder in Postfächer verschieben. Die Vorschau jeder Nachricht zeigt Absender, Betreff, die ersten Zeilen und das Datum. Tippen Sie auf das Symbol oben rechts für eine neue Nachricht und unten links für einen Filter, der zunächst nur ungelesene Mails zeigt.

Workshop: Die korrekten Einstellungen für die Mail-App

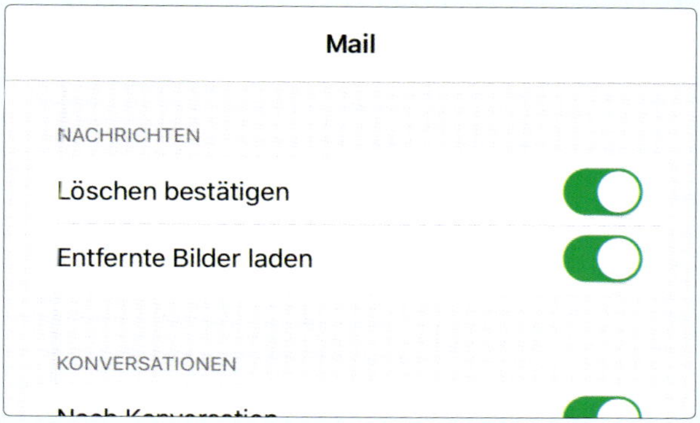

1 Bilder nicht automatisch laden

In den Mail-Einstellungen sollten Sie die Bestätigung zum Löschen an- und das Laden externer Bilder ausschalten. Letzteres macht die Anzeige schneller, spart Datenvolumen, und Spammer kriegen keine Rückmeldung.

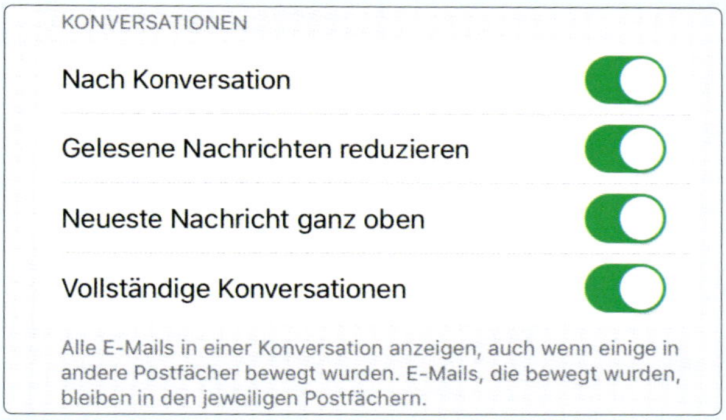

2 Konversationen zusammenfassen

Die Zusammenfassung von Nachrichten zu einem Thema als Konversation schafft mehr Übersicht durch schlankere Postfächer. „Vollständig“ bedeutet, dass auch E-Mails aus anderen Postfächern dabei berücksichtigt werden.

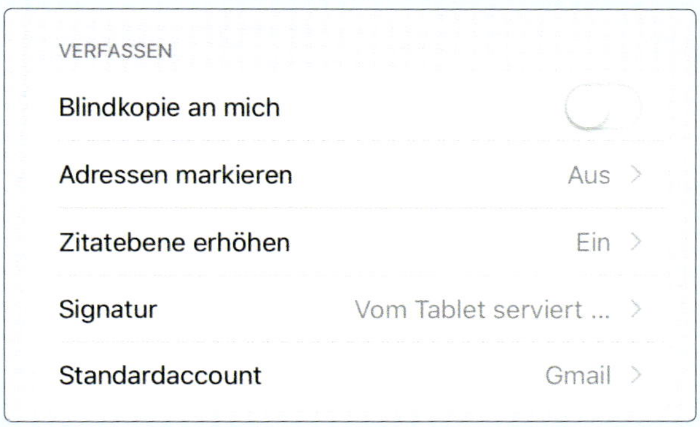

3 Signatur für neue Mails hinterlegen

Unter „Verfassen“ finden Sie diverse Optionen für das Schreiben von E-Mails und den Standardaccount zum Senden. Wir empfehlen hier das Anlegen einer eigenen Signatur. Das ist auch für jedes Konto einzeln möglich.

Workshop: Extras beim Lesen von Mails nutzen und Spam erkennen

1 Entfernte Bilder nachladen

Wollen Sie nicht geladene Bilder in einer E-Mail doch einmal sehen, tippen Sie oben auf „Alle Bilder laden". Hier finden Sie auch eine Option zum Abmelden von seriösen Mailing-Listen – bei echtem Spam nützt das leider wenig.

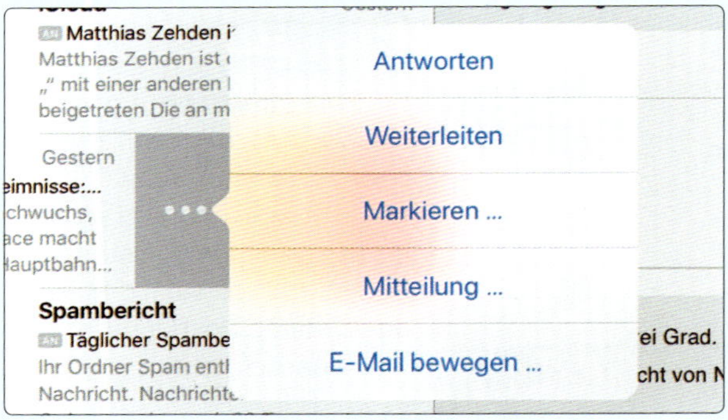

2 Antworten per Wischgeste

Streichen Sie nach links über eine E-Mail, können Sie sie markieren, löschen oder weitere Befehle aufrufen (im Bild). Streichen Sie nach rechts, um sie auf (un-)gelesen zu setzen. Mit den Streichgesten lassen sich Postfächer aufräumen.

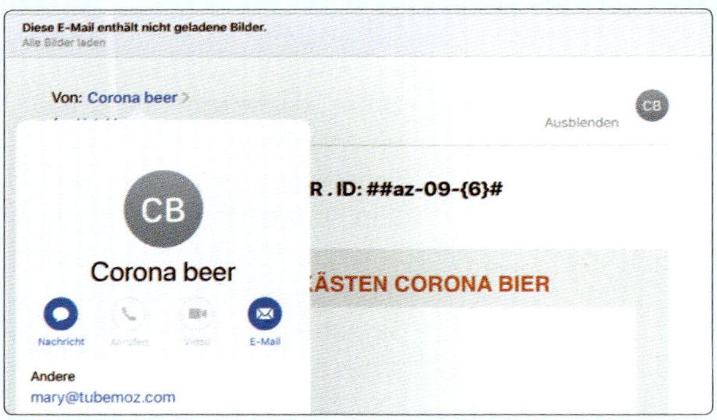

3 Absender von Spams prüfen

Bei vermuteten Spam-Mails tippen Sie im Kopf auf den Namen, um die hinterlegte Adresse zu sehen. In diesem Beispiel hat man es definitiv mit Spam zu tun. Öffnen Sie keine Links im Mail-Inhalt und löschen Sie das Mail!

Workshop: Nützliche Funktionen beim Schreiben von E-Mails

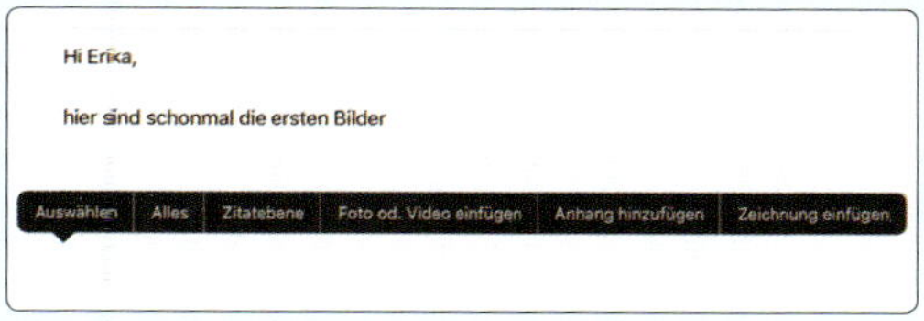

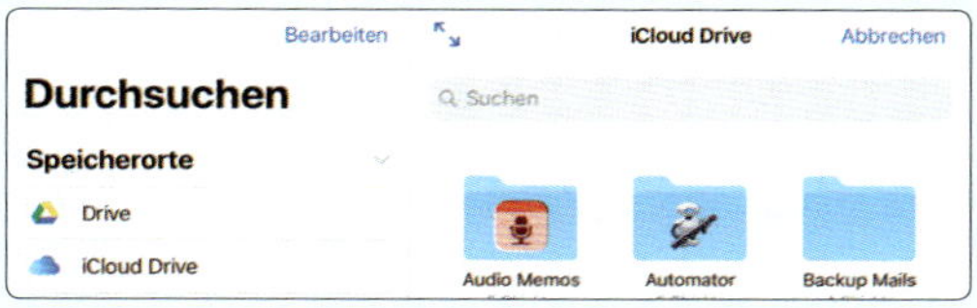

1 Anhang für neues Email bestimmen

Wollen Sie beim Schreiben ein Foto oder eine Datei vom iCloud Drive anhängen, tippen Sie lange auf den Bildschirm, damit das Kontextmenü mit Befehlen zur Auswahl erscheint. Sie können den Anhang dann frei wählen.

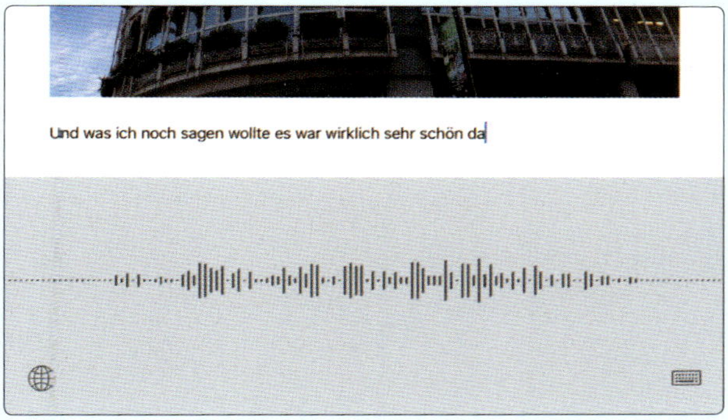

2 Mails diktieren statt tippen

Sie können auch auf das Mikrofon der Tastatur tippen, um einen Text zu diktieren. Satzzeichen und Umbrüche („Neue Zeile") müssen Sie dabei mitsprechen. Damit lassen sich kurze Mails sehr schnell erstellen.

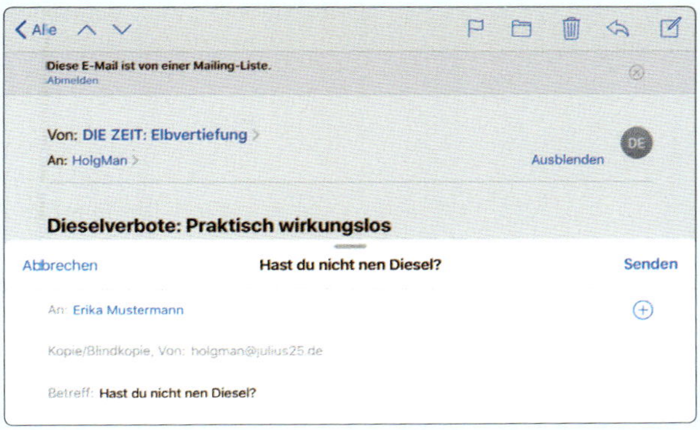

3 Mail beim Schreiben ausblenden

Schieben Sie beim Schreiben das Fenster der E-Mail nach unten, blendet Mail es bis auf den Titel aus, damit sie anderwo etwas nachsehen können. Zum Einblenden tippen Sie auf den Titel. Bei mehreren erscheint eine Übersicht.

5

Unterhaltung

Unterhaltung klingt vielleicht gleichbedeutend mit etwas, das man nicht sehr ernst nehmen sollte, doch es ist eher als Abgrenzung zu den bisherigen Apps gemeint, die eher einem praktischen Nutzen dienen. Im Folgenden geht es um Medien und Apps, wie Kamera, Fotos und Musik, mit denen man auch einfach mal Spaß haben kann.

Die stets einsatzbereite Kamera

Man kann ja lange und trefflich darüber streiten, ob iPads überhaupt eine Kamera brauchen. Viele Anwender benutzen die Hauptkamera, so wichtig sie beim iPhone auch ist, beim iPad selten bis nie. Die Frontkamera hingegen nutzen viele Anwender für Selfies und Videokonferenzen. Und Apple verbessert die Kamera mit jeder iPad-Generation. Die neue iPad Pro-Generation besitzt sogar das TrueDepth-Kamerasystem und damit die Fähigkeit, Selbsporträts mit Tiefen- und Beleuchtungseffekt anzufertigen. Aber auch die Hauptkamera wurde immer weiter verbessert und man sieht immer mal wieder Menschen mit iPads Fotos und Videos bei öffentlichen Veranstaltungen aufnehmen. Kein Wunder eigentlich, denn einen größeren und besseren Sucher als das grandiose Display des iPad hat keine Kamera.

Die Kamera-App ist sehr einfach nutzbar. Mit einem kleinen Fingerstreich wechselt man die Aufnahmefunktionen durch, vom Zeitraffer bis zum Panoramafoto. Je nach iPad-Modell gibt es auch weitere Funktion wie HDR oder einen Blitz. Digitaler Zoom, Fokus und Helligkeitsanpassung erfolgen intuitiv direkt im Vorschaubild der App. Hinzu kommen noch die innovativen Live Photos, die die Situation um das Foto herum als kurzes Video einfangen und sich in der Nachbearbeitung aufpeppen lassen.

Workshop: Die richtigen Einstellungen für die Kamera-App

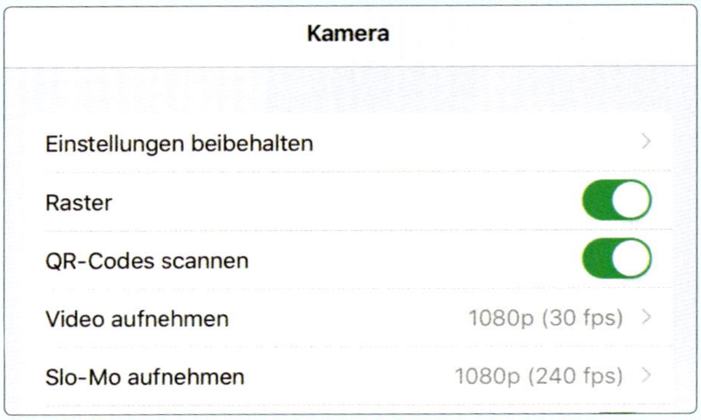

1 Vorschaubild und HDR-Modus

In den „Kamera"-Einstellungen können Sie das Raster zur leichteren Ausrichtung im Vorschaubild einblenden. Oder die Originale zu HDR-Bildern behalten. Auch der QR-Code-Scanner des iOS wird hier aktiviert.

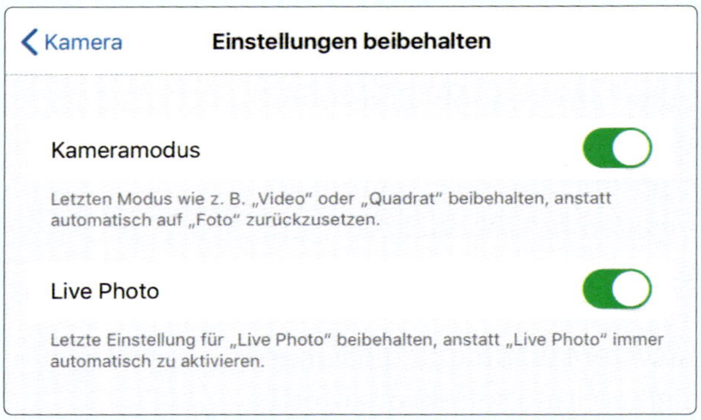

2 Letzte Einstellungen merken

Ganz praktisch ist auch die Option „Einstellungen beibehalten". Hier legen Sie für Aufnahmemodus, Foto-Effektfilter und Live Photos fest, ob beim Öffnen der Kamera der zuletzt benutzte Modus wieder aktiv sein soll.

3 Den Videomodus festlegen

Für Videos können Sie in den Einstellungen die Auflösung und Bildrate wählen, je nach Modell bis zum 4K-Modus mit 60 fps. Die Zeitlupe („Slo-Mo") kann mit bis zu 240 Bildern pro Sekunde („fps") aufgenommen werden.

Workshop: Fotos machen, Belichtung sperren und Panoramen anfertigen

1 Bedienelemente der Kamera-App

Die Kamera-App nutzt das komplette iPad-Display als Sucher und blendet alle Bedienelemente darüber. Nicht alle iPad-Modelle bieten alle Merkmale. Statt des Auslösers kann man auch Lautstärke-Taste benutzen.

2 Belichtung und Fokus festlegen

Normalerweise sucht sich die Kamera-App selbst die Stelle für Belichtung und Fokus. Mit einem Tipp aufs Display lassen sich der Fokuspunkt neu bestimmen. Hält man den Finger gedrückt, werden Fokus und Belichtung gesperrt.

3 Große Panoramen aufnehmen

Die Panoramafunktion macht bei einem langsamen Schwenk diverse Fotos und setzt diese zu einem großen Foto zusammen. Für eine so simple Automatik ist die Qualität wirklich gut, allerdings werden die Dateien sehr groß.

Workshop: Porträt-Modus nutzen und QR-Codes erkennen

1 Porträt-Modus und Beleuchtungsmodi

Nur die neuen iPad Pro-Modelle mit ihrer TrueDepth-Kamera können auch Selfies im Porträt-Modus mit Beleuchtungssimulationen erstellen. Drückt man die *f*-Taste, kann man sogar eine andere Blende simulieren..

2 QR-Codes automatisch erkennen

Hat man dies in den Einstellungen aktiviert, erkennt die Kamera-App QR-Codes im Sucherbild. Falls man noch zu weit für eine Erkennung entfernt ist, fordert die App zum Näherkommen auf, bis der Code erkannt wird.

3 QR-Codes im Browser verfolgen

Um den QR-Code herum zeigt die Kamera-App einen angedeuteten Rahmen als Zeichen, dass er als Code erkannt wurde. Zum Öffnen der im QR-Code verborgenen URL muss man die Mitteilung antippen.

Workshop: Videos aufnehmen und Aufnahmen kontrollieren

1 Filme mit der Videofunktion

Wechseln Sie in den Videomodus, wird der Auslöser zur Kennzeichnung rot. Der Blitz steht als Leuchte zur Verfügung, aber die anderen Funktionen verschwinden. Denken Sie daran, das iPhone für Videos quer zu halten!

2 Zeitraffer und Slo-Mo

Auch die beiden Modi Zeitraffer und Slo-Mo erzeugen Videos. Ob es einen Slo-Mo-Modus gibt, hängt vom iPad ab, denn nur neuere Modelle beherrschen die Zeitlupenfunktion, die sich in den Einstellungen konfigurieren lässt.

3 Nach der Aufnahme überprüfen

Sowohl für Videos als auch für Fotos können Sie über die Bildminiatur die letzte Aufnahme in Fotos öffnen und prüfen. Filme lassen sich zur Kontrolle abspielen. Misslungene Aufnahmen lassen sich so schnell löschen.

Fotos als Bildzentrale des iPads

Fotografieren ist heute eigentlich kein spezielles Hobby mehr, sondern ein Thema für jedermann. Mit dem iPhone hat man eine Kamera in der Hosentasche immer dabei, die sehr gute Bildqualität abliefert. Und das iPad ist, abgesehen von seinen eigenen Kamera-Qualitäten, die perfekte Ergänzung zum Betrachten und Bearbeiten der Bilder.

Die Kehrseite des Immer-und-überall-Fotografierens: Jeder hat die Aufgabe, bei Tausenden Bildern pro Jahr den Überblick zu behalten. Die meisten haben aber wenig Lust, sich überhaupt mit Bildverwaltung zu beschäftigen oder sich die Zeit dafür zu nehmen. Daher gibt sich Apple bei der App Fotos Mühe, einen großen Teil davon automatisch zu erledigen. Aufnahmen, die zeitlich in einem bestimmten Abstand entstanden sind, fasst Fotos zu „Momenten“ zusammen.

Ortsdaten und Objekte erkennen

Bei praktisch jedem Foto, das aufgenommen wird, werden Metadaten mitgespeichert. Dabei werden nicht nur das Datum und das iPhone als Kameramodell festgehalten, sondern auch der Ort, wo die Aufnahme entstanden ist. So können Sie sowohl nach Aufnahmen aus dem letzten Jahr suchen als auch in der kompletten Sammlung alle Fotos, die zum Beispiel in Hamburg entstanden sind, finden. Zudem kann Fotos mit Gesichtserkennung Bilder nach Personen gruppieren. Die App erkennt durch Bildana-

Workshop: Bilder in den Momenten finden und ansehen

1 Bilder in der Jahresübersicht

Im Menüpunkt „Fotos“ zeigt die App Ihre Bilder in Sammlungen. Am gleichen Ort und in einem Zeitabschnitt aufgenommene Bilder werden in mit dem Ort beschriftete Momente eingeordnet und gruppiert.

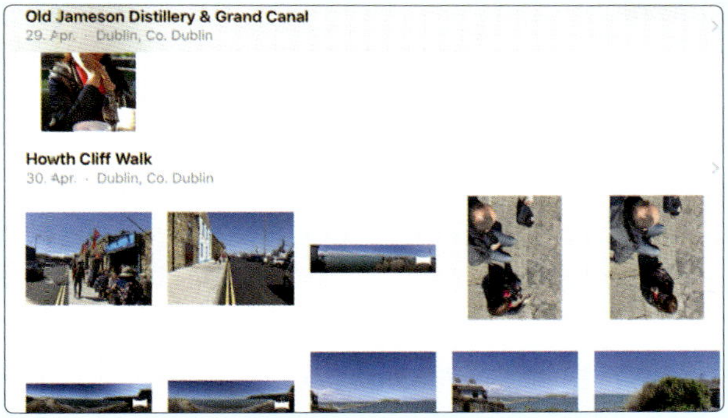

2 Zusammengehörige Bilder sichten

Tippen Sie auf einen der Momente werden die Vorschaubilder größer dargestellt und sind besser erkennbar. Videos erkennen Sie in dieser Darstellung an der unten rechts eingeblendeten Zeitangabe zur Dauer eines Clips.

3 Einzelne Bilder eines Moments

Tippen Sie ein Bild an, um es in Großansicht auf den Bildschirm zu holen. Mit Wischbewegungen navigieren Sie zum nächsten oder vorherigen Bild. Noch schneller geht es, wenn Sie einfach unten die Leiste verschieben.

lyse außerdem Szenen oder Objekte in Fotos. Damit ist es möglich, zum Beispiel nach Hunden, Stränden, Bergen oder Blumen zu suchen - nicht immer, aber oft mit verblüffend guter Treffsicherheit. In Sachen Datenschutz gibt es hier aber keinen Anlass zur Sorge: Die Gesichtserkennung, Szenen- und Objektbestimmung läuft nicht auf einem Server, sondern nur auf dem iPhone ab. Dadurch bleiben die Fotos Privatsache.

Bildbearbeitung und -veröffentlichung

Fotos kümmert sich auf dem iPhone aber nicht nur um das Sortieren der Bilder, Sie können diese auch vor dem Verschicken optimieren. Korrekturen wie Bilder begradigen, beschneiden, aufhellen oder sie mit Filtern gestalten sind damit in wenigen Schritten und direkt auf dem iPhone erledigt.

Aus der modernen Fotografie ist außerdem das Teilen der besten Aufnahmen nicht mehr wegzudenken. Was früher der Dia-Abend oder das Foto-Album in Buchform waren, sind heute auf sozialen Netzwerken oder per Web mit Freunden geteilte Fotos und Foto-Alben. Auch hier ist Fotos unter iOS voll ausgerüstet. Das Bereitstellen von Einzelbildern oder ganzen Alben können Sie direkt von der App aus erledigen. Wenn es viele Bilder oder voluminöse Videoclips sind, hilft iCloud: Hier lassen sich schnell geteilte Alben anlegen, die Bilder und Videos hochladen und dann Freunde zum Ansehen einladen. Und iCloud kümmert sich - wenn Sie wollen - auch automatisch darum, dass Ihre Bilder auf allen Geräten landen.

Im Bereich für Alben lassen sich vorhandenen Bilder nach Medienarten sortieren, was sich vor allem anbietet, um Speicherplatzfresser zu finden.

Workshop: Bilder innerhalb der Fotos-App bearbeiten

1 Bearbeitungsmodus aufrufen

Tippen Sie in der Vorschauansicht eines Bildes oben auf „Bearbeiten“, um es in den Bearbeitungsmodus zu übernehmen. Dabei wird der Hintergrund schwarz dargestellt. Die Knöpfe am unteren Rand zeigen die Möglichkeiten.

2 Schnelle Anwendung von Filtern

Am einfachsten manipulieren Sie die Optik mit Filtern. Unten sehen Sie kleine Vorschaubilder. Antippen reicht zum Anwenden. Tippen Sie noch mal, um mit dem Original zu vergleichen. Oft reichen die schnell angewendeten Filter.

3 Licht und Farbe gezielt regeln

Gezielter klappt es mit dem Drehregler, mit dem Sie Licht, Farbe und S/W anpassen, indem Sie den Korrekturstreifen verschieben. Mit Bestätigung wird die Änderung angenommen. Hinter den Reglern stecken nochmals weitere.

Workshop: Foto-Mediathek nach Orten und Dingen durchsuchen

1 Suchvorschläge nutzen

Die Suchfunktion ist eine große Stärke von Fotos. Wenn Sie auf die Lupe oben tippen, erscheint eine Übersicht mit Vorschlägen. Suchen Sie Bilder zu einem Moment? Von einer bestimmten Person? Oder einem spezifischen Ort?

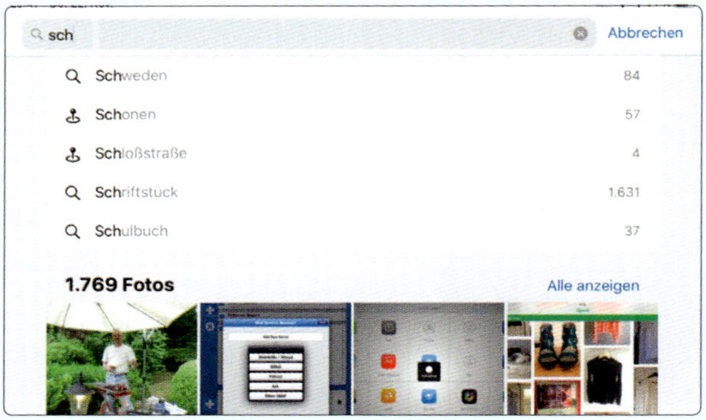

2 Nach Orten und Gebäuden suchen

Bei Orten können Sie nicht nur nach Aufnahmen aus einer Stadt suchen, sondern auch etwa nach einem Gebäude oder dem Flughafen der Stadt. Fotos zeigt gleich die Anzahl der gefundenen Aufnahmen in der Mediathek dazu.

3 Nach Dingen und Situationen suchen

Sie können in Fotos auch nach Motiven (Baum, Haus, Hund etc.) oder Szenen (Sonnenuntergang, Strand usw.) suchen. Das klappt erstaunlich gut, wie hier im Beispiel mit dem Schlüsselwort ccc„Hund“ und ist immer einen Versuch wert.

Workshop: Mit Momenten Ereignisse zusammenfassen und ansehen

1 Ereignisse in Momenten sammeln

In Momenten (früher Rückblicke genannt) organisiert die App Fotos und Videos nach Events, Reisen, Menschen und mehr. So finden sich Urlaube oder Geburtstage meist schön organisiert und schon mit einem Titelbild dargestellt.

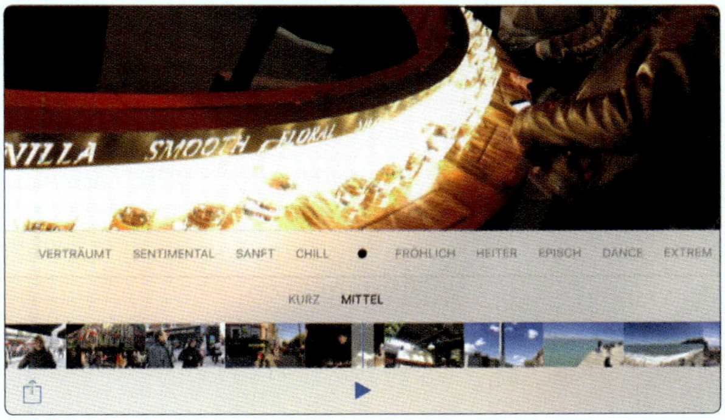

2 Ansicht der Momente ändern

Ein Tipp auf einen Moment reicht, um eine Diashow davon loslaufen zu lassen. Ein weiterer Tipp führt dann zu den Optionen für die Show, mit denen man Musik, Dauer und Stimmung der Diashow festlegen kann.

3 Weitere Informationen zu Momenten

Weiter unten zeigt Fotos eine Übersicht aller Bilder in diesem Moment sowie die darin erkannten Personen und die Orte, wo die Bilder aufgenommen wurden. Die Auswahl der gezeigten Bilder darf man natürlich ändern..

Unterhaltung

5

Workshop: Einstellungen der Fotos-App optimal wählen

1 iCloud-Fotomediathek nutzen

Ein Blick in „Einstellungen > Fotos“ lohnt sich. Wenn Sie die iCloud-Fotos einschalten, werden über iCloud alle Fotos auf allen iOS-Geräten und Macs verfügbar. Große Mediatheken benötigen aber sehr viel Platz, der kostenpflichtig ist..

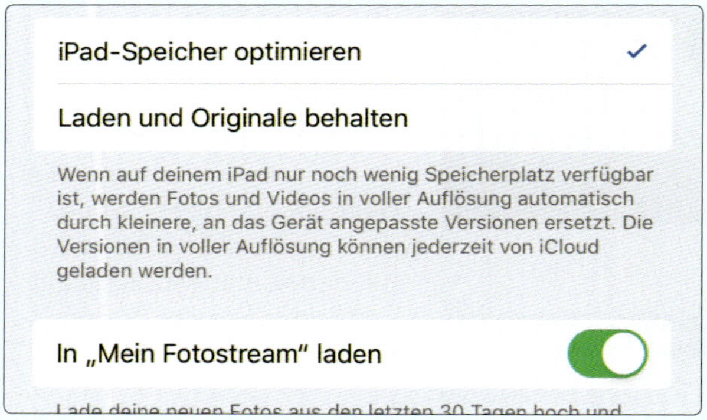

2 Verhalten bei Platzproblemen

Beim „Optimieren“ erzeugt iOS bei Platzproblemen Kopien in reduzierter Qualität. Die Originalfotos liegen auf dem iCloud-Server. Hier schalten Sie auch die Freigabefunktion ein. Der Fotostream synchronisiert nur 1000 Fotos.

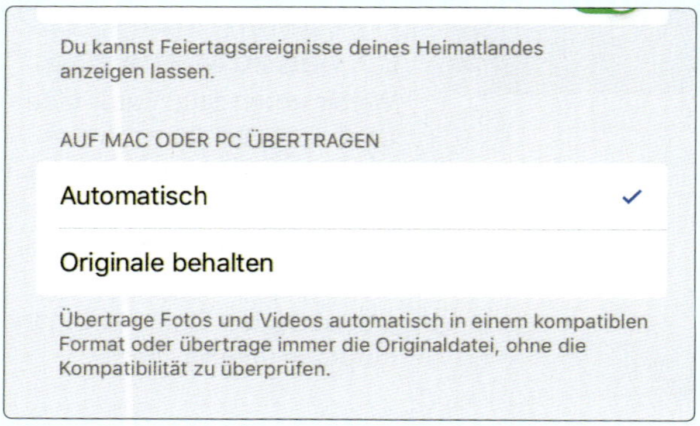

3 Nutzung neuer Bildformate

Weiter unten passen Sie die Darstellung in Fotos an und legen fest, was beim Übertragen an fremde Geräte passieren soll. Falls nicht sicher ist, ob diese. HEIF und HEVC unterstützen, sollten Sie die Automatik nutzen. .

Workshop: Fotos über geteilte Alben in der iCloud nutzbar machen

1 Fotos zum Teilen auswählen

Das Teilen von Fotos macht das Fotografieren erst spannend. Markieren Sie mit „Auswählen“ mehrere Fotos und tippen Sie unten auf das „Bereitstellen“-Symbol, um die Auswahl an den nächsten Schritt zu übergeben.

2 Fotos in geteilte Alben packen

Fotos zeigt die Möglichkeiten zum Hochladen oder Verschicken an. Bei mehreren Bildern und Videos für Freunde sind geteilte Alben in der iCloud die bequemste Möglichkeit, zumal die Fotos ja in der Regel bereits dort gelagert sind.

3 Neues geteiltes Album erstellen

Nach dem Vorbereiten zeigt Fotos ein Menü an, in dem Sie ein neues geteiltes Album samt Kommentar erstellen und Empfänger per Mail einladen können. Sie können auch ein bereits vorhandenes Album verwenden.

Musik für das iPad

Anfangs musste Apple für den Schritt, den eigenen Streaming-Dienst Apple Music direkt in die Musik-App auf dem iPhone zu integrieren, viel Kritik einstecken. Inzwischen haben sich viele daran gewöhnt, und Apple hat in Sachen Bedienung vieles übersichtlicher gemacht und die Features erweitert. So kann die Musik-App mittlerweile sogar in Song-Texten suchen, wobei Apple diesen Dienst noch deutlich ausbauen muss.

Ohne Apple Music bleibt die eigene Mediathek

Mit Apple Music können Sie auf Millionen Titel zugreifen, sie per Streaming anhören und per Download auch für die Wiedergabe im Offline-Betrieb auf dem iPad speichern. Aber auch ohne Apple Music gleicht die Musik-App in Sachen Bedienung auf dem iPhone der Variante mit einem Abo. Der Unterschied: Damit spielen Sie die Musik der eigenen Musiksammlung ab, können sie in Playlisten organisieren, aber auch die Radiosender von Apple Music wie zum Beispiel Beats 1 hören. Kostenfrei sind auch Livesender wie Bloomberg Radio, ESPN News and Sports und NPR News and Culture.

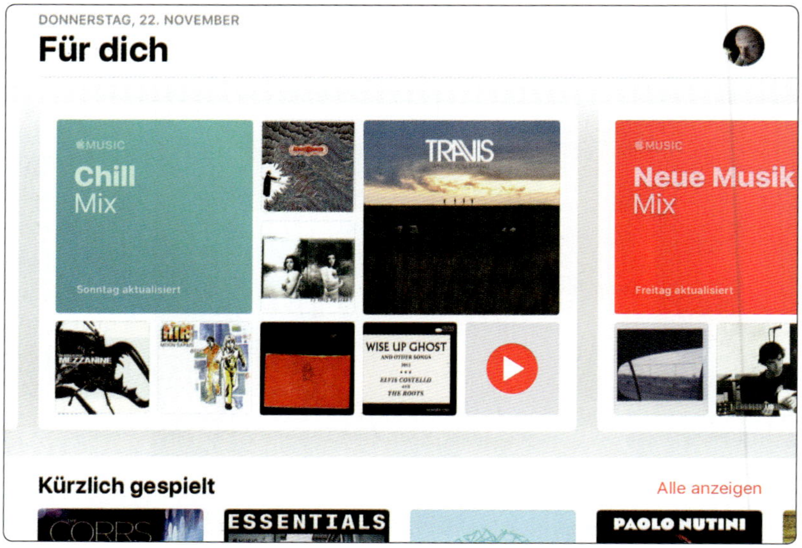

Den Bereich "Für dich" können letztlich nur Abonnenten des mit rund 10 Euro im Monat nicht ganz billigen Apple Music-Dienstes nutzen.

Workshop: In der Musik-Mediathek stöbern und Songs finden

1 Anzeige der eigenen Mediathek

In Ihrer Mediathek können Sie nach verschiedenen Kriterien in Ihrer Sammlung stöbern, zum Beispiel nach „Alben“. Welche angezeigt werden, können und sollten Sie zuvor mit einem Tipp auf „Bearbeiten“ selbst bestimmen.

2 In der Interpretenliste navigieren

Sie können in den Listen (bei „Künstler“) oder der Albenansicht mit Coverminiaturen schneller scrollen, wenn Sie die Seitenleiste nutzen. Wischen Sie auf dem Alphabet, um schnell durch die Liste zu navigieren.

3 Album im Detail ansehen

In der Detailansicht sehen Sie die Songs eines Albums aufgelistet. Apple-Music- oder iTunes-Match-Kunden können einzelne Titel oder ganze Alben mit den Download-Symbolen für Offline-Betrieb herunterladen.

Workshop: Songs in der Mediathek und in Apple Music suchen

1 Den Bereich für die Suche nutzen

Mit der Suchfunktion können Sie mit einem Apple-Music-Abo Millionen Songs des Dienstes durchsuchen – oder auf Wunsch auch nur die eigene Sammlung. Im Suchfeld zeigt die App, wo sie suchen wird.

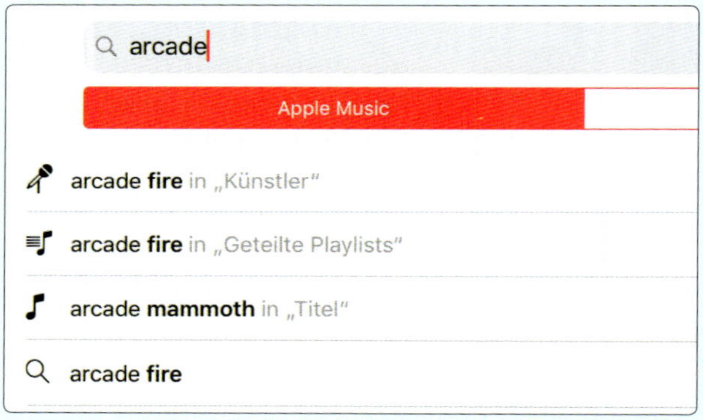

2 Songs, Künstler und Alben suchen

Tippen Sie auf das Suchfeld, um einzustellen, wo die App suchen wird. Unter dem Suchfenster finden Sie außerdem Trends oder Ihre zuletzt genutzten Begriffe. Sogar in Songtexten kann man suchen, zumindest in einem Teil.

3 Suchergebnisse richtig nutzen

Im Ergebnis gibt es Künstler, Titel, Alben, Songtexte und Playlists. Sie können dann Musik mit dem Pluszeichen als Einzelsong oder mit „Hinzufügen“ als Album in ihrer Mediathek speichern und so jederzeit wieder finden.

Workshop: Songs abspielen, Optionen dafür nutzen und Texte anzeigen

1 Die Wiedergabe steuern

In der „Sie hören"-Ansicht können Sie mit der Leiste spulen oder zum nächsten Titel springen. Wischen Sie nach unten für die Albumübersicht. Sie können von hier auch Airplay-Empfänger nutzen und weitere Optionen aufrufen.

2 Weitere Optionen bei der Wiedergabe

Tippen Sie auf die drei Punkte, um das Menü zu einem Song zu öffnen. Hier können Sie einen Radiosender, basierend auf dem Titel, starten, ihn teilen oder zu einer Playlist fügen. Über das Herz können Sie einen Titel favorisieren.

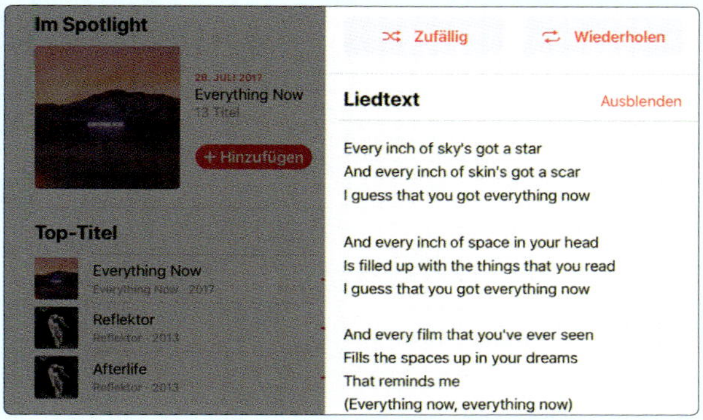

3 Liedtexte anzeigen und mitlesen

Bei Apple-Music-Titeln sind meist sogar Liedtexte zum Mitlesen dabei. Tippen Sie auf „Liedtext", oder wischen Sie nach oben, um den Liedtext anzuzeigen. Leider stehen die Texte nicht für alle Songs zur Verfügung.

Musik und Filme aus dem iTunes Store

Der iTunes Store bietet ein riesiges Angebot an Musik, Filmen und Fernsehserien zum Kauf an, Videos auch zum Ausleihen. Selbst in Zeiten von Musik- und Videoflatrates hat das Angebot des iTunes Store seinen festen Platz. Kündigt man ein Abo, sind alle Titel futsch, Einkäufe bleiben dagegen dauerhaft auf iPhone und iPad verfügbar. Man zahlt einmal und kann sie auf zehn Geräten (maximal sechs Macs und PCs) nutzen. Gekaufte Titel lassen sich jederzeit neu laden oder, eine gute Internetverbindung vorausgesetzt, direkt aus dem Store streamen. Das spart lokalen Speicherplatz auf knapp bestückten iOS-Geräten und nimmt gleichzeitig die Sorge ums Backup. Als nettes Extra kann man Titel oder Guthaben verschenken, sodass der iTunes Store auch immer für ein „Last minute"-Geschenk gut ist.

Dass Apple die Kaufvorgänge auf die iTunes Store-App konzentriert, hat dabei auch einige Vorteile, denn die App zeigt zu Musik, Filmen und TV-Sendungen jeweils eigene Bereiche, deren Inhalt redaktionell betreut wird. Natürlich kann man hier auch die jeweiligen Verkaufscharts ansehen. Bei Suchanfragen findet die App übrigens auch Bücher, falls diese bei Apple zu kaufen sind - sehr praktisch, wenn man das Buch zum Film sucht.

Im iTunes Store findet sich nicht nur wie hier zu sehen Musik, sondern auch Spielfilme und Serien. Filme lassen sich auch ausleihen.

Workshop: Filme, Musik und Serien im Store suchen und kaufen

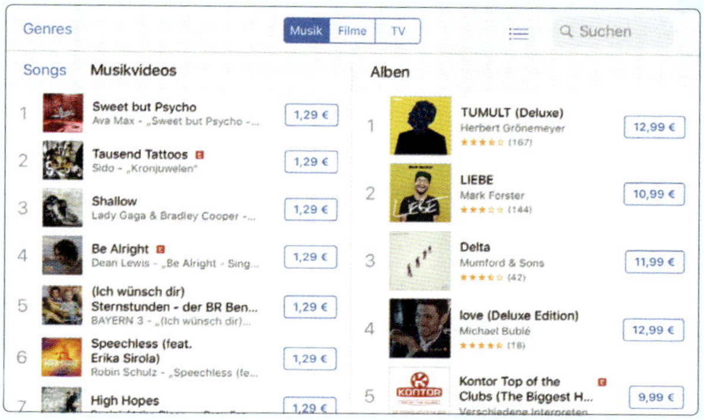

1 Charts nach Ideen durchsuchen

Neben den Empfehlungen in den einzelnen Bereichen sind die Charts immer einen Blick wert. Hier präsentiert Apple die Top-Listen jeder Medienart (im Bild: Musik). Der Inhalt dieser Listen wird aus den Verkäufen ermittelt.

2 Filme kaufen oder leihen

Wählen Sie einen Titel aus, können Sie ihn durch Antippen des Preisschilds kaufen . Bei Filmen (im Bild) steht meist auch die Option „Leihen" zur Wahl, die den Film nur für begrenzte Zeit zugänglich macht.

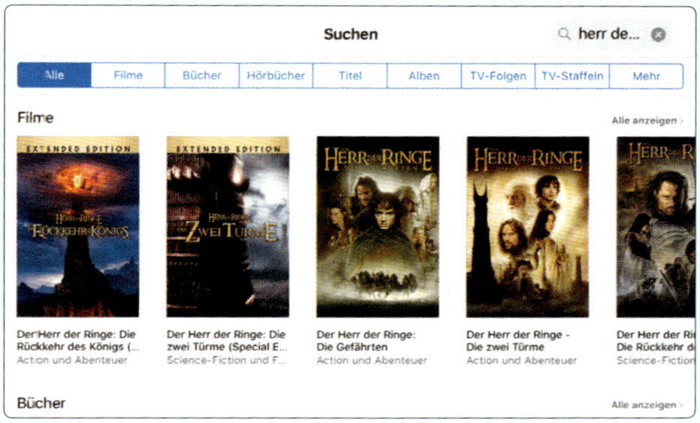

3 Im iTunes Store suchen

Führen die üblichen Empfehlungen nicht zum Ziel, bietet der iTunes Store auch eine schnelle Suchfunktion. Über die Reiter oben können Sie die Medienart einschränken, sonst werden alle untereinander angezeigt.

Workshop: Eine Wunschliste anlegen und Titel dort sammeln

1 Titel einer Wunschliste hinzufügen

Um sich einen Titel bis zu einer endgültigen Entscheidung zu merken, fügen Sie ihn der Wunschliste hinzu. Öffnen Sie die Beschreibung, und tippen Sie auf das Bereitstellen-Menü, dann auf „Zur Wunschliste hinzufügen".

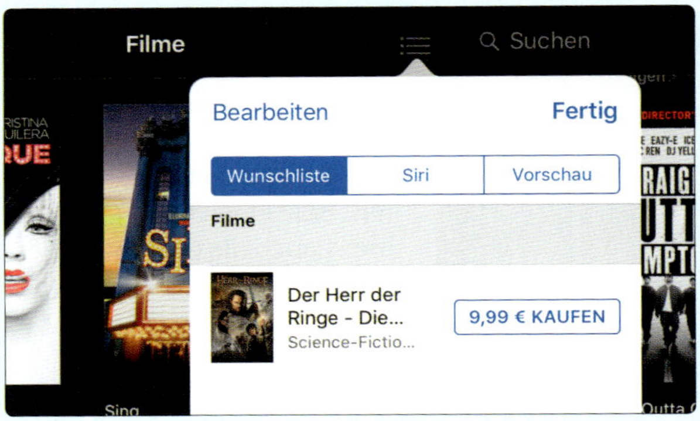

2 Wunschliste auf iPad ansehen

Die Wunschliste rufen Sie über das Symbol oben rechts auf der Startseite auf. Die Liste ist nach Art sortiert und wird über iCloud zwischen Ihren Geräten synchronisiert. Die Wunschliste ist eine Art Notizblock für Medien.

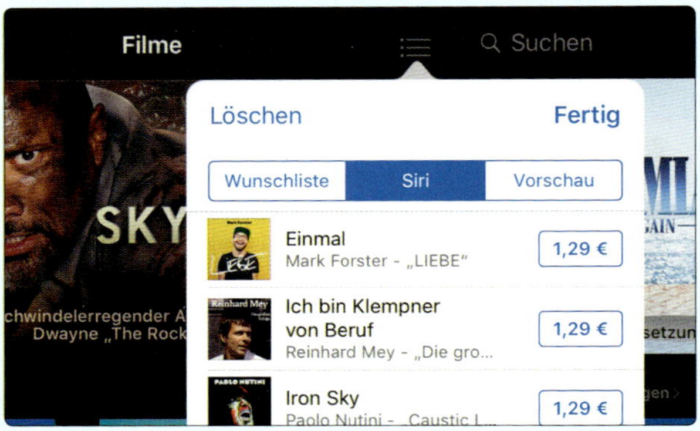

3 Suchergebnisse richtig nutzen

Über den zweiten Reiter rufen Sie eine Liste der mit Siri gefundenen Titel auf. Jedes Mal, wenn Sie Siri mit „Welcher Titel ist das?" einen laufenden Song per Klanganalyse erkennen lassen, landet er automatisch in der Liste.

Workshop: Gekaufte Artikel suchen, aufs iPad laden und Empfehlungen ansehen

1 Käufe in der App anzeigen

Für den Zugriff auf gekaufte Titel wechseln Sie in der Befehlsleiste in den Bereich „Käufe" und wählen Sie die Medienart. Sie können die Auswahl auch auf die Medien eingrenzen, die sich nicht auf dem iPad befinden.

2 Einzelne Titel nachladen

Titel, die Sie bereits gekauft, dann aber aus Platzgründen wieder vom iPad gelöscht haben, können Sie jederzeit wieder kostenlos nachladen. So können Sie auf kurzfristigem Platzbedarf ohne Risiko reagieren.

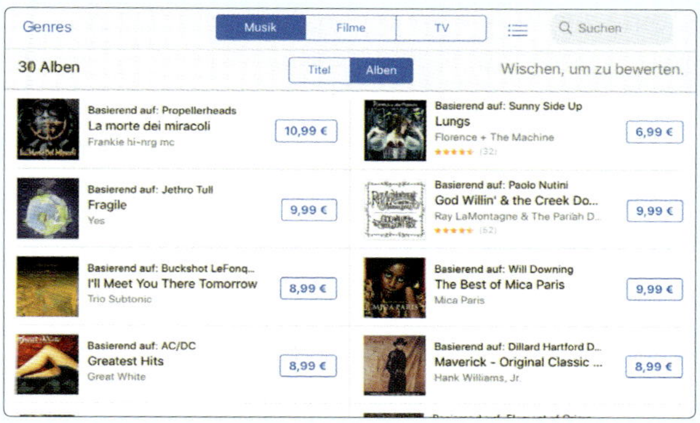

3 Genius-Empfehlungen ansehen

Der Genius-Bereich enthält Empfehlungen für Musik, Filme oder TV-Sendungen, die Apple aufgrund von bisherigen Käufen ausspricht. Zu jeder Empfehlung zeigt die App, wie sie darauf gekommen ist..

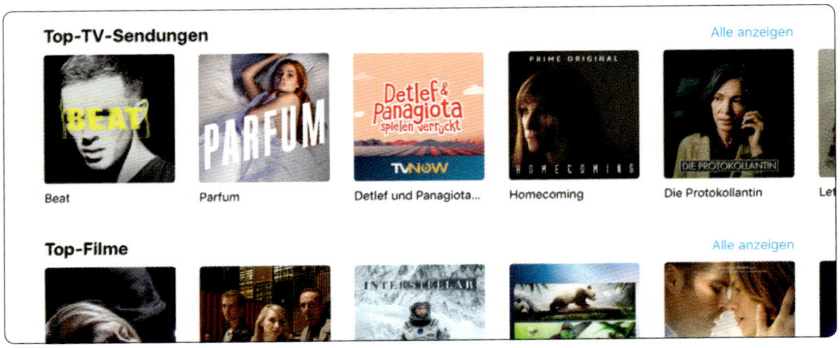

Die TV-App ersetzt nicht nur die alte Videos-App, sondern integriert zudem viele andere Streaming-Dienste.

Die TV-App als Videozentrale

Mit iOS 11.2 hat Apple im Dezember auch die vor über einem Jahr angekündigte TV-App freigeschaltet, die sich bisher nur in den USA nutzen ließ. Die App Apple TV, auf dem iPad kurz TV genannt, tritt in die Fußstapfen der App Videos. Zusätzlich zu den eigenen Filmen und TV-Sendungen aus dem iTunes Store bindet sie aber auch Inhalte von anderen Anbietern ein. Während es in den USA verschiedene TV-Sender und vor allem interessante Sportangebote gibt, ist das Angebot in Deutschland derzeit noch etwas mager, wächst aber beständig. Als Fremd-Apps werden unter anderem Amazon Prime Video, Sky Ticket, TV Now von RTL und die ZDF-Mediathek unterstützt. Die Möglichkeiten der App lassen sich damit aber schon gut ausprobieren. Weitere Angebote werden sicher bald folgen.

Die Idee der TV-App ist nicht nur, Inhalte aus verschiedenen Quellen über eine zentrale App zugänglich zu machen, sondern deren Nutzung auch über verschiedene Geräte zu synchronisieren. Es gibt die App nämlich nicht nur für iPhone und iPad, sondern auch für das Apple TV 4. Sie können ganz bequem ein Video auf dem iPhone anfangen und dann später zu Hause auf den Fernseher wechseln.

Die Super-Watchlist

Tippen Sie in der Navigationsleiste der App auf „Jetzt ansehen“, finden Sie ganz oben den Bereich „Als Nächstes“. Dieser ist eine Art zentrale Watchlist. Starten Sie in einer der unterstützten Apps

Workshop: Die Watchlist „Als Nächstes“ bestücken und anpassen

1 Film oder Folge schnell hinzufügen

Blättern Sie die Vorschläge unter „Jetzt ansehen“ durch, können Sie durch Druck auf den Bildschirm das Kontextmenü zu einem Titel öffnen, um ihn so sehr schnell zur Watchlist „Als Nächstes“ hinzuzufügen.

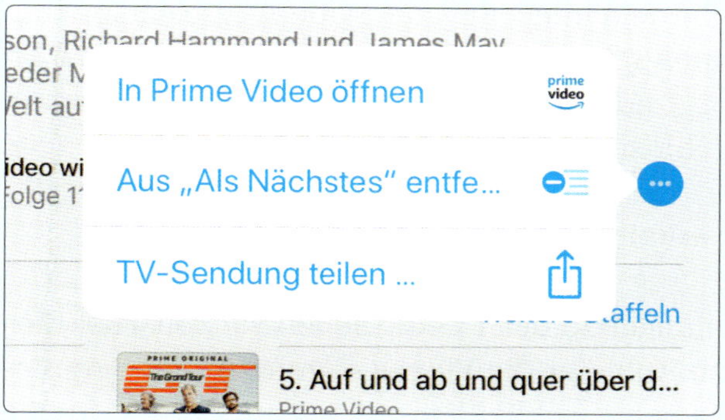

2 Watchlist per Menü bearbeiten

Blättern Sie die in „Als Nächstes“ gespeicherten Titel durch, können Sie ebenfalls durch Drücken ein Kontextmenü aufrufen. Hier können Sie zum Beispiel den Titel entfernen oder ihn einfach als gesehen markieren.

3 Einstellungen festlegen

Öffnen Sie in der App Einstellungen den Bereich „TV“, können Sie auf jedem Gerät festlegen, ob gestartete Titel in „Als Nächstes“ erscheinen sollen. Außerdem wählen Sie hier die Apps, die Infos an die TV-App melden sollen.

die Wiedergabe eines Videos, erscheint es hier automatisch auf allen Geräten. Außerdem können Sie in der TV-App manuell Videos aus den Empfehlungen oder über die Suchfunktion zu „Als Nächstes" hinzufügen, um sie sich zu merken. Das Geniale daran ist, dass diese Watchlist anbieterübergreifend funktioniert. Ist Privatsphäre gefragt, lässt sich die Übernahme eines gestarteten Films in „Als Nächstes" übrigens auch auf jedem Gerät in den Einstellungen unter „TV" deaktivieren. Dort können Sie auch festlegen, welche fremden Videodienste mit der TV-App verknüpft werden sollen.

Weiter unten in „Jetzt ansehen" finden Sie verschiedene Toplisten, Empfehlungen oder die neuesten Folgen von TV-Serien. Sie können auch nach Genre stöbern oder sich Neuerscheinungen im iTunes Store zeigen lassen. Den Abschluss bilden ganz unten die zuletzt in der TV-App angesehenen (und beendeten) Videos.Die weiteren Einträge der Navigationsleiste führen Sie zur Mediathek, die dem Inhalt der alten Videos-App entspricht, dem Store, der einen schnellen Zugriff auf die unterstützten Fremd-Apps erlaubt, und zur Suchfunktion. In den USA kommt der Sportbereich hinzu, der bei uns noch fehlt.

Es geht um Inhalte

Den Empfehlungen in der TV-App sehen Sie zunächst nicht an, von welchem Anbieter die Videos stammen - eine Apple-typische Vereinfachung, schließlich geht es nur darum, für Sie passende Inhalte zu finden und ein echter Vorteil für den Anwender. Apple-eigene Videos spielt die TV-App direkt ab, während sie für Fremdinhalte die zugehörige App öffnet und deren Player aktiviert. So behalten Sie immer die Kontrolle. Die Apps der anderen Anbieter werden nicht überflüssig. Sie müssen diese weiterhin laden und sich darin mit Ihren Zugangsdaten anmelden.

Der zentrale Zugriff auf mehrere Videoanbieter mit einer gemeinsamen Watchlist bedeutet einen großen Komfortgewinn, zumindest wenn Sie die bisher unterstützten Anbieter nutzen. Wir hoffen, dass bald weitere hinzukommen. Was wir uns außerdem noch wünschen, ist eine anbieterübergreifende Übersicht der eigenen Einkäufe und der bereits auf dem jeweiligen Gerät lokal gespeicherten Filme.

Workshop: Filme in alternativen Streaming-Apps wiedergeben

1 Infos über einen Film ansehen

Tippen Sie in den Vorschlägen der TV-App auf einen Titel, sehen Sie eine Seite mit relativ knappen Informationen, die nicht einmal die Spieldauer enthalten. Von hier können Sie direkt die Wiedergabe in der zugehörigen App starten.

2 Detailinfos in externer Streaming-App

Tippen Sie auf der Infoseite auf die blaue Taste mit den drei Punkten, bietet die TV-App zum Beispiel alle Apps, in denen der Titel verfügbar ist, um seine Beschreibung darin zu öffnen. Dort sieht man deutlich mehr.

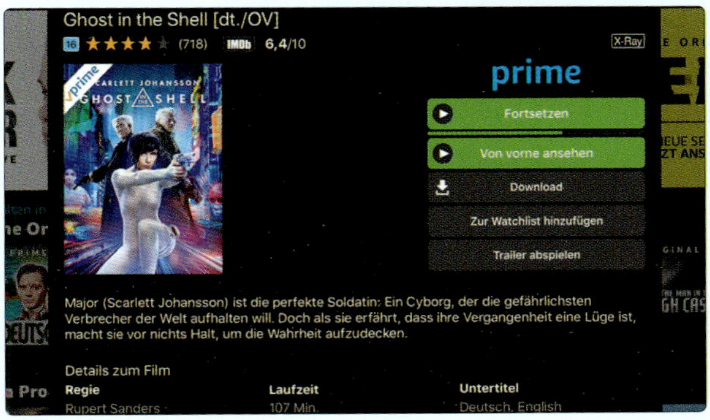

3 Film in externer App ansehen

Sie können aus der TV-App also die Beschreibung des Films oder den Player in einer verknüpften Fremd-App (im Beispiel Amazon Prime Video) öffnen. Das ist vor allem dann praktisch, wenn man mehrere Streaming-Anbieter nutzt.

Workshop: Weitere Streaming-Anbieter hinzufügen

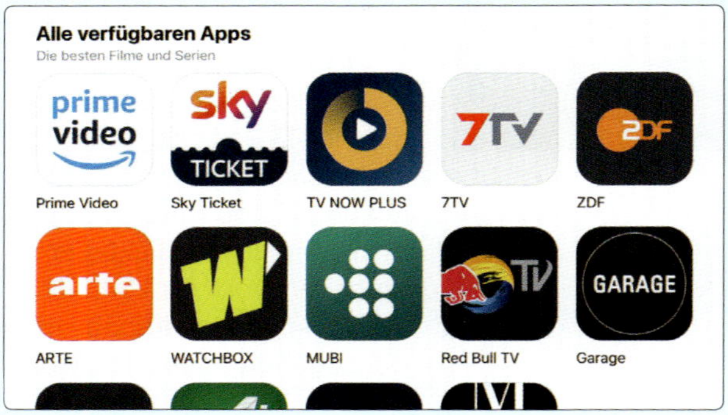

1 Verfügbare Anbieter durchsehen

Tippen Sie in der Navigation auf „Store“ und blättern nach unten, sehen Sie, welche Fremd-Apps von Apple TV unterstützt werden. Diese Liste wird zwar immer länger, lässt aber immer noch manche Namen vermissen.

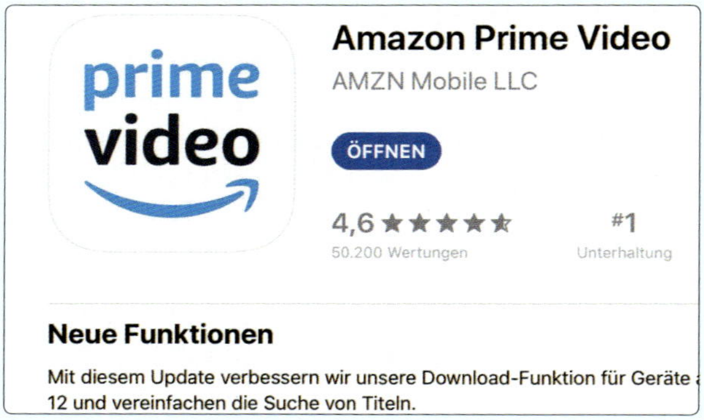

2 Alternative Anbieter-App installieren

Tippen Sie auf eine der Apps, leitet Apple TV Sie gleich auf deren Seite im App Store weiter, von wo Sie sie gleich laden oder öffnen können. Ohne die App parallel auf dem iPad zu installieren, kann TV den Dienst nicht nutzen.

3 Anmeldung beim anderen Anbieter

Die TV-App zeigt die Inhalte anderer Apps, leitet Sie aber für die Wiedergabe an diese weiter. Sie müssen die Apps also trotz der TV-App von Apple installieren und sich mit Ihren Kontodaten darin anmelden.

Workshop: Die iTunes-Mediathek für Filme und Serien nutzen

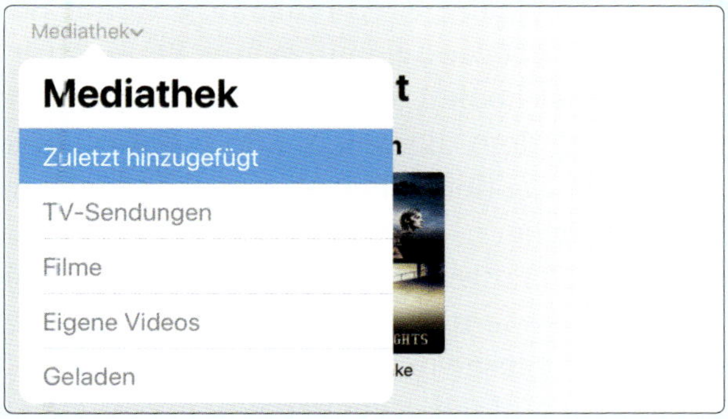

1 Die in iTunes gekauften Filme finden

Hinter dem Bereich „Mediathek“ in der Navigationsleiste verbirgt sich im Prinzip der Inhalt der alten Videos-App. Sie haben hier also auch weiterhin Zugriff auf Ihre Filme und TV-Serien aus dem iTunes Store.

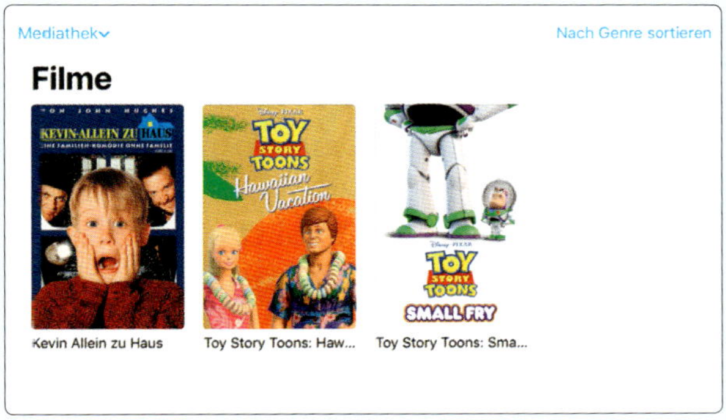

2 Inhalt der Mediathek sortieren

Wählen Sie einen Bereich aus, im Bild zum Beispiel „Filme“, können Sie über den Befehl oben rechts zwischen der Sortierung nach Genre oder Titel wechseln und so bei längeren Listen den gesuchten Inhalt schnell wieder finden.

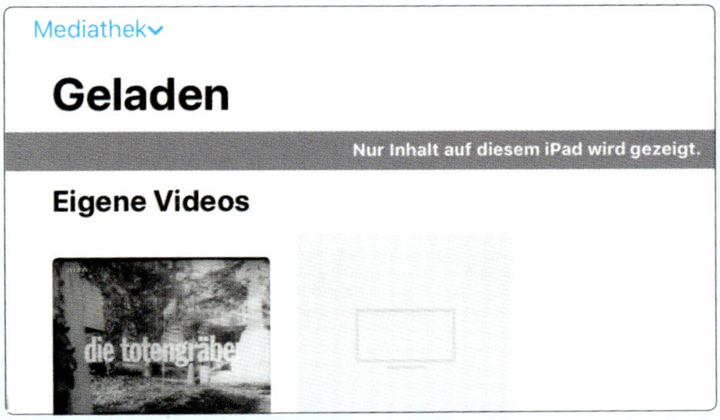

3 Geladene Filme sofort ansehen

Sehr praktisch ist auch der Mediathekbereich „Geladen“, der nur die bereits lokal auf dem Gerät gespeicherten Titel zeigt, die Sie somit auch offline anschauen können. So können Sie Filme auch ohne Datenverbindung genießen.

Bücher im neuen Gewand

Ursprünglich war iBooks noch eine App, die man manuell aus dem Store laden musste. Mittlerweile gehört sie zum Lieferumfang des Systems, und nun möchte Apple seinen Buchladen nochmals stärken. Dazu zählt ein intelligent gefüllter Bereich namens „Jetzt lesen“ ebenso wie ein neuer Bereich für Hörbücher und ein frischer Look. Da musste auch der etwas angestaubte Name iBooks dem aktuellen Apple Books weichen. Die App selbst hört in der deutschen Version auf den ziemlich schlichten Namen „Bücher“.

Der neue Bereich „Jetzt lesen“ enthält nicht nur die Bücher, die man gerade liest, sondern zusätzlich auch solche, die Apple zum Lesen vorschlägt. Diese Vorschläge basieren auf dem Leseverhalten und den Empfehlungen der Redaktion. Das Ganze erinnert an die Musik-App und macht Lust, mal wieder zum E-Book zu greifen.

In der Bibliothek finden sich wie bisher die eigenen Bücher, allerdings ist die Gestaltung etwas übersichtlicher geworden. Der Book Store dient vor allem zum Stöbern in Apples Kaufangebot und bietet allgemeine Empfehlungen, Neuerscheinungen und Bestsellerlisten. Neu ist der Bereich Hörbücher, der der Tatsache Rechnung trägt, dass heutzutage viele Menschen lieber hören als lesen.

Im Bereich „Jetzt lesen“ vermischen sich die Bücher, die man gerade liest, mit Empfehlungen, die auf persönlichen Interessen beruhen, und aktuellen Bestsellern.

Workshop: Neue Bücher zum Lesen und Hören finden und verwalten

1 Hinweise auf populäre Bücher

Die vom Redaktionsteam betreuten Empfehlungen im Book Store sind im Gegensatz zu denen unter „Jetzt lesen" allgemeiner gehalten und enthalten außerdem die Charts und verschiedene Listen mit Genres oder Neuheiten.

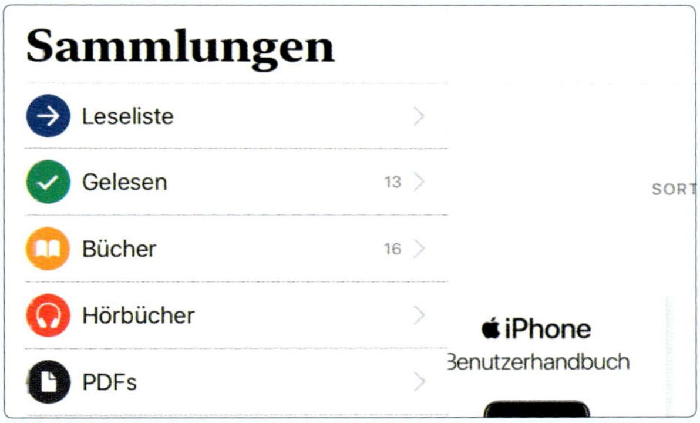

2 Große Sammlungen verwalten

Die Bibliothek ist deutlich übersichtlicher geworden und listet die eigenen Bücher in schnörkelloser Weise auf. Die Sammlungen lassen sich mit selbst angelegten Listen ergänzen, um mehr große Bibliotheken besser zu sortieren.

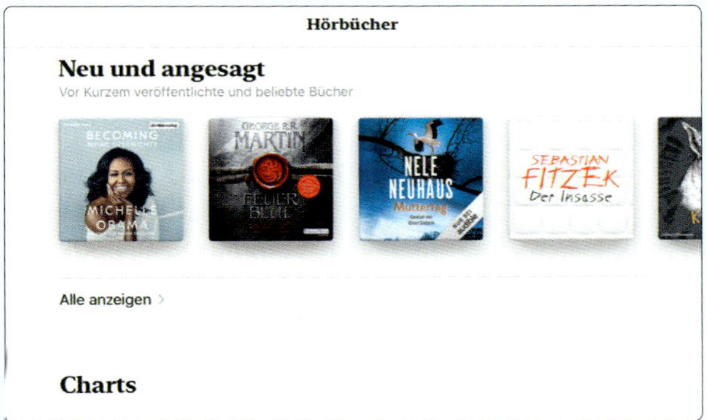

3 Hörbücher im eigenen Bereich

In Bücher haben Hörbücher endlich einen eigenen und festen Platz bekommen. Tippt man auf einen der Vorschläge, kann man auch eine Hörprobe zum Testen abrufen. Damit entspricht die App dem modernen Käuferverhalten

Workshop: Die Bibliothek in Sammlungen sortieren

1 Sammlungen zur Sortierung nutzen

Im Bereich „Bibliothek“ finden Sie Ihre Bücher und PDFs. Sie können dort Sammlungen anlegen und über das Menü oben aufrufen. Innerhalb einer Sammlung können Sie Titel verschieben und sie manuell sortieren.

2 Listenansicht nutzen und Titel laden

Über das Icon zum Ansichtswechsel können Sie zur Listenansicht wechseln, die verschiedene Sortierungen erlaubt. Das Cloud-Symbol zeigt nicht gespeicherte Titel. Antippen startet dann den Download.

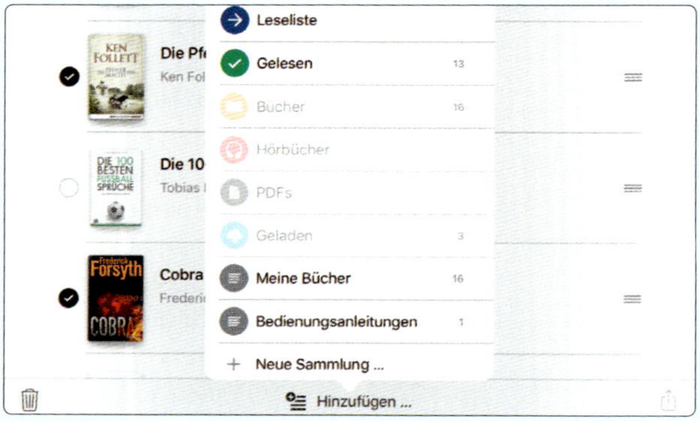

3 Bücher zu Sammlungen addieren

Tippen Sie oben rechts auf „Bearbeiten“, können Sie Titel markieren und löschen oder über das Menü „Hinzufügen“ in eine Sammlung bewegen. Dort können Sie auch gleich eine neue Sammlung für die Auswahl anlegen.

Workshop: PDF-Dokumente in Apple Bücher importieren und nutzen

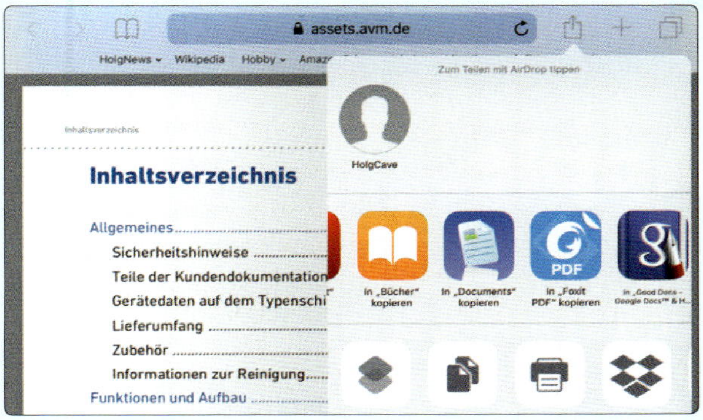

1 PDFs in Bücher kopieren

Öffnen Sie in Safari oder einer anderen App ein PDF und tippen auf das Teilen-Menü, können Sie es „In Bücher kopieren" . Ist Bücher nicht die Standard-App für PDFs, tippen Sie auf mehr „Mehr" und wählen die App manuell aus.

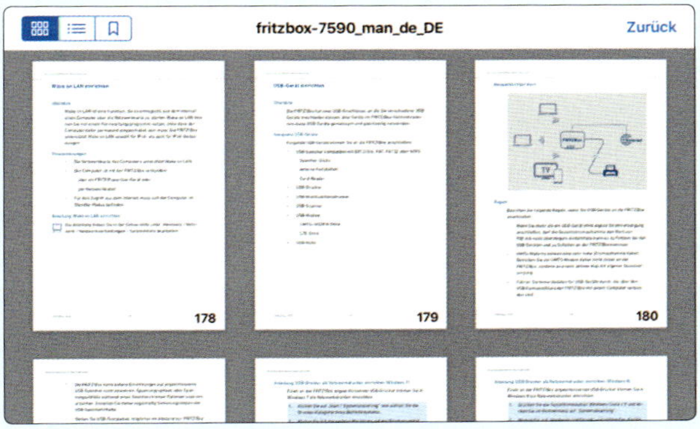

2 PDF in Bücher anzeigen

Das PDF ist nun in der iBooks-Sammlung gespeichert. Öffnen Sie es, bietet der Reader der App den Inhalt und Miniaturen als Übersichten. Außerdem können Sie Seiten auswählen und einzelne Seiten lesen.

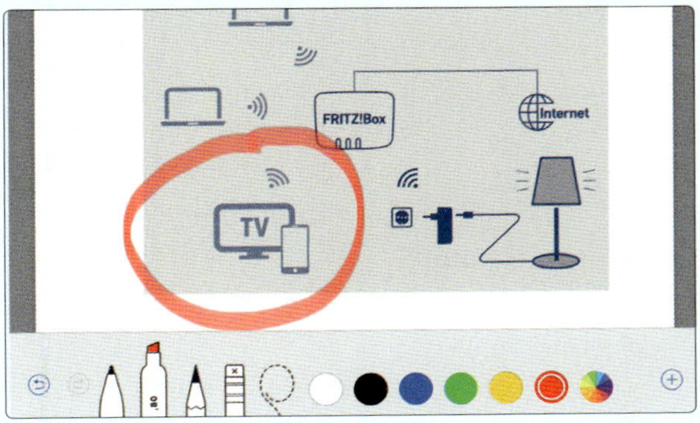

3 Markierungstools für PDFs nutzen

Beim Lesen kann das PDF per Kneifgeste gezoomt werden. Da ein PDF formatiert ist, können Sie nicht wie bei normalen E-Books die Schriftgröße und -art ändern. Dafür können Sie aber die Markierungstools für Anmerkungen nutzen.

6

Mehr von Apple

Viele iPad-Besitzer haben als Partner zum Apple-Tablet auch ein iPhone oder überlegen zumindest dessen Anschaffung. Um Ihnen die Entscheidung zu erleichtern, stellen wir die neuen iPhone-Modelle XR, XS und XS Max ausführlich vor. Als Ergänzung geben wir eine umfassende Kaufberatung über alle aktuell erhältlichen Modelle. Im Anschluss zeigen wir die Vorteile, die sich aus der gemeinsamen Nutzung von iPad, iPhone und Mac ergeben, und wie Sie sie für sich nutzen.

Die neuen iPhones: eine glatte Zehn für alle

Letztes Jahr wollten alle das Jubiläumsmodell iPhone X, dieses Jahr bekommen Sie es gleich dreifach: verfeinert, vergrößert und vergünstigt. In jedem Fall sind iPhone XS, XS Max und XR schneller und intelligenter als je zuvor. Und ihre sehr leistungsfähigen Kameras lassen kaum noch Wünsche offen.

Es war gewiss nicht leicht für Apple, ein Jahr nach einem runden Jubiläum, bei dem mit dem iPhone X ein revolutionäres Modell präsentiert worden war, wieder zum Alltagsgeschäft zurückzukehren. Und Alltagsgeschäft, das hieß zuvor in der Regel, ein normales iPhone und die zugehörige Plus-Variante vorzustellen. Das gab es letztes Jahr in Form des iPhone 8 und 8 Plus auch, doch dazu kam eben das iPhone X, welches das Gefüge ordentlich durcheinanderwirbelte: keine Home-Taste und kein Fingerabdruck-Sensor, dafür Gesichtserkennung und ein markantes OLED-Display mit runden Ecken und dem charakteristischen Ausschnitt am oberen Rand. Dass der Preis dafür jenseits der 1000 Euro landete, stand dem Erfolg nicht im Weg, im Gegenteil: Das iPhone X wurde trotz des stattlichen Preises zum Top-Seller im Sortiment, und das iPhone 8 blieb voll und ganz in dessen Schatten.

iPhone XR, XS und XS Max

Und so hat Apples Strategie für die neuen Geräte ziemlich viel Sinn: Das iPhone X bekommt einen in vielen Punkten verbesserten Nachfolger, das iPhone XS. Der Nachfolger der bisherigen Plus-Modelle basiert nun folgerichtig ebenfalls auf dem iPhone X und nennt sich iPhone XS Max. In die Fußstapfen des etwas glücklosen Volumenmodells iPhone 8 tritt nun das

Das neue Topmodell iPhone XS gibt es nun auch mit goldenem Gehäuse. Ansonsten ist es auf den ersten Blick nicht von seinem Vorgänger zu unterscheiden.

iPhone XR, das die wichtigsten Merkmale des iPhone XS mitbringt, beim Preis aber wieder recht deutlich unter der magischen Grenze von 1000 Euro landet. Vielleicht immer noch kein Schnäppchen, aber immerhin.

Die neue S-Klasse

Das Anhängen eines „S" an den Namen des Vorgängers hat bei Apple schon eine gewisse Tradition, und es steht für Modelle, die optisch zwar kaum verändert, technisch aber durchaus verbessert wurden. Den Namen sollte man übrigens als „10 S" lesen, denn ansonsten könnte man ihn als „Extra Small" missverstehen, was nun wirklich falsch wäre. Das XS gleicht in Größe und Gewicht dem iPhone X, das kaum größer als etwa das iPhone 8 ist, aber dennoch ein gigantisches 5,8-Zoll-Display in OLED-Technologie bis zum Rand bieten kann. Das zuvor schon tolle Display hat Apple nochmals verbessert und verspricht einen um 60 Prozent erhöhten Dynamikumfang. Auch die Abdeckgläser für Vorder- und Rückseite sollen nochmals widerstandsfähiger geworden sein, und den Stereo-Sound aus den Lautsprechern hat Apple ebenfalls verbessert. Während man diese Verbesserungen nicht sieht, ist die einzige Möglichkeit, sich optisch vom Vorgänger abzuheben, die Wahl der neuen Farbe Gold für den aus Edelstahl bestehenden Rahmen des Gehäuses.

Nicht nur technisch, sondern auch optisch ist das iPhone XR viel näher am iPhone X als am iPhone 8. Die einzelne Kamera auf der Rückseite verrät es recht schnell, ebenso das womöglich bunte Gehäuse.

Leicht verbessert wurde auch die Abdichtung gegen Wasser und Staub, die der Schutzklasse IP 68 anstelle von IP 67 entspricht und damit unfreiwillige Bäder bis zu 30 Minuten in zwei statt nur einem Meter Wassertiefe erlaubt.

Mehr Power für Prozessor und Kamera

Der eigentliche Unterschied zu den Vorjahresmodellen liegt aber unter der Haube: Der neue A12-Bionic-Prozessor hat einige Superlative zu bieten (siehe Kasten) und sorgt vor allem bei der künstlichen Intelligenz für einen deutlichen Schub an Möglichkeiten, der sich besonders bei der Kamera bemerkbar macht. Denn wie jedes Jahr ist die Kamera der neuen iPhone-Generation besser geworden. Die Weitwinkelkamera hat einen neuen Sensor, der empfindlicher ist und daher bessere Aufnahmen bei wenig Licht ermöglichen soll.

Der A12-Bionic-Prozessor

Vorbei die Zeiten, in denen Prozessoren noch universell waren und aus ein paar funktionsgleichen Kernen bestanden: Der neue A12 ist extrem spezialisiert und besteht aus etlichen hochspezialisierten Funktionseinheiten. Fast sieben Milliarden Transistoren bietet der A12 mittlerweile, und er ist der erste Prozessor, der in Sieben-Nanometer-Technologie hergestellt wird.

Die CPU besteht wie bisher aus zwei Performance- und vier Effizienzkernen, die etwas schneller wurden und weniger Energie verbrauchen sollen – bis hierher sind die Verbesserungen noch recht unspektakulär. Die GPU, die sich um die Grafik kümmert, wuchs dagegen von drei auf vier Rechenkerne und wurde insgesamt laut Apple bis zu 50 Prozent schneller.

Wirklich spektakulär sind aber die Verbesserungen bei der Neural Engine, die für das maschinelle Lernen zuständig ist und die CoreML-Plattform unterstützt. Die Zahl der Kerne wuchs von zwei auf acht, die Zahl der Rechenoperationen explodierte von 600 Milliarden auf fünf Billionen pro Sekunde. Ein „Smart Compute System" kümmert sich darum, Aufgaben zwischen der CPU und der Neural Engine zu verteilen. Ein neuer Speichercontroller kann bis zu 512 Gigabyte an Speicher verwalten. Der A12 beherrscht die Hardware-Kodierung und -Dekodierung der neuen Videoformate und bietet einen Bildsignalprozessor, der beispielsweise die Tiefenmaske für den Porträtmodus erzeugt.

So macht der neue Prozessor viele Fähigkeiten der neuen iPhones überhaupt erst möglich. Insbesondere die Leistungsfähigkeit der Kamera mit ihrem Smart-HDR-Modus und ihren verbesserten Porträtmodi ist ebenso wie die schnellere Face-ID-Identifizierung ein Produkt der schnelleren Neural Engine des A12.

Durch den schnelleren Prozessor werden einige neue Tricks möglich: Der Smart-HDR-Modus kombiniert mehr Aufnahmen als bisher für ein Bild mit mehr Dynamikumfang. Vor allem ist er aber wesentlich schneller als bisher und schafft es laut Apple auch, bewegte Motive ohne verwischte Details abzubilden.

Auch den Porträtmodus hat Apple verbessert, zu dem neben der zweiten Kamera auch der A12 bessere Tiefenstaffelungen liefert. Exklusiv für die neuen iPhones hat Apple der Kamera-App beigebracht, per Schieberegler verschiedene Blendeneinstellungen und damit unterschiedliche Schärfentiefen zu simulieren. Diese Berechnungen erfordern sehr viel Leistung und bleiben den Modellen mit A12-Prozessor vorbehalten.

Die Rechenkapazitäten des A12 Bionic reichen aus, um im Porträtmodus verschiedene Blenden und damit verschiedene Schärfentiefen zu simulieren.

Laut Apple ist dieses Bild mit dem iPhone XS im Smart-HDR-Modus entstanden und zeigt eindrucksvoll, dass selbst bewegte Motive eingefroren werden können, obwohl für den HDR-Modus etliche Einzelbilder geschossen werden müssen.

Aus Plus wird Max

Bereits seit dem iPhone 6 bietet Apple zusätzlich zum „normalen“ Modell eine Version mit größerem Display an, das als Topmodell für diejenigen diente, die sich nicht am unhandlicheren Format stören, dafür aber einen größeren Bildschirm fast wie bei einem Tablet haben wollen. Dieses Mal basiert die große Version auf dem iPhone XS, dessen 5,8-Zoll-Display schon größer war als beim iPhone 8 Plus mit seinem 5,5-Zoll-Display. Das neue „Großmodell“ gleicht von den Außenabmessungen fast genau den bisherigen Plus-Modellen, doch sein Display geht bis zum Rand und misst damit satte 6,5 Zoll. Daher nennt Apple diese Version auch nicht mehr „Plus“, sondern nicht ganz unbescheiden iPhone XS Max. Es bietet die gleiche extrem hohe Auflösung von 458 Punkten pro Zoll wie das iPhone X oder XS, die Zahl der Bildpunkte steigt damit auf 2688 mal 1242 Pixel.

Wie die bisherigen Plus-Modelle kann das XS Max für manche Apps wie beispielsweise Nachrichten

Dual-SIM

Die drei neuen iPhones können parallel zur normalen SIM-Karte noch eine eSIM als Zweitkarte nutzen. So können Sie unter zwei Rufnummern erreichbar sein oder im Ausland vorübergehend eine zusätzliche lokale SIM-Karte verwenden, wenn Sie Ihren normalenTarif auf eSIM umgestellt haben.

oder Erinnerungen eine spezielle Spaltenanzeige im Querformat bieten, mit der man - genau wie bei der Displaygröße - durchaus den iPads auf der Spur ist. Der Modus ist allerdings nicht so vollständig implementiert wie bei den großen Vorgängern. Mail nutzt zum Beispiel nur ein Overlay für die Postfächer statt einer dauerhaft sichtbaren zweiten Spalte und im Home-Bildschirm verzichtet iOS gleich ganz auf das Querformat. Warum das so ist, weiß wohl nur Apple.

Abgesehen vom größeren Display und einem leicht größeren Akku gibt es im Gegensatz zu früheren Generationen allerdings keinen Unterschied zum „kleinen" iPhone XS.

Das iPhone XR für den Mainstream

Viele wollten zwar ein iPhone X, aber nicht jeder konnte es sich leisten. So entstand nun das iPhone XR als bezahlbare(re) Alternative. Auch bei ihm gibt es die Face-ID-Autorisierung, das bis zum Rand reichende Display mit dem charakteristischen Ausschnitt und keine Home-Taste mehr. Mit einer Displaygröße von 6,1 Zoll liegt das XR zwischen dem XS und dem XS Max, und auch die äußeren Abmessungen des iPhone XR sind etwas größer als bei den bisherigen Standardmodellen - wir müssen uns wohl langsam an immer größere Abmessungen gewöhnen.

Das iPhone XR besitzt ebenfalls einen A12-Bionic-Prozessor, wie er in den XS-Modellen verbaut wird. Der Rahmen des Gehäu-

Das iPhone XR macht die Welt des iPhone mit seinen sechs Gehäusefarben wieder deutlich bunter.

ses besteht aus gehärtetem Aluminium, die Rückseite aus Glas. Das iPhone XR kommt in sechs Farben, darunter auch das orange aussehende „Koralle", und gleich vom Start weg eine „Product Red"-Version, die eine Spende an die Aids-Stiftung beinhaltet.

Aber natürlich gibt es auch gewisse Einschränkungen gegenüber dem iPhone XS: Das XR bietet kein OLED-Display, sondern „nur" ein TFT-Display mit etwas schlechterem Dynamikumfang, aber immerhin mit True-Tone-Fähigkeit. Auf dem Papier bietet es eine dramatisch schlechtere Auflösung von 1792 mal 828 Pixeln, während das iPhone XS mit kleinerem Display 2436 mal 1125 Pixel bietet. In der Realität löst das iPhone XR aber mit 326 Pixeln pro Zoll exakt so hoch auf wie die bisherigen „kleinen" iPhones. Das ist im Alltag also wirklich kein Grund für Kritik. Was man leider einbüßt, ist die Möglichkeit, per 3D Touch besondere Aktionen durch Druck auf das Display auszulösen.

Die Weitwinkelkamera des iPhone XR ist identisch mit der des XS, bietet also auch einen empfindlicheren Sensor und den Smart-HDR-Modus. Und obwohl die zusätzliche Telekamera fehlt, gibt es den Porträtmodus inklusive Blendenverstellung. Erreicht wird das durch die Fokuspixel des Sensors in Kombination mit den Rechenkünsten des A12-Prozessors, der die Tiefenanalyse durchführt. Was natürlich trotzdem fehlt, ist die längere Brennweite eines zusätzlichen Teleobjektivs - ein Weitwinkel ist nun einmal nicht das passende Objektiv für Porträts. Dennoch kann die Kamera des iPhone XR wesentlich mehr als die des eigentlichen Vorgängers iPhone 8.

Der Mix stimmt

Das iPhone XR nur als abgespecktes iPhone XS oder als Nachfolger des iPhone 8 zu sehen, wird ihm nicht wirklich gerecht. Das iPhone XR ist ein sehr gelungenes eigenständiges Gerät, das seinen Platz irgendwo zwischen den genannten Modellen sucht. Es bietet den schnellen A12-Prozessor, tolle Grafik und eine gute Kamera. Der eingeschränkte Porträtmodus dürfte für viele Anwender bereits völlig ausreichend sein, da sie eher einen coolen Schnappschuss wollen als das perfekt inszenierte Bild. Weitere Punkte sammelt der gute und große Bildschirm. Der bietet

Die Fähigkeit der älteren Plus-Modelle, auch den Home-Bildschirm quer anzuzeigen, ist bei iPhone XR und XS Max unverständlicherweise verloren gegangen.

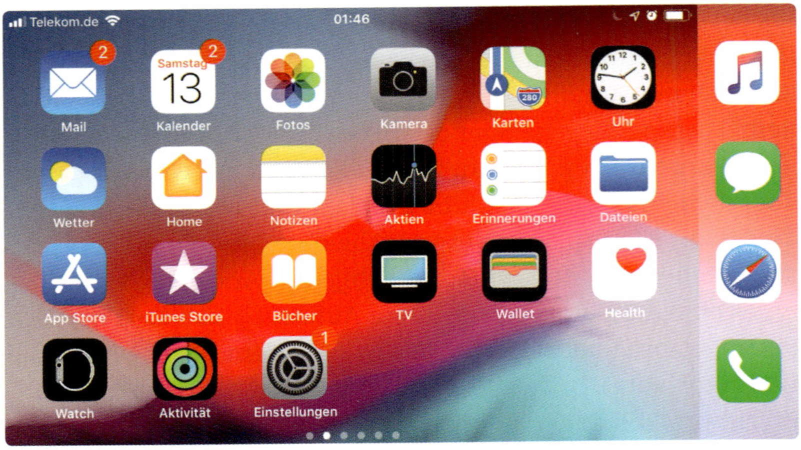

zwar nicht die hohe Auflösung des XS Max, aber die braucht man auch nicht. Dafür er es in vielen Apps ebenfalls dessen erweiterte Darstellung im Querformat, die tatsächlich einen praktischen Wert hat. Außerdem besitzt das iPhone XR die längste Akkulaufzeit aller neuen iPhones.

Das iPhone XR wirkt im direkten Vergleich mit dem iPhone XS gedrungener und weniger elegant. Es ist einfach das Top-Arbeitspferd in der iPhone-X-Familie, das wichtige Features des iPhone XS und sogar einige des XS Max mitbringt. Was die Topmodelle darüber hinaus noch bieten, fällt eher in die Rubrik Luxus.

Die aktuellen Preise

Kommen wir zu den unangenehmen Dingen, nämlich den Preisen: Das iPhone XS kostet mit Einstiegspreisen von 1150 Euro das Gleiche wie zuvor das iPhone X. Kommt man mit den 64 Gigabyte Speicher nicht aus, sind 1320 Euro für großzügige 256 GB fällig. Wer wirklich 512 GB braucht, muss exorbitante 1550 Euro dafür bezahlen. Das iPhone XS Max, das ja wirklich nur das größere Display zu bieten hat, liegt jeweils 100 Euro über dem XS und wird so zum teuersten iPhone aller Zeiten.

Das iPhone XR hingegen startet bei 850 Euro und liegt damit 300 Euro unter dem XS. Wer statt 64 die reizvolleren 128 Gigabyte Speicher möchte, zahlt nur 60 Euro mehr, für üppige 256 Megabyte durchbricht man dann knapp die 1000-Euro-Marke.

Das richtige iPhone finden

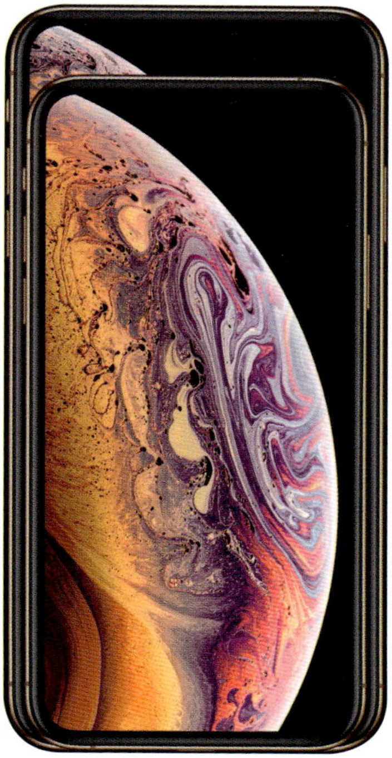

Der Größenunterschied zwischen iPhone XS und XS Max ist in der Hosentasche deutlich bemerkbar.

Wir werden uns wohl zukünftig daran gewöhnen müssen, dass Apple im Herbst gleich drei neue iPhones präsentiert. Letztes Jahr kamen „die üblichen“ Modelle in Form des iPhone 8 und 8 Plus, dazu gesellte sich aber das Jubiläumsmodell iPhone X, mit dem Apple einen Blick in die Zukunft gewähren wollte. Und die haben wir jetzt in Form von gleich drei Nachfolgern: dem direkten Nachfolger iPhone XS, dem größeren XS Max und dem günstigeren iPhone XR. Und um die Verwirrung bei anschaffungswilligen iPhone-Interessenten noch zu vergrößern, gibt es weiterhin das iPhone 8 und sogar das iPhone 7 - inklusive der Plus-Modelle. Das Anbieten älterer Modelle zu günstigeren Preisen hat durchaus Tradition bei Apple und heißt gleichzeitig auch, dass man kein günstigeres, kleineres Modell entwickeln muss. Das iPhone SE, das diese Rolle bislang einnahm, gibt es nicht mehr. Auch das erst letztes Jahr vorgestellte iPhone X fehlt - es hätte vermutlich preislich nicht mehr ins aktuelle Gefüge gepasst.

Generationsfragen

Das iPhone X steht für den wohl größten Innovationsschub, den die iPhones mitgemacht haben und für die größte Veränderung in der Handhabung. Alle drei neuen iPhone-Modelle und auch die neuen iPad-Pro-Geräte nutzen die Face-ID-Technik zur Identifizierung, die den zuvor favorisierten und nur noch in wenigen aktuellen Geräten präsenten Fingerabdrucksensor ersetzt hat. Wer einmal Face ID benutzt hat, will nicht mehr zurück, denn es ist ungleich intuitiver, das iPhone nur mit einem Blick darauf zu entsperren und per Finger nach oben zu wischen, um es zu aktivieren. Angesichts der Tatsache, dass man sein iPhone unzählige Male entsperren wird, sollte einem dieser Komfort etwas wert sein. Und dass die Home-Taste zugunsten eines größeren Bildschirms entfällt, ist ebenfalls ein praktischer Vorteil.

Andererseits muss man aber auch die Kirche im Dorf lassen: Schon beim iPhone 7 ist der Fingerabdrucksensor so schnell,

Lohnt das Upgrade?

Der richtige Zeitpunkt zum Verkauf eines älteren iPhones ist eine Frage des Anspruchs: Wer up-to-date bleiben möchte, wechselt alle zwei Jahre das Smartphone. So gesehen sollten Besitzer eines iPhone 7 an den Wechsel denken. Je älter das iPhone, umso wahrscheinlicher, dass dieses schon nächstes Jahr vom iOS-13-Update ausgeschlossen wird.

dass man mit einem einfachen Druck auf die Home-Taste das Gerät entsperren und aktivieren kann. Und nicht wenige finden, dass man die alten Geräte mit ihrem breiteren Rand um den Bildschirm etwas besser in der Hand halten kann. Es gibt auch manche, die sich mit dem iPhone-X-typischen Look mit abgerundeten Ecken und dem Ausschnitt für die True-Depth-Kamera nicht anfreunden können, während andere gerade diesen Look als das moderne Gesicht des Smartphones sehen, das von der Konkurrenz ja auch schon fleißig kopiert wird.

Wo wir bei den Vorteilen der älteren und damit günstigeren Geräten sind: Wer ein Fan des Querformats ist, findet womöglich nach wie vor die beste Umsetzung bei den „alten“ Modellen iPhone 7 Plus und 8 Plus, denn nur diese lassen sich bereits im Springboard ins Querformat kippen und bieten die meisten an das breitere Bild angepassten Apps. Das iPhone XS Max bietet zwar ein weitaus größeres Display, aber weniger gut angepasste Apps. Und das iPhone XR kann in einigen System-Apps quer mehr zeigen als das kaum kleinere XS. Für die Leute, bei denen das iPhone ein Stück weit das iPad ersetzen soll, bieten die Plus-Modelle den kleineren Displays zum Trotz die konsequenteste Umsetzung des Themas.

Das Display

Überhaupt ist die Frage nach dem Display für viele wohl der entscheidende Unterschied zwischen den verschiedenen iPhones. Zumindest auf dem Papier sind die Unterschiede groß: „nur“ ein TFT mit 1334 x 750 Pixel und 326 ppi beim iPhone7 und 8, ein OLED-Display mit gigantischen 2688 x 1242 Pixel und 458 ppi beim iPhone XS Max. Das klingt so, als braucht man über 400 Punkte pro Zoll Feinauflösung, doch tatsächlich braucht man schon eine starke Lupe, um beim iPhone 7, 8 oder XR

Das iPhone XR liegt in der Größe zwischen den beiden XS-Modellen. Dass es statt auf OLED- auf ein TFT-Display setzt, merkt man nur im direkten Vergleich. Das gilt auch für den etwas dickeren Rand ums Display, der beim schwarzen Gehäuse mehr auffällt.

irgendwelche Pixel zu erkennen, denn schon diese Geräte bieten eine beeindruckende Detailschärfe, und die Vorzüge der anderen Geräte sind diesbezüglich kaum sichtbar. Auch der Unterschied zwischen dem - keineswegs billigen - OLED-Display des iPhone XS und den TFTs der anderen Modelle erschließt sich allenfalls im direkten Vergleich. Die älteren Displays sind einfach schon so gut, dass die Verbesserung letztlich nur sehr gering ausfallen kann. Oder anders ausgedrückt: Egal welches iPhone Sie sich kaufen - über das Display werden Sie sich nicht ärgern.

Die Kameras

Wenn etwas den Unterschied zwischen den iPhone-Modellen ausmachen kann, sind es schon eher die Kameras, obwohl sich deren Auflösung von 12 Megapixeln seit Jahren nicht geändert hat. Beim iPhone XS und XS Max gibt es nicht nur gleich zwei Kameras mit unterschiedlichen Brennweiten, sondern auch sehr starke Fähigkeiten zur Bildanalyse des Prozessors. Die längere Brennweite sorgt bei Porträts dafür, dass man den Personen nicht so nah auf die Pelle rücken muss. Zusätzlich lassen sich Beleuchtungen simulieren und die Schärfentiefe regeln. Letzteres geht beim iPhone 8 Plus nicht, das iPhone 7 Plus kann auch die Beleuchtung nicht regeln. Dafür können alle iPhones mit Doppelkamera den Porträtmodus auch für Tiere oder Gegenstände nutzen. Das iPhone XR hat nur eine Kamera und kann nur über die Gesichtserkennung dafür sorgen, dass alles andere in die Unschärfe abgleitet, was gut funktioniert, aber dennoch die lange Brennweite nicht ersetzen kann.

Speicherfragen

Bis auf das iPhone 7 kommen alle lieferbaren Modelle mit mindestens 64 Gigabyte Speicher daher. Damit kann man relativ gut auskommen, wenn man so weit wie möglich seine Daten in der Cloud lagert oder als Stream genießt, statt beispielsweise komplette Filmarchive auf dem Gerät selbst vorzuhalten. Wer viele große Apps und Spiele nutzt, wird mehr Speicher brauchen und muss dann bei den iPhone-XS- und -8-Modellen gleich 170 Euro in die Hand nehmen und auf satte 256 Gigabyte aufrüsten.

Man vergisst gern, dass auch das iPhone 8 erst im vergangenen Jahr vorgestellt wurde und daher auch drahtlos über Qi-Ladepads geladen werden kann.

Damit haben die meisten Leute mehr Platz, als sie je brauchen werden, und müssen dafür kräftig investieren. Beim iPhone XR gibt es dagegen auch eine in den meisten Fällen ausreichende 128-GB-Version für moderate 60 Euro Aufpreis, die man unbedingt investieren sollte. Nur in Ausnahmefällen, wenn man auf seinen Geräten ungewöhnlich viel Musik, Bilder, Filme und mehr bunkern möchte, könnten sich die 400 Euro Aufpreis für das halbe Terabyte Platz auf dem iPhone XS lohnen. Bei einem späteren Verkauf wird man davon aber nicht viel zurückbekommen.

Das Maximum: iPhone XS

Das iPhone XS ist vollkommen zu Recht das Topmodell der iPhone-Reihe mit einer Kamera, die jede Situation meistert, einem grandiosen Display und einem eleganten Erscheinungsbild. Ob es das XS Max mit seinem riesi-

	iPhone Xs Max	iPhone Xs	iPhone Xr
Farben			
Display	6,5 Zoll Super Retina HD Display	5,8 Zoll Super Retina HD Display	6,1 Zoll Liquid Retina HD Display
Auflösung	2688 x 1242 Pixel bei 458 ppi	2436 x 1125 Pixel bei 458 ppi	1792 x 828 Pixel bei 326 ppi
Prozessor	A12 Bionic	A12 Bionic	A12 Bionic
Speicher	64 GB, 256 GB oder 512 GB	64 GB, 256 GB oder 512 GB	64 GB, 128 GB oder 256 GB
Maße und Gewicht	157,5 x 77,4 x 7,7 mm, 208 g	143,6 x 70,9 x 7,7 mm, 177 g	150,9 x 75,7 x 8,3 mm, 194 g
Kamera	12 Megapixel Dual, ƒ/1.8 bzw. ƒ/2.4, Porträtmodus mit Tiefenkontrolle, Smart HDR	12 Megapixel Dual, ƒ/1.8 bzw. ƒ/2.4, Porträtmodus mit Tiefenkontrolle, Smart HDR	12 Megapixel, ƒ/1.8, Porträtmodus mit Tiefenkontrolle, Smart HDR
Frontkamera	7 Megapixel TrueDepth, ƒ/2.2	7 Megapixel TrueDepth, ƒ/2.2	7 Megapixel TrueDepth, ƒ/2.2
Authentifizierung	Face ID	Face ID	Face ID
Besonderheit	Dual-SIM, IP 68	Dual-SIM, IP 68	Dual-SIM, IP 67
Preis	1249/1419/1649 Euro	1149/1319/1549 Euro	849/909/1019 Euro

gen Display sein muss, ist eine Geschmacksfrage, zumal der Aufpreis von 100 Euro den ohnehin schon stolzen Preis nur moderat erhöht. Preise von deutlich mehr als 1000 Euro und über 1300 Euro für die Version mit mehr als dem Standardspeicher verweisen das iPhone XS in den Bereich der Luxusartikel, für den rationale Argumente nicht mehr greifen. Das Hauptargument für das XS ist sicher dessen Kamera mit ihren Porträtfähigkeiten, die von den anderen iPhones nicht erreicht wird.

Vernünftig: iPhone XR

Wirklich viel gibt man nicht auf, wenn man 300 Euro spart und sich mit dem iPhone XR begnügt: Dass die Kamera nur eine Brennweite bietet und der Bildschirm nicht auf Force Touch reagiert, können viele verschmerzen. Das Display hat zwar weniger Pixel, ist aber etwas größer als das des iPhone XS und qualitativ über jeden Zweifel erhaben. Dass das Gehäuse ein wenig klo-

iPhone 8 Plus	iPhone 8	iPhone 7 Plus	iPhone 7
5,5 Zoll Retina HD Display	4,7 Zoll Retina HD Display	5,5 Zoll Retina HD Display	4,7 Zoll Retina HD Display
1920 x 1080 Pixel bei 401 ppi	1334 x 750 Pixel bei 326 ppi	1920 x 1080 Pixel bei 401 ppi	1334 x 750 Pixel bei 326 ppi
A11 Bionic	A11 Bionic	A10 Fusion	A10 Fusion
64 GB oder 256 GB	64 GB oder 256 GB	32 GB oder 128 GB	32 GB oder 128 GB
158,4 x 78,1 x 7,5 mm, 202 g	138,4 x 67,3 x 7,3 mm, 148 g	158,2 x 77,9 x 7,3 mm, 188 g	138,3 x 67,1 x 7,1 mm, 138 g
12 Megapixel Dual, ƒ/1.8 bzw. ƒ/2.8, Porträtmodus, Auto HDR	12 Megapixel, ƒ/1.8, Auto HDR	12 Megapixel Dual, ƒ/1.8 bzw. ƒ/2.8, Porträtmodus, HDR	12 Megapixel, ƒ/1.8, HDR
7 Megapixel FaceTime, ƒ/2.2	7 Megapixel FaceTime, ƒ/2.2	7 Megapixel FaceTime, ƒ/2.2	7 Megapixel FaceTime, ƒ/2.2
Touch ID	Touch ID	Touch ID	Touch ID
IP 67	IP 67	IP 67	IP 67
789/959 Euro	679/849 Euro	649/759 Euro	519/629 Euro

biger wirkt, fällt spätestens dann nicht mehr auf, wenn man es in einer Hülle verschwinden lässt. Das sollte man dem iPhone XR aber eigentlich nicht antun, denn während es die anderen nur in den eher langweiligen Finishes wie Grau, Silber oder Gold gibt, bekommt man das XR endlich mal in bunten Farben wie Blau oder Rot, die man nicht verstecken möchte.

Klassisch: iPhone 8

Nur rund 170 Euro spart, wer sich mit dem iPhone 8 begnügt, das dafür ja aber auch erst ein Jahr alt ist und womöglich der letzte Vertreter der klassischen iPhones mit Home-Taste und eckigem Display bleiben wird. Dass der A11-Prozessor etwas langsamer ist, wird man schon deswegen nicht bemerken, weil es praktisch keine Apps gibt, die diese Leistungen wirklich abrufen können. Das iPhone 8 Plus implementiert das Querformat sogar vollständiger und sauberer als das deutlich kostspieligere iPhone XS Max, zudem bietet es die Doppelkamera für Porträts.

Sparsam: iPhone 7

Mit Preisen ab gut 500 Euro wurde das iPhone 7 so günstig, dass preislich kein Raum mehr für das bisherige Einsteigermodell iPhone SE blieb. Doch man gibt auch einiges auf, denn gegenüber den heutigen Modellen kann man den langsameren Prozessor und das nicht ganz so kontrastreiche Display zumindest ahnen. Die Standardausstattung von 32 Gigabyte Speicher wird allmählich knapp, die 128-GB-Version frisst dann aber den Preisvorteil schon fast wieder auf. Ein praktischer Nachteil ist, dass man das iPhone 7 nicht drahtlos laden kann. Da fällt es tatsächlich nicht so leicht, das iPhone 7 noch zum Neukauf zu empfehlen, obwohl man dem gerade einmal zwei Jahre alten Design eigentlich nicht viel vorwerfen kann.

Es geht voran

Die charakteristische Bildschirmform und die Face-ID-Authentifizierung des iPhone X bekommen Sie entweder in Form des luxuriösen iPhone XS, des mondänen iPhone XS Max oder des

Arbeitspferds iPhone XR. Alle drei repräsentieren sowohl optisch wie auch im praktischen Gebrauch die moderne iPhone-Generation. Dem günstigeren Kaufpreis der weiterhin erhältlichen iPhone-7- und -8-Modelle steht mutmaßlich ein schnellerer Wertverlust entgegen, weil man ihnen sofort ansieht, dass sie nicht mehr ganz aktuell sind. Ob man allerdings den Luxuszuschlag für das iPhone XS bei einem späteren Verkauf zurückbekommt, darf man ebenfalls bezweifeln.

iPhone, iPad und Mac im Team

Apples Desktop- und Mobilsystem wachsen immer enger zusammen. Dadurch wird das iPhone zum verlängerten Arm des Macs, das iPad zum Arbeitsplatz für unterwegs. Innovative neue Apps und Funktionen, die auf einer Plattform vorgestellt werden, findet man wenig später auch auf der anderen. Unter dem Oberbegriff „Continuity" - im Deutschen Integration genannt - fasst Apple Funktionen für die Zusammenarbeit von macOS und iOS zusammen. Die Basis ist meistens iCloud. Es dient dem Datenaustausch und sorgt dafür, dass sich Geräte, auf denen das gleiche Konto eingerichtet ist, erkennen.

Gute Verbindung

Manchmal sind es die ganz einfachen Dinge, die einem am meisten helfen. Ein Beispiel dafür ist die mit macOS Sierra eingeführte iCloud-basierte Zwischenablage, die Copy-and-paste zwischen Ihrem Mac und iOS-Gerät erlaubt. In Mojave kommt jetzt die Kamera-Übergabe hinzu. Sie ermöglicht, ein Foto mit dem iPhone oder iPad aufzunehmen und direkt in eine Mac-App zu importieren.

Ebenfalls praktisch ist die Synchronisierung von Schreibtisch und Dokumenten über iCloud, die nicht nur die Arbeit mit mehreren Macs erleichtert. Da die Ordner auf dem iCloud Drive liegen, haben Sie auch von iPhone und iPad aus über die iOS-App Dateien Zugriff. Ein einfaches Konzept, um seine Dokumente überall verfügbar zu machen. Voraussetzung ist allerdings ein ausreichend großer iCloud-Account.

Mittlerweile spielt dann auch noch die Apple Watch im Team mit. Neben der Anbindung an Telefon und Nachrichten des iPhone kann sie auch zum automatischen Entsperren des Mac benutzt werden. Die Funktion wird in den Systemeinstellungen von macOS unter „Sicherheit > Allgemein“ aktiviert.

Dateitransfer per AirDrop

Mit AirDrop bietet Apple eine Funktion für die einfache Übertragung von Dateien zwischen zwei Geräten an. Im Gegensatz zu klassischen Freigaben erfordert AirDrop praktisch keine Konfiguration, nicht einmal ein gemeinsames lokales Netzwerk. Die Geräte erkennen sich über Bluetooth und stellen dann eine direkte Wi-Fi-Verbindung (Peer-to-Peer) zwischen den beiden Geräten her. So können Sie unkompliziert Dateien übertragen, ohne auf ein lokales WLAN oder einen Server angewiesen zu sein. Das macht die neue Fotoimportfunktion übrigens auch so.

Die Suche per Bluetooth spart Strom und begrenzt die Reichweite. Zur Sicherheit muss man dem Empfang der Dateien jeweils noch zustimmen.

Die Zwischenablage basiert bereits seit macOS Sierra und iOS 10 auf iCloud. Sie erlaubt Copy-and-paste zwischen stationären und mobilen Geräten.

Workshop: Foto-Import vom iPhone mit der neuen Kamera-Übergabe

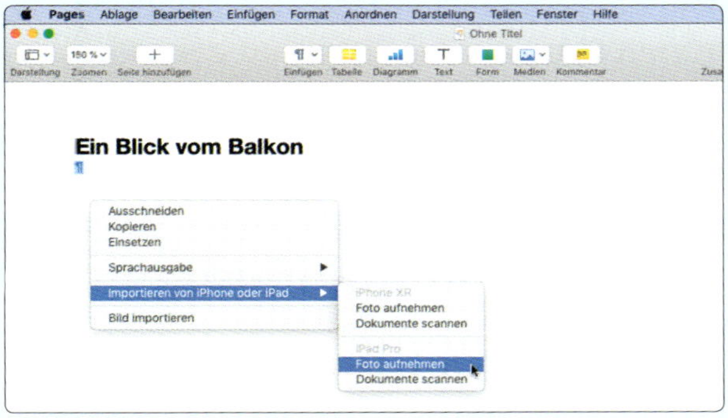

1 Aufnahme am Mac starten

Die Importfunktion finden Sie unter dem Namen Ihres iPhone oder iPad im Kontextmenü oder je nach App im Menü Ablage oder Einfügen. Wir benutzen hier Pages. Wählen Sie den Befehl „Foto aufnehmen" auf dem Mac.

2 Bild mit dem iPhone aufnehmen

Das iOS-Gerät muss in Bluetooth-Reichweite liegen, WLAN muss aktiv sein. Der Befehl weckt das Gerät und öffnet die Kamera-App. Haben Sie das Foto gemacht, schicken Sie es mit „Foto benutzen" zum aufrufenden Mac.

3 Bild in Dokument einfügen

Das Foto erscheint nun direkt im aktuellen Dokument in Pages. Es wird nicht auf dem iPhone oder iPad gespeichert. Die Funktion „Dokument scannen" erkennt übrigens Textdokumente und begradigt sie vor dem Import.

Gerätewechsel mit Handoff

Eine tolle Möglichkeit, ein Dokument zu öffnen und dann an einem anderen Gerät daran weiterzuarbeiten, bietet Handoff. Die Funktion dient der automatischen Übergabe des aktuellen Zustands, nicht dem parallelen Öffnen auf mehreren Geräten. So kann man zum Beispiel eine E-Mail auf dem iPhone anfangen und, wenn man merkt, dass der Text doch länger wird, auf dem iPad oder Mac zu Ende schreiben. Oder man öffnet unterwegs unter iOS eine Webseite und übergibt diese dann zu Hause an Safari auf dem Mac. Natürlich funktioniert auch der umgekehrte Weg zum iPhone oder iPad, wenn man losgeht und schnell etwas mitnehmen will.

Viele der von Apple mitgelieferten Apps sind auf beiden Systemen zu Hause und unterstützen Handoff. Dazu gehören neben den bereits genannten auch Nachrichten, Notizen und Karten oder die iWork-Programme. Die Aktivierung von Handoff erfolgt sowohl unter Mojave als auch iOS im Einstellungsbereich „Allgemein". Außerdem muss auf beiden Geräten die gleiche iCloud-ID eingetragen sein, damit die Übergabe funktioniert.

Zugriff auf Telefon & SMS

Wenn Sie das iPhone bei der Arbeit nicht ständig neben sich liegen haben, sondern es eher auf dem Wohnzimmertisch oder in der Jacke an der Garderobe bleibt, profitieren Sie von der Telefon- und SMS-Integration. Schalten Sie die Funktion auf dem iPhone in den Einstellungen für Telefon und Nachrichten ein, erscheint auf Mac oder iPad eine Mitteilung, wenn am iPhone ein Anruf eingeht. Sie können ihn annehmen und über Mikrofon und Lautsprecher führen. Sie können ihn auch wieder an das iPhone zurück übergeben. Umgekehrt lässt sich auch aus dem Mac-Adressbuch oder Nachrichten ein Kontakt via iPhone anrufen.

Die gleiche Funktion integriert die gute alte SMS übergreifend in die Nachrichten. Die SMS befindet sich zwar auf dem Rückzug, aber so ganz darauf verzichten kann man eben doch nicht. Per SMS erreicht man auch Personen zuverlässig, die kein Smartphone nutzen oder gerade

Mac-Hardware

Die Integrationsfunktionen arbeiten auf den meisten Macs ab Vorstellungsjahr 2012. Hat der Mac einen 5-GHz-fähigen WLAN-Chip, sollte auch die Verbindung zwischen Mac und iOS-Geräten funktionieren.

Workshop: Foto-Import vom iPhone mit der neuen Kamera-Übergabe

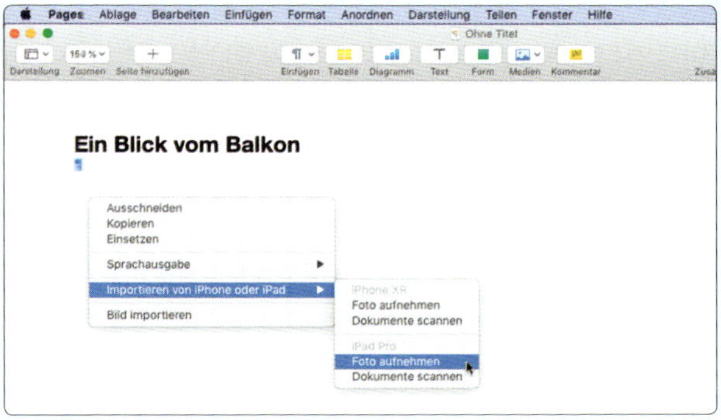

1 Aufnahme am Mac starten

Die Importfunktion finden Sie unter dem Namen Ihres iPhone oder iPad im Kontextmenü oder je nach App im Menü Ablage oder Einfügen. Wir benutzen hier Pages. Wählen Sie den Befehl „Foto aufnehmen" auf dem Mac.

2 Bild mit dem iPhone aufnehmen

Das iOS-Gerät muss in Bluetooth-Reichweite liegen, WLAN muss aktiv sein. Der Befehl weckt das Gerät und öffnet die Kamera-App. Haben Sie das Foto gemacht, schicken Sie es mit „Foto benutzen" zum aufrufenden Mac.

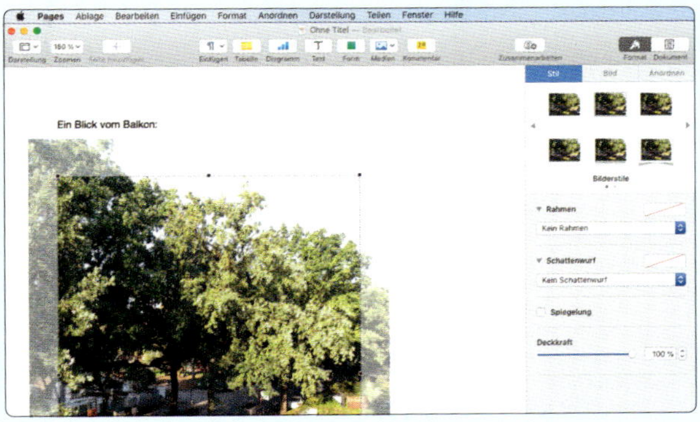

3 Bild in Dokument einfügen

Das Foto erscheint nun direkt im aktuellen Dokument in Pages. Es wird nicht auf dem iPhone oder iPad gespeichert. Die Funktion „Dokument scannen" erkennt übrigens Textdokumente und begradigt sie vor dem Import.

SMS

In den Einstellungen für Nachrichten können Sie auf dem iPhone die SMS-Weiterleitung an andere Geräte anschalten, die mit Ihrem iMessage-Konto verbunden sind. Aktivieren Sie ein Gerät das erste Mal, müssen Sie zur Sicherheit einen darauf erscheinenden Bestätigungscode auf dem iPhone eingeben.

keine Internetverbindung haben. Inzwischen lassen sich die Verläufe der Nachrichten-Apps komplett synchronisieren, was ein deutlicher Komfortgewinn ist.

Internet mitbenutzen

Wer mit dem MacBook oder einem Wi-Fi-iPad unterwegs ist, kann über sein iPhone (oder ein iPad mit SIM-Karte) ins Internet gehen. Dafür stellt iOS die Funktion „Persönlicher Hotspot" bereit. Sie erzeugt ein WLAN mit dem Namen des Gerätes als Netz-ID. Das WPA-2-Passwort finden Sie in den iOS-Einstellungen für den persönlichen Hotspot. Eine zweite Möglichkeit nennt Apple „Instant Hotspot". Sie kommt ohne dauerhafte manuelle Aktivierung des Hotspots aus, was Strom spart. Ist auf beiden Geräten die gleiche iCloud-ID eingetragen und Bluetooth aktiv, erscheint der persönliche Hotspot von selbst in der WLAN-Auswahl. Sie können ihn auswählen und die Datenverbindung mitbenutzen. Dabei verbinden sich die Geräte automatisch, ohne dass Sie das WLAN-Passwort eingeben.

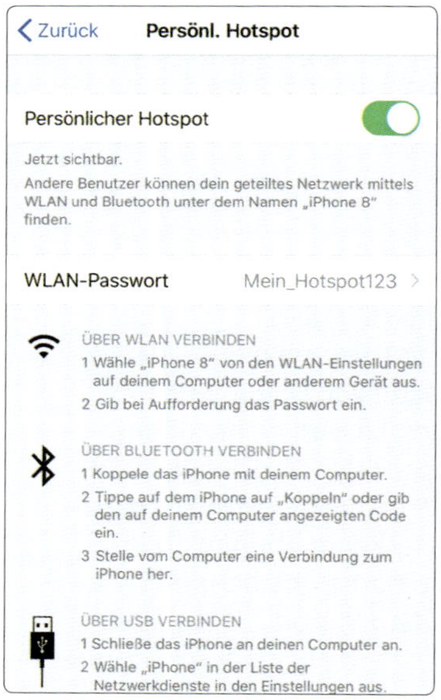

Aktivieren Sie „Persönlicher Hotspot" auf dem iPhone oder iPad, steht dessen WLAN auf Ihrem Mac ohne Passworteingabe zur Verfügung, wenn beide die gleiche iCloud-ID haben.

Workshop: Gemeinsamer Zugriff auf iCloud Drive von Mac, iPad und iPhone

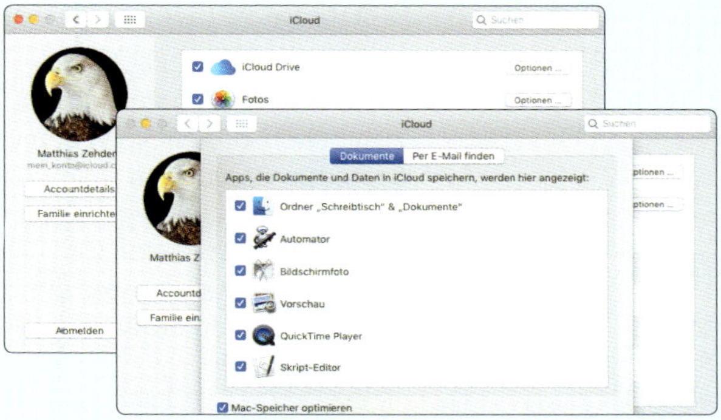

1 iCloud Drive in den Einstellungen

Melden Sie sich auf dem Mac bei iCloud in der gleichnamigen Systemeinstellung an und schalten Sie iCloud Drive an. Klicken Sie rechts daneben auf „Optionen“, um einzelne Programme zu wählen, die den Dienst nutzen dürfen.

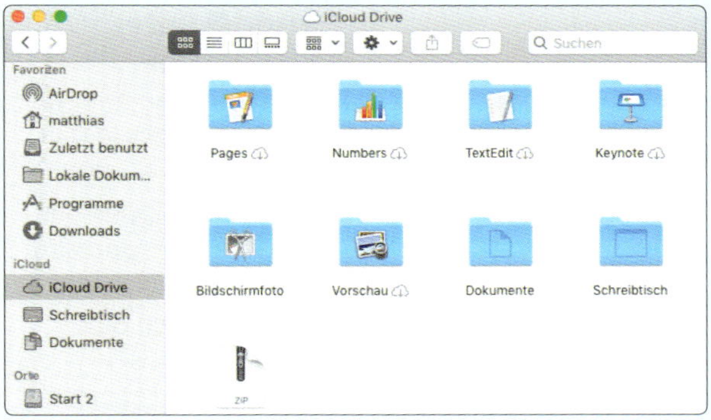

2 iCloud Drive im Finder inspizieren

Wählen Sie nun in der Seitenleiste „iCloud Drive“, Kurzbefehl [cmd]+[shift]+[I]. Sie sehen die Ordner der Programme, können aber auch Objekte hierherkopieren. Der Mac synchronisiert den Inhalt mit iCloud auf andere Geräte.

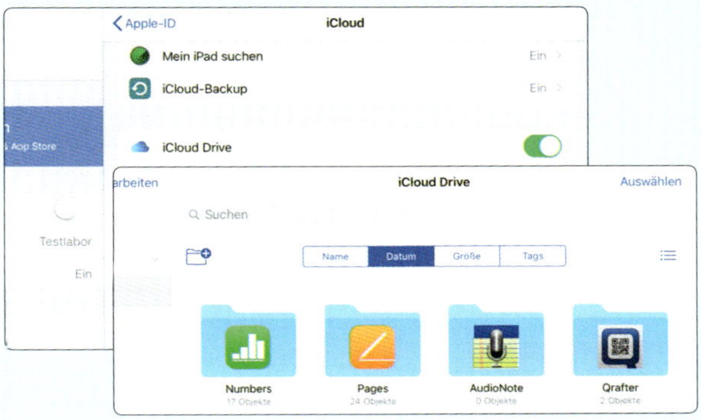

3 iCloud Drive auf dem iPad

Auf einem iOS-Gerät melden Sie sich mit der gleichen iCloud-ID an. „iCloud Drive“ muss in den iCloud-Einstellungen aktiv sein. Jetzt haben Sie über die App Dateien Zugriff auf Ihr iCloud Drive und können die Ordner einsehen.

Workshop: Offene Dokumente per Handoff zwischen Geräten übergeben

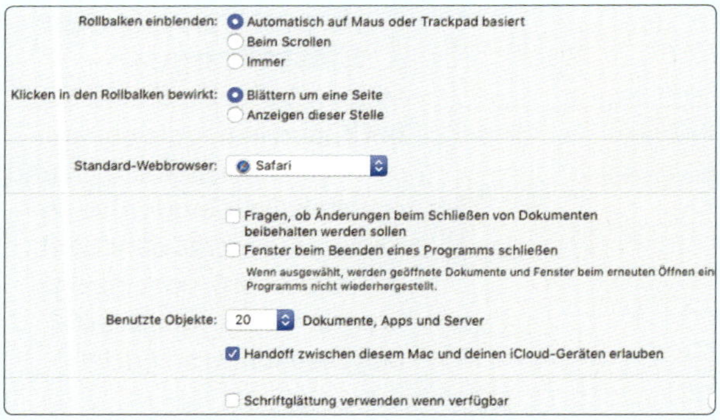

1 Handoff auf dem Mac aktivieren

Um Handoff auf dem Mac einzuschalten, öffnen Sie in den Systemeinstellungen „Allgemein“. Dort aktivieren Sie fast ganz unten die Option für Handoff. Zusätzlich muss auf allen beteiligten Geräten Bluetooth aktiv sein.

2 Handoff unter iOS einschalten

Auf iPhone und iPad finden Sie Handoff ebenfalls in den allgemeinen Einstellungen (im Bild: iPhone). Tippen Sie darin auf „Handoff“, und aktivieren Sie die Funktion. Auch hier muss zusätzlich Bluetooth aktiviert sein.

3 App mit Handoff nutzen

Arbeiten Sie nun aktiv in einer kompatiblen App, hier zum Beispiel Pages auf dem iPhone, so wird dies auf allen Geräten in Reichweite, auf denen Handoff und die gleiche iCloud-ID aktiv sind, automatisch angezeigt.

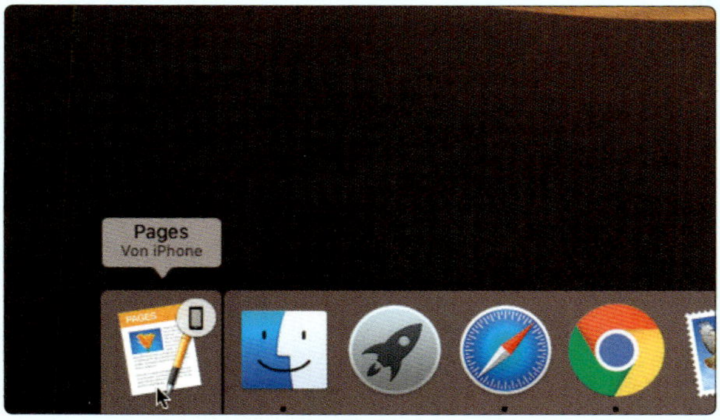

4 Dokument am Mac übernehmen

Auf dem Mac erscheint links im Dock (oben bei seitlicher Anordnung) das Symbol der Handoff-App. Fahren Sie mit dem Mauszeiger darauf, zeigt macOS App-Name und Gerät. Klicken Sie darauf, um die Arbeit am Mac fortzusetzen.

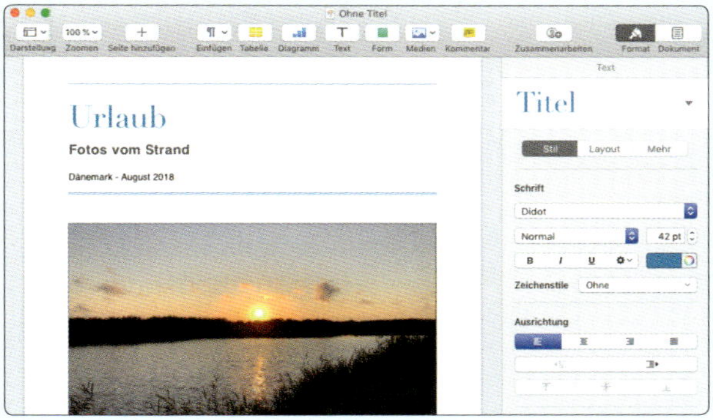

5 Auf dem Mac weiterarbeiten

macOS öffnet die App und zeigt das Dokument. Den Text in Pages können Sie an der gleichen Stelle weiterschreiben. In den meisten Apps wird das Dokument dabei auf dem ursprünglichen Gerät geschlossen.

6 Handoff auf dem iPhone oder iPad

Die Übergabe offener Dokumente per Handoff funktioniert natürlich auch umgekehrt vom Mac zum iPhone oder iPad. Das iPhone zeigt eine Handoff-App unten im App-Umschalter, das iPad unter iOS 12 rechts im Dock.

Workshop: Zu Hause telefonieren mit Mac und iPhone

1 Anrufe auf Mac und iPad erlauben

Telefoniert wird auf dem Mac über FaceTime. Starten Sie Letzteres, um in dessen Einstellungen „Anrufe vom iPhone" für die Annahme von Mobilfunkgesprächen zu aktivieren. Auf dem iPad finden Sie die Option ebenfalls in den FaceTime-Einstellungen

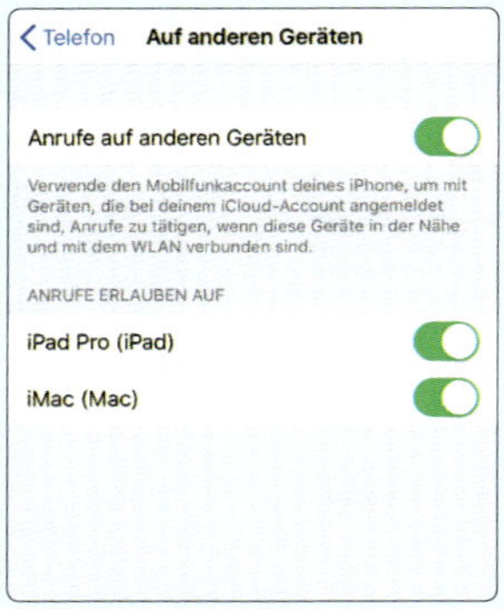

2 Anrufe auf andere Geräte leiten

Auf dem iPhone wählen Sie in den Einstellungen für „Telefon > Auf anderen Geräten", welche mit Ihrer iCloud-ID verknüpften Geräte telefonieren dürfen. Bluetooth und WLAN müssen dafür auf allen beteiligten Geräten aktiv sein.

3 Anrufe auf dem Mac annehmen

Sind Mac und iPhone konfiguriert, erscheint bei eingehenden Anrufen parallel zum iPhone selbst eine Mitteilung auf dem Mac (oberes Bild). Mit „Annehmen" stellen Sie die Verbindung her und können mit dem Anrufer sprechen.

4 Gespräche aufs iPhone holen

Solange die Verbindung über den Mac besteht, zeigt das iPhone in einem grünen Statusbalken die Gesprächsdauer. Tippen Sie einfach auf den Balken, um das Gespräch vom Mac wieder zurück auf das iPhone zu holen.

5 Mitteilungen für Anrufe anpassen

In den Einstellungen können Sie die Mitteilungen von FaceTime über neue Anrufe anpassen. Wählen Sie „Hinweise", damit die Info für verpasste Anrufe auf dem Bildschirm stehen bleibt. Das gilt auch für iPhone-Anrufe und funktioniert auf dem iPad analog.

6 Telefonieren aus Programmen

Sie können auch auf dem Mac aus den Programmen Kontakte oder Nachrichten (im Bild) neue Gespräche starten. Klicken Sie auf das Hörersymbol, können Sie eine Nummer aufrufen und direkt vom iPhone wählen lassen.

7

iOS in der Praxis

Die besten Ratschläge erteilt wie immer die Praxis, und auf den nächsten Seiten geht es darum, wie Sie im Alltag mehr aus Ihrem iPad holen können. Wir beschäftigen uns damit, was SIe brauchen, um das iPad als Notebook-Ersatz zu nutzen. Dazu zeigen wir, wie Sie die Multitasking-Funktionen nutzen und mit mehreren Apps parallel arbeiten können. Außerdem liefern wir noch viele wertvolle Anleitungen, die den täglichen Umgang mit dem iPad einfacher und produktiver machen.

Das iPad als Notebook-Ersatz

Es muss nicht immer ein iPad Pro sein, wenn es darum geht, einen leistungsfähigen Arbeitsplatz für unterwegs zu schaffen. Für die üblichen Dinge wie Surfen, Mail, Office-Aufgaben und den flexiblen Datenaustausch mit anderen reicht auch ein normales iPad. In der „Wi-Fi und Cellular“-Version kann das iPad sogar mit dem eigenen Mobilfunkchip online gehen. Wenn Sie parallel ein iPhone nutzen, ist dessen persönlicher Hotspot aber meist die günstigere Möglichkeit, schnell und einfach ins Internet zu kommen.

Komplette Ausstattung

Das wichtigste Zubehör, dass unterwegs gebraucht wird, ist gewöhnlich eine Tastatur. Um das Schreiben von Texten kommt man kaum herum, und mit einer externen Tastatur geht das einfach viel komfortabler und schneller als mit der eingeblendeten Bildschirmtastatur - vor allem bei größeren Textmengen geht es einfach nicht ohne.

Bei der Akkulaufzeit ist das iPad den meisten Notebooks ohnehin schon haushoch überlegen. Mit einer USB-Powerbank lässt sich die netzunabhängige Arbeitszeit bei Bedarf einfach und effektiv vergrößern.

Die richtigen Apps für alle Fälle

Apples Software-Ausstattung lässt für den Normalanwender kaum Wünsche offen. Safari, Mail und Nachrichten stellen wie auf dem Rechner die Verbindung zur Außenwelt her. Dazu gibt es kostenlos die Office-Apps Pages, Numbers und Keynote. Mit Fotos, iMovie und Garage Band ist das iPad auch im kreativen Bereich ohne zusätzliche Kosten auf einem Niveau versorgt, das vielen Nutzern bereits völlig ausreichen dürfte. Und für die Unterhaltung ist mit der TV-App, Musik und dem Zugang zu Apples Stores ebenfalls gesorgt.

Arbeit in Gruppen

Wer im Team arbeitet, wird auch dabei von iOS unterstützt. Zum einfachen Datenaustausch über das Netzwerk gibt es Gruppenfunktionen in vielen Apps, die gern übersehen werden. Sie können einen Kalender, eine Notiz oder Erinnerungsliste anlegen und andere Nutzer dazu einladen. Letztere müssen ebenfalls iOS-Geräte oder Macs nutzen und ein iCloud-Konto haben. Die Einträge werden dann automatisch zwischen den beteiligten Geräten synchronisiert.

App-Paket

Für Kommunikation, die üblichen Office-Aufgaben und die Arbeit mit Medien ist das iPad bestens gerüstet.

Top-Apps fürs Büro

Die iWork-Apps von Apple können jederzeit kostenlos aus dem App Store geladen werden und stellen bereits eine sehr umfangreiche Grundausstattung für die Arbeit mit Texten, Tabellen und Präsentationen dar. Sie eignen sich für fast alles, was üblicher-

Workshop: Dokumente anlegen und bearbeiten mit Pages & Co.

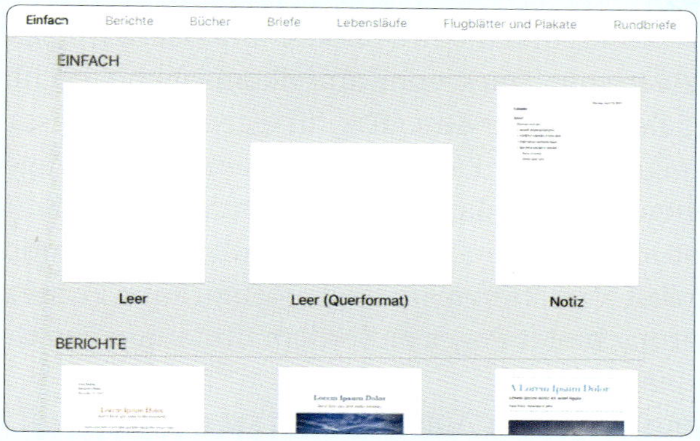

1 Vorlage für neues Dokument wählen

Alle iWork-Apps folgen dem gleichen Prinzip, das wir am Beispiel von Pages zeigen. Zum Anlegen eines neuen Dokuments wählen Sie eine Vorlage. Die Auswahl reicht vom leeren Blatt über Briefe, Lebensläufe bis zu Büchern.

2 Dokument mit Pages bearbeiten

Im geöffneten Dokument wählen Sie Elemente aus und füllen sie mit Ihren Texten und anderen Inhalten, formatieren oder ersetzen sie. Pages bietet umfangreiche Funktionen für Formatierungen, Absatzstile und vieles mehr.

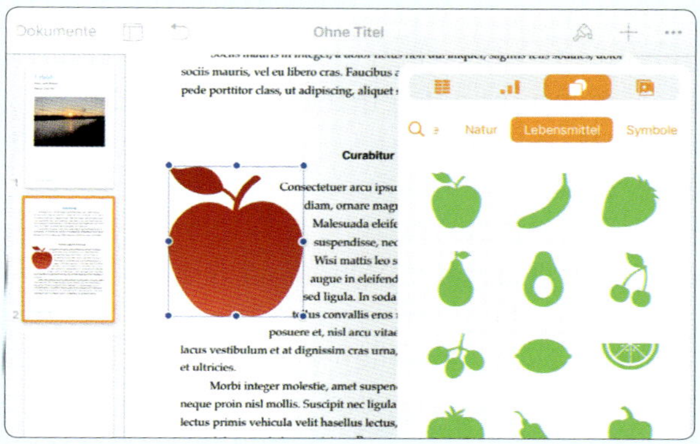

3 Neue Inhalte hinzufügen

Über die Plustaste fügen Sie weitere Elemente hinzu. Zur Auswahl gehören Tabellen, Businessgrafiken, eine große Bibliothek an Objekten aus Natur und Technik sowie Fotos, Videos und Audioaufnahmen.

weise so im Büro oder im privaten Bereich anfällt. Außerdem zeichnen Sie sich durch eine einfache Bedienung aus.

Ein Prinzip, das sowohl Pages, Numbers und Keynote verfolgen, ist die Arbeit mit Vorlagen. Apple liefert für alle eine umfangreiche Bibliothek mit Musterdokumenten mit. Diese lassen sich ganz einfach öffnen und ausfüllen oder anpassen. Apples Vorlagen sind zwar sehr stark vom amerikanischen Geschmack geprägt, aber als Basis oder Anregung für eigene schön gestaltete Dokumente eignen sie sich allemal. So lassen sich mit Pages im Handumdrehen Briefe, Einladungen oder umfangreiche Berichte erstellen. Natürlich können Sie auch bei Null anfangen und das Dokument selbst formatieren. Im Gegensatz zu einer klassischen Textverarbeitung bietet Pages außerdem umfangreiche Gestaltungsfunktionen.

Eine andere Stärke der Apps ist, dass sie nicht nur auf dem iPad, sondern auch auf iPhone und Mac bereitstehen. Die Dokumente sind vom Format kompatibel und lassen sich über Ihr iCloud-Konto abgleichen. So können Sie unterwegs auf dem iPad anfangen und daheim am Mac weiterarbeiten. Sie können auch Dokumente teilen und gemeinsam daran arbeiten.

Wichtige Alternativen

Die Grenzen von Pages & Co. erreicht man gewöhnlich dann, wenn man das Apple-Universum verlässt und sich an ein bestehendes Team anpassen muss. Apples Apps können zwar Microsoft-Office-Dokumente öffnen oder exportieren, aber das ist mehr für den Ausnahmefall gedacht. Um wirklich mit anderen regelmäßig Dokumente auszutauschen und mit ihnen zusammenzuarbeiten, braucht man auch auf dem iPad die Original-Apps. Hierfür bietet Microsoft verschiedene Lizenzmodelle an. Die Familienlizenz Office 365 Home erlaubt zum Beispiel für 99 Euro im Jahr (oder 10 Euro/Monat) die Nutzung auf sechs Geräten mit iOS, Android, macOS oder Windows. Das reicht für die ganze Familie.

Die zweite wichtige Alternative sind Google Docs, Tabellen und Präsentationen. Die Apps fallen zwar etwas schlichter aus und können bei den Gestaltungsmöglichkeiten nicht mit den anderen mithalten. Dafür liegt ihre Stärke in flexiblen Freigabemöglichkeiten und der Zusammenarbeit in einem Team. Das

Pages & Co

Für Apples Apps sprechen die guten Vorlagen, einfache Bedienung und die geräteübergreifende Nutzung.

gleichzeitige Arbeiten an Dokumenten klappt prima, dazu gibt es Kommentare und viele andere nützliche Funktionen für Teams. Ein Browser und das Google-Konto reichen im Zweifel, um von überall mitarbeiten zu können.

Dokumente weitergeben

Zwischen den eigenen Geräten tauschen Sie Dokumente am einfachsten über iCloud Drive. Da dort Ihre Apple ID eingetragen ist, haben alle Zugriff auf die Daten. Geht es um den Austausch mit Dritten, müssen Sie andere Wege gehen.

Direkter Austausch

Als einfache Lösung hat Apple AirDrop entwickelt. Ist AirDrop aktiv, finden sich die Geräte ohne weitere Konfiguration per Bluetooth, was die Reichweite begrenzt, und stellen dann eine direkte WLAN-Verbindung her. Es muss also kein lokales WLAN geben, in dem beide Geräte angemeldet sind. Zur Sicherheit muss der Empfang von Dateien per AirDrop auf dem Zielgerät bestätigt werden. Der Nachteil von AirDrop ist, dass es nur auf iOS-Geräten und Macs zur Verfügung steht.

Flexibler und millionenfach bewährt ist der Versand von Dateien als Mailanhang oder etwas moderner per Nachrichten. Zugrunde liegt beiden die Weitergabe eines Dokuments aus einer iOS-App über die Funktion Teilen. Sie wird normalerweise durch ein Dokumentsymbol mit einem Pfeil nach oben symbolisiert. Nach dem Aufruf kann eine App oder ein Dienst ausgewählt werden, an den das Dokument übergeben wird. Das kann AirDrop sein, Mail, Nachrichten oder Whatsapp, aber auch ein externer Cloud-Dienst wie Dropbox. So können Sie sich flexibel an die Gegenstelle anpassen.

Wenn Sie einen Cloud-Dienst für den Datenaustausch nutzen wollen, kann auch die App Dateien helfen. Die unterstützt neben Apples iCloud Drive nämlich auch andere Dienste, wie Dropbox, Amazon oder Google Drive. Haben Sie zum Beispiel mit jemandem einen Dropbox-Ordner geteilt, können Sie Ihre Dokumente ganz einfach mit Dateien dort hineinlegen.

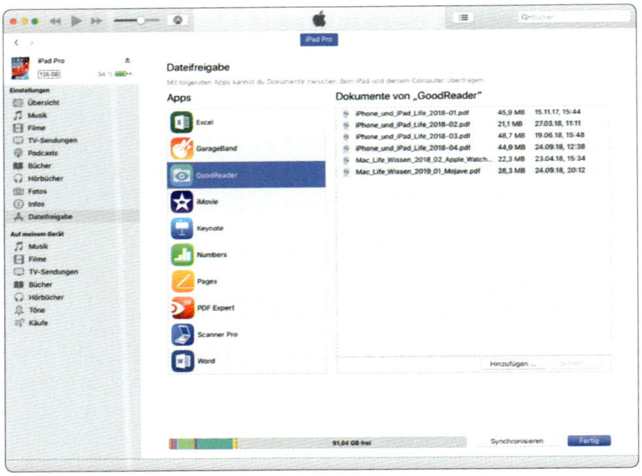

Mithilfe von iTunes und einem USB-Kabel lässt sich ein iPad oder iPhone wie ein großer USB-Stick nutzen.

Noch zwei Klassiker

Steht Ihnen und Ihren Partnern ein Fileserver zur Verfügung, können Sie diesen ebenfalls für den Austausch nutzen. Hierfür benötigen Sie allerdings eine zusätzliche App wie zum Beispiel Goodreader. Sie unterstützt gängige Serverprotokolle, unter anderem AFP-, SMB-, Webdav- und (S)FTP. Richten Sie einen Ordner auf dem Server ein, auf den alle Beteiligten zugreifen können, und legen Sie gemeinsame Dokumente dort ab.

Zu guter Letzt sollten Sie auch die direkte Verbindung über iTunes nicht vergessen. Schließen Sie das iPad per USB-Kabel an einen Mac oder Windows-PC an, und wählen Sie es im Gerätemenü von iTunes aus. Nun können Sie auf die Freigabeordner der iOS-Apps zugreifen. Dafür muss das iPad nicht mit dem Rechner synchronisiert werden. Hat die von Ihnen genutzte App keinen eigenen Freigabeordner, übergeben Sie das Dokument zuerst auf dem iPad via Teilen an eine geeignete App.

PDF: Das Austauschformat

Viele Informationen, die früher gedruckt wurden, erhält man heute im PDF-Format. Das gilt besonders für Handbücher und Datenblätter. Im Grunde ist es auch viel praktischer. Die PDFs nehmen keinen Platz weg, lassen sich einfach sammeln und bei Bedarf schnell durchsuchen. Umgekehrt können Sie auch PDFs von Ihren iWork-Dokumenten erzeugen und weitergeben, damit sie unabhängig von Apps und System lesbar sind.

Dokumente sammeln

Ob sie PDFs nun per Mail bekommen oder mit Safari von einer Webseite laden, der beste Ort, um sie zentral zu sammeln, ist

Workshop: Dokumente vom iPad an andere weitergeben

1 AirDrop empfangsbereit machen

Um AirDrop anzuschalten, öffnen Sie das Kontrollzentrum. Ist das AirDrop-Symbol blau, ist es aktiv. Zur Konfiguration tippen Sie darauf. Sie können es aus- und für Kontakte oder jedermann anschalten.

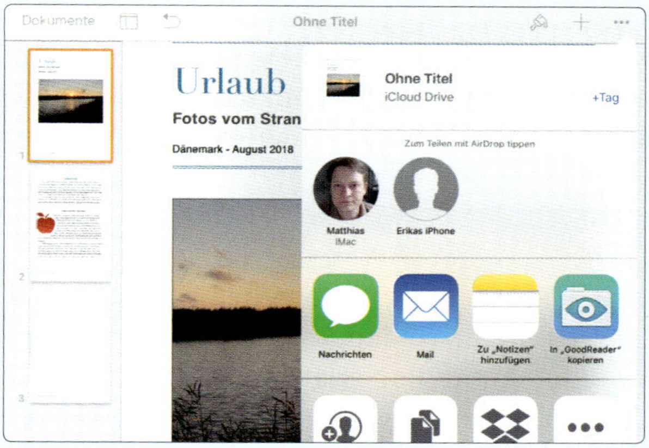

2 Dokumente mit anderen teilen

Für den Export wählen Sie in einer App „Teilen“, in Pages zum Beispiel indem Sie oben rechts auf die drei Punkte tippen. Sie können dann AirDrop-Partner und darunter Apps und Dienste als Ziel wählen.

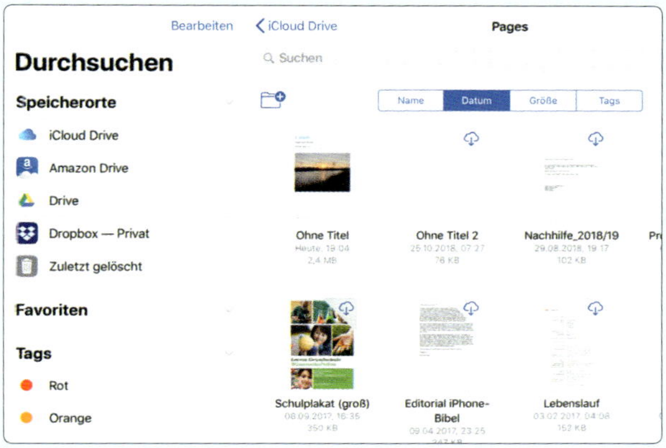

3 Speicherort in Dateien ändern

Um in der App Dateien ein Dokument auf einen Cloud-Dienst zu laden, wählen Sie oben rechts „Auswählen“, markieren die Datei und tippen unten auf „Bewegen“. Wählen Sie dann den neuen Speicherort in der App.

gewöhnlich die Bücher-App. Sie kann PDFs sortieren, in Gruppen organisieren und natürlich auch relativ bequem anzeigen. Dabei können Sie Lesezeichen und Kommentare anlegen. Außerdem kann Bücher seine Sammlung auf iCloud laden, um Sie über Ihre Geräte zu synchronisieren. Das funktioniert wie bei Einkäufen aus Apples iOS-Stores, das heißt, die PDFs werden zunächst nur angezeigt. Wenn Sie etwas lesen wollen, laden Sie es von iCloud herunter. Erst dann belegt es lokalen Speicher auf dem Gerät.

Alternativ können Sie Ihre PDF-Sammlung natürlich auch woanders speichern, zum Beispiel auf einem anderen Cloud-Dienst. Auch hierfür ist Dropbox wieder ein guter Tipp, da es von vielen Apps direkt unterstützt wird. So können Sie beispielsweise alle PDFs in einem Ordner auf Dropbox sammeln und mit Goodreader darauf zugreifen. Die App ist nämlich auch ein sehr guter PDF-Reader, woher sie auch ihren Namen hat. Sie kommt auch mit sehr großen PDFs klar und erlaubt zahlreiche Markierungen und Auszeichnungen in den Dokumenten, die auch mit dem verbreiteten Acrobat Reader von Adobe kompatibel sind.

PDFs erzeugen

Die iWork-Apps können PDFs einfach beim Export erstellen, wenn Sie eine nicht mehr veränderbare Form des Dokuments weitergeben wollen. Außerdem erlaubt Safari das Sichern von Webseiten als PDF, wobei allerdings einige Einschränkungen gelten. Je nach Programmierung der Seite lassen sich eventuell nicht alle Bilder einbinden. Manchmal gehen auch Formatierungen verloren.

Eine weitere praktische Möglichkeit ist der Export von Notizen aus der gleichnamigen App, vor allem in Verbindung mit der Nutzung der Kamera als integriertem Dokumentscanner. Es lohnt sich, hier etwas herumzuprobieren.

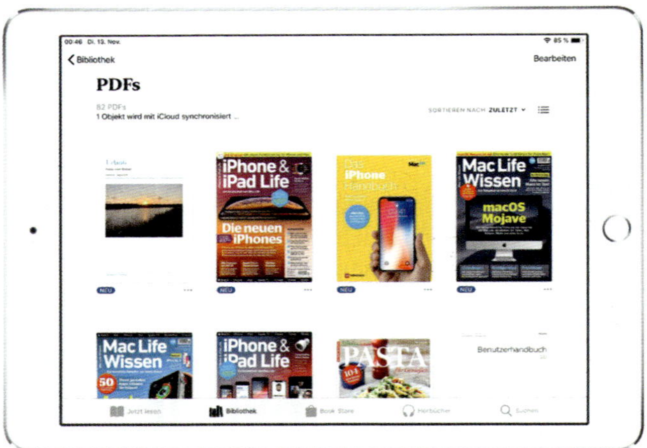

Bücher dient unter iOS als zentrale App zum Sammeln und Lesen von PDF-Dateien.

Workshop: PDF-Dateien in iWork-Apps und Safari erstellen

1 Dokumente aus Pages exportieren

iWork-Apps, hier Pages, können auch PDF-Dateien Ihrer Dokumente erzeugen. Dafür tippen Sie oben rechts auf die drei Punkte, um das Menü zu öffnen. Darin wählen Sie den Befehl „Exportieren".

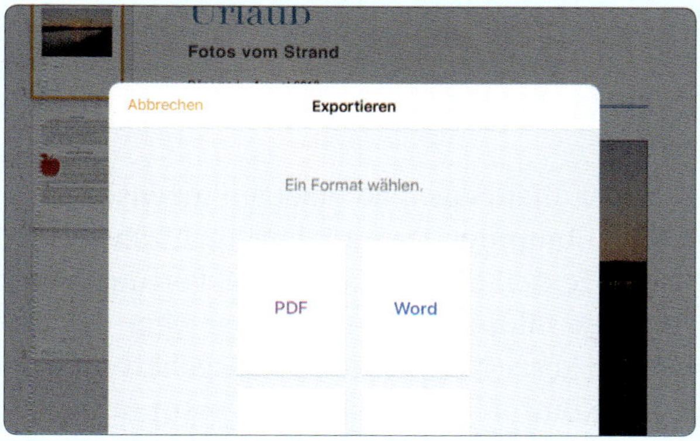

2 PDF erzeugen und in Bücher sichern

Nun können Sie PDF als Exportformat wählen. Im nächsten Schritt wählen Sie „In Bücher kopieren", um das PDF in der Bücher-App zu sichern. Mit „PDF erstellen" können das PDF vor dem Sichern ansehen.

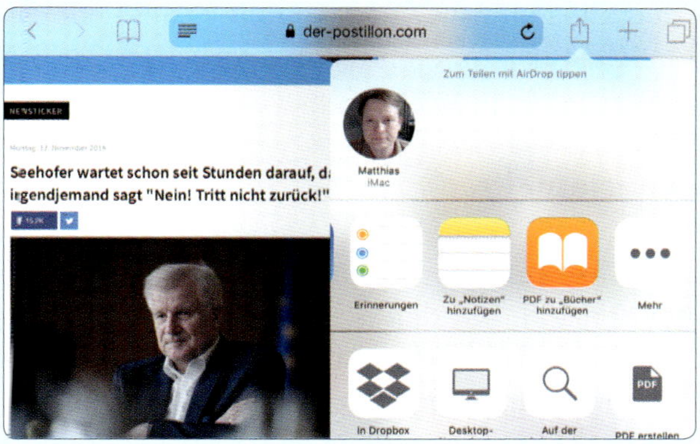

3 Webseite als PDF-Datei speichern

Um in Safari eine Seite als PDF zu sichern, tippen Sie in der Befehlsleiste auf das „Teilen"-Symbol. Auch hier können Sie das PDF direkt Bücher hinzufügen oder erst das PDF erstellen und überprüfen.

Schneller tippen, leicht gemacht

Das iPhone und vor allem das iPad ersetzen inzwischen in vielen Bereichen den Computer. Damit fallen auch zahlreiche Aufgaben an, die mit Texten zu tun haben. iOS verfügt zwar über eine sehr brauchbare Bildschirmtastatur, aber wenn es über einfache Eingaben und kurze Nachrichten hinausgeht, vermisst man doch schnell den Komfort einer echten Tastatur in gewohnter Größe und mit ordentlichem Tastengefühl. Briefe und längere Texte gehen den meisten Anwendern damit wesentlich leichter von der Hand. Selbst das morgendliche Abarbeiten der E-Mails geht schneller.

Die passende Tastatur

Bei der Wahl der Tastatur kommt es auf die Geräte an, mit denen sie benutzt werden soll. Mit den iPad-Pro-Modellen hat Apple den Smart Connector eingeführt. Der sorgt für eine besonders komfortable Verbindung, da man die Tastatur einfach anklippt. Die seitlichen Kontakte sorgen gleichzeitig für die Strom- und Datenverbindung, während Magnete die Tastatur an Ort und

Workshop: Bluetooth-Tastatur mit dem iPad verbinden

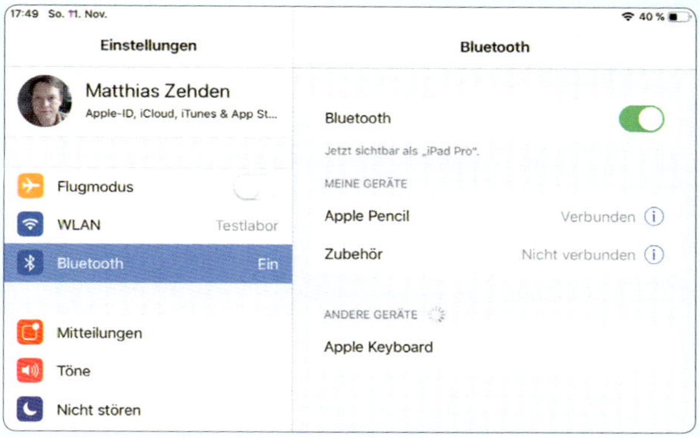

1 Anmeldung vorbereiten

Im Gegensatz zu Keyboards mit Smart Connector müssen Sie Bluetooth-Modelle zunächst am iOS-Gerät anmelden. Dazu öffnen Sie dessen Bluetooth-Einstellungen und schalten Bluetooth und die Tastatur an.

2 Verbindung zur Tastatur herstellen

Es folgt das „Pairing“. Wählen Sie die Tastatur unter „Andere Geräte“ aus. iOS fordert Sie nun auf, auf der Tastatur einen vierstelligen Code einzugeben. So stellt iOS sicher, dass Sie auch das richtige Gerät anmelden.

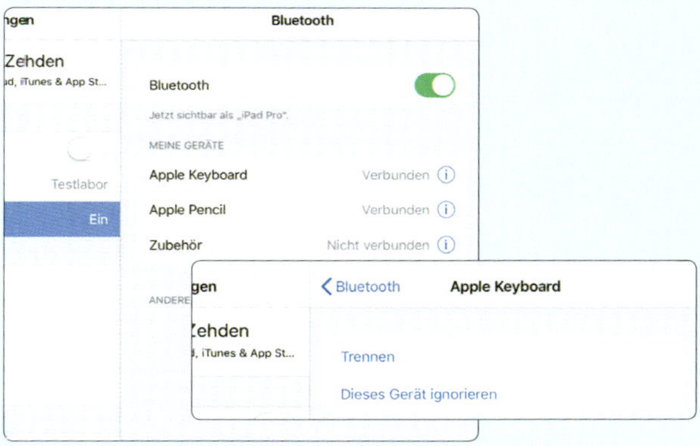

3 Verbindungsdaten löschen

In Zukunft erkennen sich die Geräte automatisch. Tippen Sie in den Bluetooth-Einstellungen auf das „i“ hinter dem Namen der Tastatur, können Sie die Verbindung trennen. „Dieses Gerät ignorieren“ löscht die Verbindungsdaten dauerhaft.

Stelle halten. Das iPad erkennt und aktiviert die Tastatur automatisch. Der Nachteil dieser Lösung ist, dass immer eine direkte Verbindung bestehen muss. Dadurch ist man bei der Aufstellung nicht so flexibel. Außerdem lässt sich die Tastatur auch nicht an anderen Geräten benutzen.

Den Maßstab setzt natürlich das Smart Keyboard von Apple, das aber je nach Modell rund 180 bis 220 Euro kostet. Andere sind günstiger oder bieten mehr Funktionen, wie beleuchtete Tasten oder einen Clip für den Apple Pencil. Bei einfachen iPads oder dem alten iPad Pro mit 9,7 Zoll ist man ohnehin auf Tastaturen von Fremdfirmen angewiesen.

Auf jeden Fall sollten Sie eine Tastatur ausprobieren. Wenn Sie schon eine Tastatur für die Texteingabe kaufen, muss natür-

App-Steuerung mit Tastaturbefehlen

Das iPad Pro ist zwar das einzige Tablet, zu dem Apple eine Tastatur anbietet. iOS-Apps schnell über Befehle vom Keyboard aus zu steuern ist aber kein Privileg des iPad Pro. Mit einer gewöhnlichen Bluetooth-Tastatur von Apple funktioniert das auch mit anderen iPads oder bei Bedarf sogar mit einem iPhone. Auf Letzterem funktionieren aber nicht alle Befehle. Wer auf dem Schreibtisch einen Mac stehen hat, dem dürften die iOS-Befehle bereits vertraut vorkommen, da sie weitestgehend den Mac-Shortcuts entsprechen.

Allgemein	
cmd-A	Alles auswählen
cmd-X	Ausschneiden
cmd-C	Kopieren
cmd-V	Einsetzen
cmd-Z	Undo
cmd-B	Fette Schrift
cmd-I	Kursive Schrift
cmd-U	Unterstrichen
iPad	
cmd (lang)	Befehlsübersicht
cmd-Tab	App-Umschalter
cmd-H	Home-Bildschirm
cmd-Leer	Spotlightsuche
cmd-shift-3	Bildschirmfoto

Mail	
cmd-N	Neue Nachricht
cmd-R	Antworten
cmd-shift-D	Erneut senden
Rückschritt	E-Mail löschen
cmd-shift-J	Ist Werbung
Safari	
cmd-I	Adresse eingeben
cmd-T	Neuer Tab
ctrl-Tab	Zum nächsten Tab
cmd-W	Tab schließen
cmd-R	Tab neu laden
cmd-.	Laden abbrechen
cmd-Pfeil links	Seite zurück
cmd-Pfeil rechts	Seite vor

cmd = Befehlstaste, shift = Umschalttaste, ctrl = Controltaste

Workshop: Eigene Textersetzungen für die Eingabe anlegen

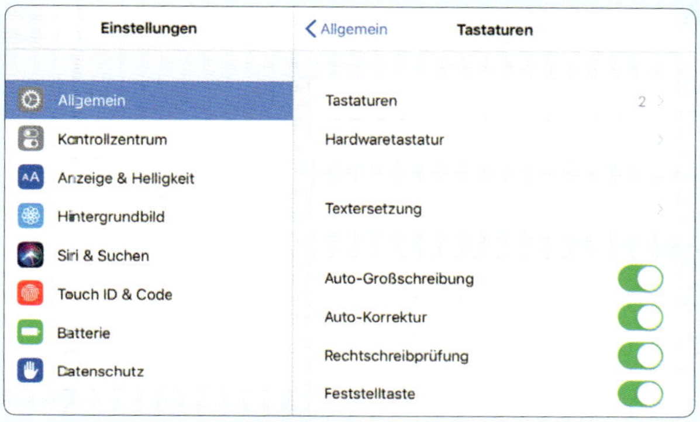

1 Tastatur-Einstellungen öffnen

Die Definition der Textersetzungen finden Sie in den Einstellungen unter „Allgemein“. Tippen Sie dort auf „Tastaturen > Textersetzung“. Sie sehen nun eine Liste der schon angelegten Textersetzungen.

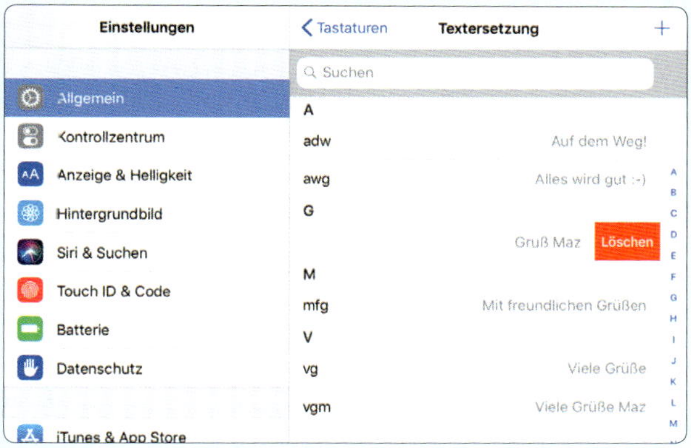

2 Liste der Textersetzungen anzeigen

Jede Textersetzung besteht aus einer Buchstabenkombination und dem Text, zu dem sie bei der Eingabe automatisch erweitert wird. Streichen Sie nach links über einen Eintrag, um ihn zu löschen.

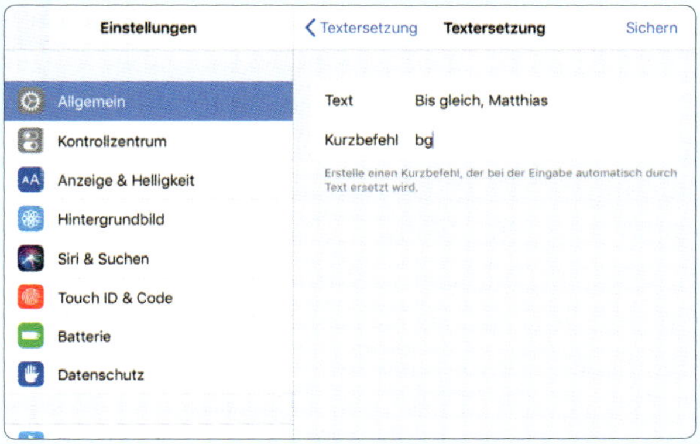

3 Neue Textersetzung hinzufügen

Tippen Sie über der Liste auf die Plustaste, um eine neue Ersetzung anzulegen. Geben Sie in die Eingabefelder den Text und die Kurzform ein, tippen Sie dann oben auf „Sichern“. Die Liste wird übrigens per iCloud auf Ihren Geräten synchronisiert.

lich das Schreibgefühl stimmen. Hierbei kommt es neben der mechanischen Qualität ganz besonders auf den persönlichen Geschmack an.

Flexibilität durch Bluetooth

Herkömmliche Bluetooth-Tastaturen sind günstiger und deutlich flexibler einsetzbar. Sie funktionieren an allen iPads und müssen nur einigermaßen in der Nähe liegen. Das iPad kann auch in einem eigenen Ständer stehen. Bei Bedarf können Sie ein Bluetooth-Keyboard auch am iPhone oder Apple TV benutzen. Bluetooth-Tastaturen müssen über eine eigene Stromversorgung verfügen, das heißt, Sie müssen selbst auf den Akkustand achten.

Tastatur und Schutz

Die Integration der Tastatur in eine Hülle hat ebenfalls Vor- und Nachteile. Das maßgeschneiderte Kleid ist sicher eleganter. Eine mechanische Verbindung ist auch notwendig, wenn man das iPad zum Tippen wie ein Notebook auf den Schoß nehmen will. Dafür erfordert der Wechsel des iPad fast immer auch den Kauf einer neuen, nicht gerade billigen Tastatur. Eine separate Bluetooth-Tastatur lässt sich dagegen über viele Jahre an allen möglichen Geräten betreiben.

Texteingabe optimieren

Helfer im Alltag

Eine externe Tastatur hilft nicht nur bei Office-Apps, sondern auch bei alltäglichen Aufgaben im Home-Bildschirm, in Mail und Safari.

Zusätzlich zur Nutzung einer externen Tastatur bietet auch iOS noch diverse Funktionen zur besseren Texteingabe. Automatische Korrekturen und Textersetzungen, die zum Beispiel aus „mfg“ das obligatorische „Mit freundlichen Grüßen“ machen, erleichtern die Eingabe nicht nur mit der Bildschirmtastatur.

Erfordert eine App eine Texteingabe, während die externe Tastatur verbunden ist, blendet iOS übrigens die Bildschirmtastatur gar nicht erst ein, sodass Sie mit dem zusätzlichen Keyboard sofort lostippen können. So haben Sie in Pages oder anderen Text-Apps den ganzen Bildschirm zur Verfügung. Nutzen Sie die Tastatur Ihres Mac, können Sie übrigens mit der „Auswerfen“-Taste zwischen externer und Bildschirmtastatur wechseln.

Stifteingabe auf dem iPad

Man muss nicht gleich zum brandneuen iPad Pro greifen, um von den Vorteilen eines Apple Pencil zu profitieren. Die erste Version des Stifts funktioniert nicht nur an den älteren iPad-Pro-Modelle, sondern auch mit dem aktuellen Standard-iPad mit 9,7 Zoll, das schon für maßvollere 349 Euro zu haben ist. Der erste Apple Pencil kostet dann noch einmal 99 Euro extra.

Gutes Schreibgefühl

Ein normales Touch Display ist für die Berührung mit den Fingern ausgelegt. Im Vergleich zum Schreiben mit einem Stift auf Papier ist das eine relativ grobe Angelegenheit, wie jeder weiß, der schon einmal versucht hat mit dem Finger auf dem iPad oder iPhone zu schreiben. Einfache Stifte mit Gummispitze machen das etwas einfacher, lassen aber ebenfalls die nötige Präzision vermissen. Letztere erreicht der Apple Pencil durch ein speziell optimiertes Display, deshalb funktioniert er auch nur an bestimmten iPad-Modellen, und die Bluetooth-Kopplung.

Auch der alte Apple Pencil erreicht bereits ein sehr gutes Schreibgefühl und lässt sich in vielen Apps verwenden.

Ab der zweiten iPad-Pro-Generation mit 10,5 und 12,9 Zoll hat Apple die Abtastrate für den Stift noch einmal verdoppelt, aber keine Sorge, auch die ersten Pros und das aktuelle iPad 9,7 Zoll bieten bereits ein sehr gutes Arbeitsgefühl mit dem Pencil.

Stift im Alltag nutzen

Man muss kein Künstler sein, um den Apple Pencil sinnvoll einsetzen zu können. Die wichtigste Anwendung für die breite Masse sind sicher Skizzen und handschriftliche Einträge in der App Notizen. Um den Einsatz des iPad als Skizzenblock zu perfektionieren, hat Apple zudem mit iOS 11 die direkten Notizen eingeführt. Doppeltes Tippen mit dem Apple Pencil auf den Sperrbildschirm genügt, um Notizen aufzurufen und darin die Stifteingabe zu aktivieren. Dabei kann die App wahlweise die letzte Notiz oder eine neue öffnen. Natürlich können Sie auch getippte Texte, Fotos und andere Inhalte in einer Notiz mit Freihandeingaben mischen. Sie können auch Zeichnungen als eigenes Objekt in einer Notiz anlegen, wofür etwas andere Werkzeuge zur Verfügung stehen als für freie Stifteingaben.

Andere nützliche Anwendung für den Stift in Standard-Apps sind Markierungen und Auszeichnung von Fotos oder PDF-Dokumenten. Die können in Apps wie Fotos oder Bücher erfolgen, aber zum Beispiel auch bei Dokumenten in Mail-Anhängen.

Zeichnungen in Pages

Eine App, die ebenfalls von der Stifteingabe profitiert, ist Pages. Sie können einfach in einem Dokument Markierungen anbringen, ähnlich wie in Fotos und PDF-Dateien, aber als zweite Möglichkeit auch einen Rahmen aufziehen und darin zeichnen. Darin können Sie etwa auch Flächen erzeugen und füllen oder Pixelweise löschen. Die Zeichnung lässt sich als Objekt im Dokument verschieben und nach Bedarf skalieren. Natürlich können Sie die Zeichnung auch noch einmal öffnen und daran weiterarbeiten. So lässt sich ein Dokument ganz einfach mit einigen persönlichen Ergänzungen versehen.

Pencil abmelden

Um die Verbindung zum iPad zu trennen, öffnen Sie die Bluetooth-Einstellungen. Tippen Sie rechts vom Pencil auf das „i“, und wählen Sie ignorieren.

Workshop: Apple Pencil am iPad anmelden und konfigurieren

1 Apple Pencil verbinden

Um den ersten Apple Pencil per Bluetooth zu koppeln, stecken Sie ihn in den Lightning-Anschluss des iPad und bestätigen die Kopplungsanfrage. Der neue Pencil muss in der Ladeposition liegen.

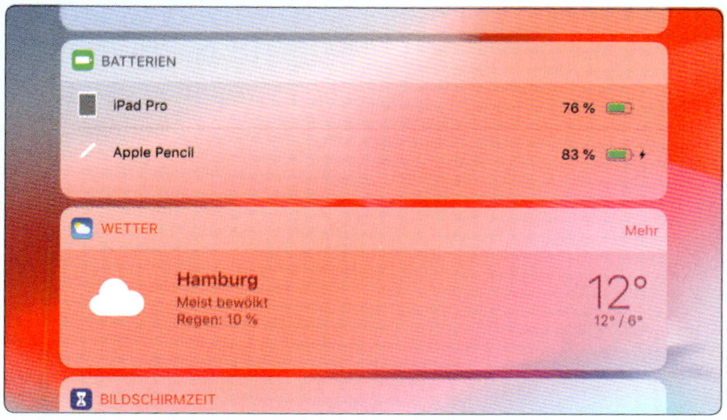

2 Ladezustand des Stifts überprüfen

Wie voll der Akku des Apple Pencil noch ist, können Sie im Batterie-Widget der Heute-Ansicht kontrollieren. Ist er leer, reichen wenige Minuten am iPad bereits, um gut über den Tag zu kommen.

3 Notizen für den Stift konfigurieren

In den Einstellungen für Notizen können Sie den Zugriff vom Sperrbildschirm aktivieren. Außerdem lässt sich mit angemeldetem Apple Pencil das Zeichnen mit den Fingern abschalten, um Fehleingaben zu vermeiden.

Workshop: Werkzeugspitzen, Farben und andere Funktionen in Notizen nutzen

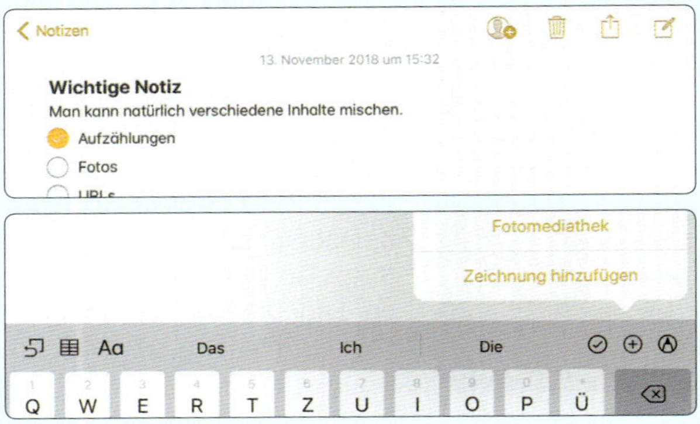

1 Markierung oder Zeichnung einfügen

Für freie Markierungen mit dem Stift tippen Sie in Notizen bei der Eingabe in der Symbolleiste über der Tastatur ganz rechts auf die Stiftspitze. Wählen Sie daneben das Pluszeichen, um ein Menü zu öffnen, über das Sie Zeichnungen einfügen können.

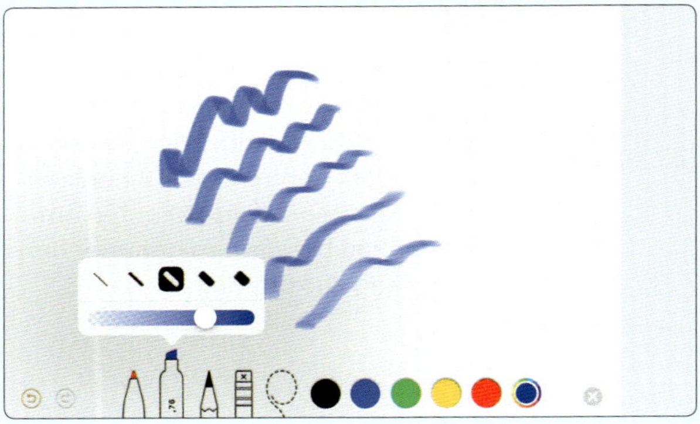

2 Stift für Markierungen nutzen

Tippen Sie bei freien Ergänzungen auf einen Stift, um ihn zu aktivieren. Tippen Sie erneut darauf, um die Strichstärke einzustellen. Jeder Strich bleibt als Element auswählbar, lässt sich verschieben oder löschen.

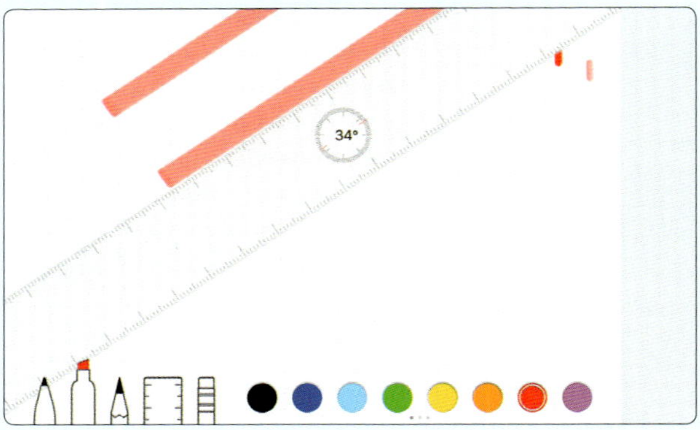

3 Zeichnungen in Notizen anfertigen

Zeichnungen sind an einen Rahmen auf der Notiz gebunden. Darin gibt es zusätzliche Werkzeuge, wie ein Lineal. Striche sind keine auswählbaren Objekte mehr, sondern werden pixelweise gespeichert und wieder gelöscht.

Workshop: Mit dem Stift Zeichnungen in Pages-Dokumenten einfügen

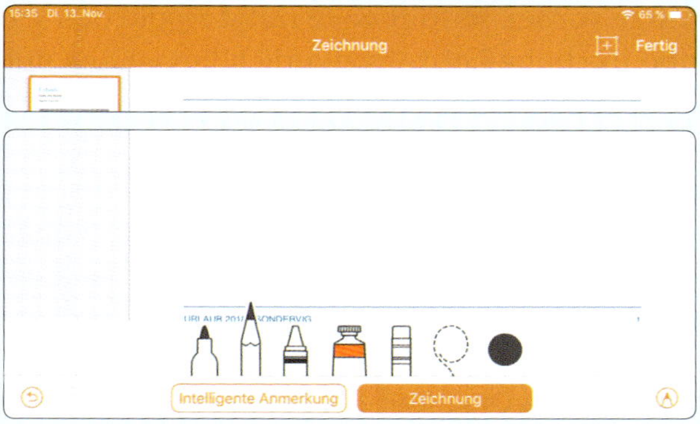

1 Zeichenwerkzeuge aufrufen

Um in Pages eine Zeichnung hinzuzufügen, tippen Sie mit dem Stift auf das Dokument oder wählen im „Plus"-Menü in der Befehlsleiste „Zeichnung". Für freie Stifteingaben wählen Sie unten „Intelligente Anmerkungen".

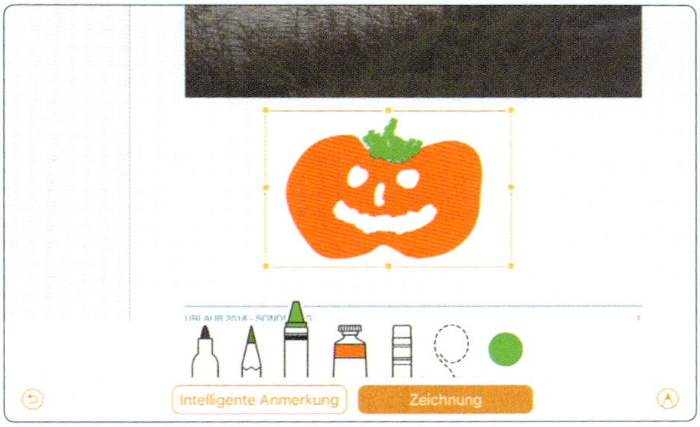

2 Zeichnung in Pages anfertigen

Beim Zeichnen stehen etwas andere Werkzeuge bereit als in Notizen, etwa eine Tube, die zum Füllen von Flächen dient. Löschen Sie mit dem Radiergummi, wird der Bereich der Zeichnung transparent.

3 Zeichnung im Dokument platzieren

Tippen Sie oben rechts auf „Fertig", um das Zeichnen zu beenden. Anschließend können Sie den Rahmen mit der Zeichnung beliebig im Pages-Dokument verschieben und ihn wenn nötig auch noch skalieren.

Arbeiten mit dem iPad

Obwohl iPhone und iPad beide iOS verwenden, unterscheidet sich die Arbeit mit ihnen deutlich. Früher war das iPad mehr oder weniger ein großes iPhone ohne Telefonfunktion, aber die Zeiten sind lange vorbei. Mittlerweile nutzt Apple den großen Bildschirm und die hohe Leistung deutlich besser aus und hat das iPad auf dem Weg zum eigenständigen Werkzeug und Notebook-Ersatz ein deutliches Stück vorangebracht.

Bereits mit iOS 11 hat Apple dem iPad viele exklusive neue Funktionen spendiert, die vor allem die parallele Nutzung mehrerer Apps komfortabler machen. Dazu gehören unter anderem ein neu gestalteter App-Umschalter, Verbesserungen für Split View und Slide Over, das Dock für den schnellen Zugriff auf bis zu 16 Apps und direktes Drag-and-drop zwischen Apps. Auch in iOS 12 gibt es nun wieder neue Funktionen, die „iPad only" sind.

Neu in iOS 12

Eine sehr praktische Änderung betrifft das Kontrollzentrum. Apple hat es in iOS 12 wieder aus dem App-Umschalter ausgebaut. Es öffnet sich jetzt erneut als eigenes Fenster und wird einfach über dem aktuellen Bildschirm der gerade benutzten App eingeblendet. Das macht die Nutzung einfacher und schneller.

Im App-Umschalter auf dem iPad können Sie den Inhalt der Apps gut erkennen (1), auch Apps im Split View (2). Für weitere Apps wischen Sie nach rechts (3). Um eine App zu aktivieren, tippen Sie darauf, um sie zu schließen, schieben Sie sie nach oben (4). Das Dock ist immer zu sehen (5), hier mit Handoff-App (6).

Dazu gibt es eine eigene Geste: Um das Kontrollzentrum zu öffnen, streichen Sie von der rechten oberen Bildschirmkante nach unten. Schon erscheint das Kontrollzentrum.

Beim Streichen vom unteren Rand nach oben verhält sich iOS 12 auf dem iPad auch etwas anders. Streichen Sie über das Dock nach oben, wechselt das iPad zum Home-Bildschirm. Streichen Sie langsam oder nicht ganz so weit, um in einer beliebigen App das Dock einzublenden. Streichen Sie hoch und halten den Finger auf dem Display, öffnet sich der App-Umschalter. Das klingt vielleicht erst einmal etwas verwirrend, funktioniert nach kurzer Gewöhnung aber prima. Außerdem finden mit iOS 12 die Apps Aktien und Sprachmemos ihren Weg auf das iPad.

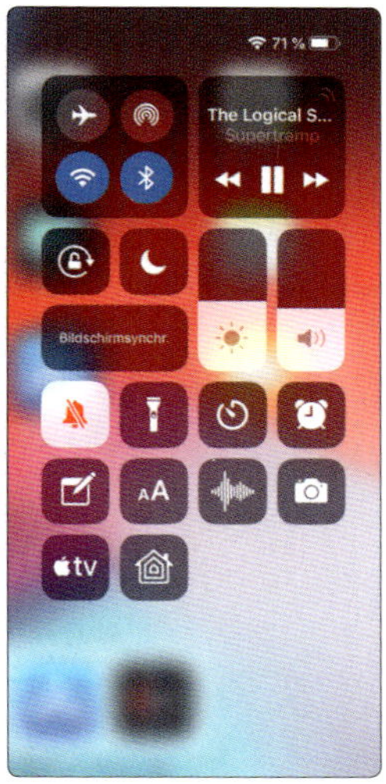

Das Kontrollzentrum erscheint in iOS 12 wieder als eigener Bildschirm transparent über der gerade benutzten App.

Spezialitäten des iPad

Beim iPhone kommt es auf hohe Mobilität, flexible Kommunikationsmöglichkeiten und einfach gestaltete Arbeitsabläufe an, die man am besten auch mit einer Hand hinbekommt, während man sich mit der anderen im Bus festhält. Das iPad ist dagegen das klassische Sofagerät, perfekt auch für längere Bahnfahrten. Mit einem iPad traut man sich durch den größeren Bildschirm auch an komplexere Aufgaben heran. Viele iPad-Besitzer wollen mit ihm das Notebook überflüssig machen. Dadurch wird eine enge, fließende Zusammenarbeit verschiedener Apps viel wichtiger als auf dem iPhone, und genau da setzt Apple an. iOS macht die parallele Arbeit mit mehreren Apps auf dem iPad komfortabler und den Datenaustausch zwischen ihnen einfacher. Ein gutes Beispiel dafür ist die App Dateien, die ihre Stärke als zentrales Datenlager mit Anbindung an verschiedene Cloud-Dienste auf dem iPad erst richtig ausspielt. Ein mobiler Arbeitsplatz braucht einfach eine zentrale Dateiverwaltung.

Schneller Zugriff auf Apps

Ein weiteres wichtiges Werkzeug ist das Dock. Es ist im Gegensatz zum iPhone nicht nur im Springboard erreichbar, sondern auch im App-Umschalter oder durch kurzes Wischen vom unteren Bildschirmrand in jeder App. Das macht den Aufruf der enthaltenen Apps deutlich schneller. Außerdem ist das Dock geteilt.

Auf der linken Seite können Sie wie gewohnt Apps vom Springboard platzieren, die dann dauerhaft hier liegen. Hinzu kommen bis zu drei Apps auf der rechten Seite, die iOS 12 dynamisch anbietet. Das sind im einfachsten Fall die zuletzt benutzten Programme. iOS lernt aber auch Ihre Nutzungsgewohnheiten und versucht, eine gerade zur Situation passende App vorzuschlagen.

Das iOS-12-Dock unterstützt auch Handoff, das viele Anwender unter iOS einfach vergessen. Haben Sie die Funktion aktiviert, erscheint die gerade auf einem Ihrer anderen Geräte benutzte App ganz rechts im Dock. So ist Handoff auf dem iPad viel präsenter und einfacher nutzbar als auf dem iPhone, da Sie den Umweg über den App-Umschalter sparen.

Das Dock enthält zunächst fünf feste Apps, die auf der rechten Seite dynamisch vom System eingeblendeten Apps lassen sich in den Einstellungen abschalten. Insgesamt kann das Dock bis zu 16 Icons aufnehmen. Mit zunehmender Anzahl verkleinert iOS 12 die Icons, damit mehr Apps Platz finden. Mac-Anwender kennen das Prinzip vom Dock des Finder. Eine weitere Anleihe vom Mac ist, dass die Apps in einem Kontextmenü die zuletzt benutzten Dokumente zum Öffnen anbieten.

Mehrere Apps öffnen

Auch den Aufruf einer zweiten App zur parallelen Nutzung macht das Dock einfach. Sie können die App aus dem Dock herausziehen und im Slide-Over-Modus als schmales Fenster über der vorher benutzten App öffnen. Ziehen Sie die App gleich an den seitlichen Rand des Bildschirms, öffnet das iPad sie im Split View. Dabei wird der Bildschirm geteilt. Durch Wischen vom oberen Rand nach unten können Sie jederzeit zwischen Slide Over und Split View hin und her wechseln.

Sowohl als Slide Over als auch im Split View bleiben beide Apps auf dem iPad aktiv, sodass Sie wirklich parallel mit ihnen arbeiten können.

Drag-and-drop

Die gleichzeitige Arbeit mit zwei Apps gewinnt auf dem iPad zusätzlich durch richtiges Drag-and-drop. Sie können zum Beispiel die App Fotos oder Dateien parallel zu einer anderen App öffnen, um passende Inhalte ganz einfach herüberzuziehen und so in ein Dokument einzufügen.

Sie können auch Dokumente auf eine für das Format geeignete App im Dock ziehen, um sie damit zu öffnen. Das Multitouch-fähige Display erkennt mehrere Finger, doch diese müssen nicht zu einer Geste gehören. Sie können also zum Beispiel in der App Dateien ein Dokument mit einem Finger festhalten und mit der anderen Hand das Dock einblenden, um die gehaltene Datei darin auf eine App zu ziehen oder eine zusätzliche App aus dem Dock im Split View zu öffnen. Um eine Datei zu kopieren, können Sie mit der zweiten Hand auch in Dateien zu einem anderen Speicherort navigieren, während Sie das Dokument noch festhalten. Das klingt etwas kompliziert, ist es in Praxis aber überhaupt nicht. Wenn Sie es erst ein paar Mal gemacht haben, geht es Ihnen schnell in Fleisch und Blut über. Der Bildschirm eines iPad ist groß genug, um auch bei der Arbeit mit beiden Händen nicht die Übersicht zu verlieren.

Stifteingabe nutzen

Die iPad-Pro-Modelle und das aktuelle iPad punkten außerdem durch die Unterstützung des Apple Pencil. Sie bieten dabei nicht nur eine hohe Auflösung bei der Erkennung der Spitze, sondern erfassen auch Druck und Neigung des Stiftes. Das ist beim Malen und Zeichnen ein riesiger Fortschritt gegenüber den anderen iOS-Geräten. Eine tolle Demo der Möglichkeiten liefert schon die App Notizen. Sie unterstützt auch noch eine andere praktische Funktion: Sie können einfach mit dem Stift auf den Sperrbildschirm tippen, um eine handschriftliche Notiz oder Skizze anzulegen. „Direkte Notizen“ nennt Apple das. Über die Einstellungen können Sie wählen, wann iOS dabei eine neue Notiz erzeugt oder die zuletzt bearbeitete öffnet. So wird das iPad zum Skizzenbuch.

Weiterhin gibt es „Direkte Kommentare“ in PDF-Dokumenten oder Screenshots oder „Direkte Skizzen“ in Mail und anderen Apps. Der Ablauf ist immer gleich. Sie müssen nicht erst die Funktion zur Freihandeingabe aktivieren, sondern es reicht, mit dem Apple Pencil in das Dokument zu tippen, um loszulegen. Viel intuitiver geht es wirklich nicht.

Workshop: Das Dock auf dem iPad konfigurieren und nutzen

1 Das iPad-Dock im Detail

Das iPad-Dock ist zweigeteilt. Links befinden sich die fest vom Home-Bildschirm ins Dock geschobenen Apps. Auf der rechten Seite sehen Sie die zuletzt benutzten Apps, App-Vorschläge des Systems und die von Handoff eingeblendeten Apps auf Ihren anderen Geräten.

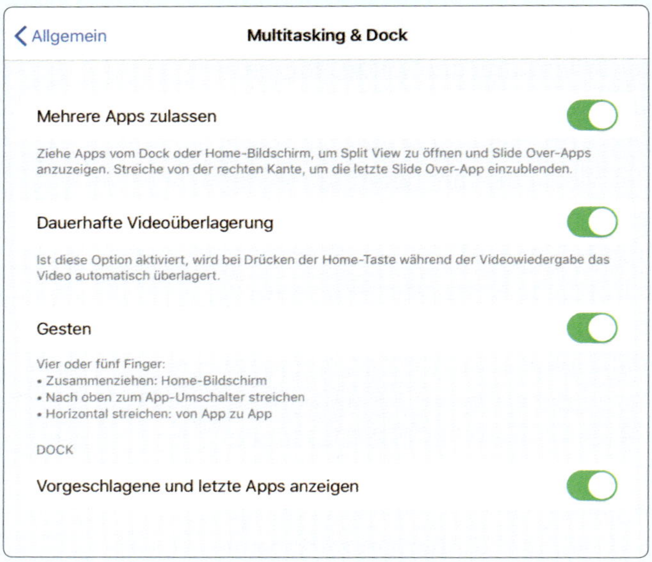

2 Dock-Einstellungen

In den Einstellungen wählen Sie unter „Allgemein > Multitasking & Dock", ob iOS 12 mehrere Apps per Split View oder Slide Over erlaubt. Unten schalten Sie auf Wunsch die Anzeige der letzten Apps und App-Vorschläge im rechten Teil des Docks aus, um den Platz anders zu nutzen.

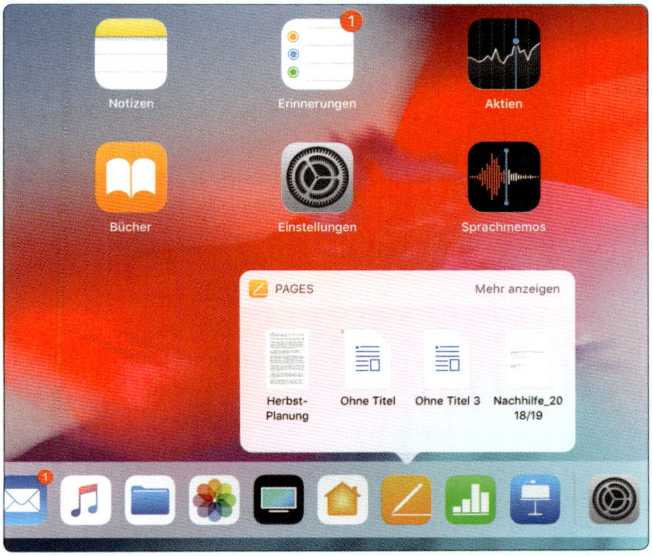

3 Dokumente öffnen

Sie können Apps vom Springboard auf das Dock ziehen und umgekehrt oder die Apps im Dock verschieben. 16 Icons passen hinein, wobei iOS deren Größe mit der Zahl anpasst. Halten Sie das Icon einer App gedrückt, um die zuletzt mit ihr geöffneten Dokumente zu sehen.

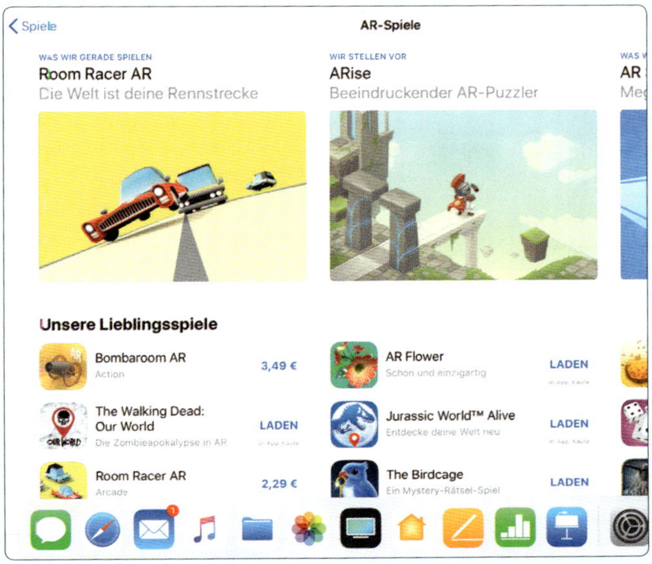

4 Das Dock einblenden

Im Springboard und im App-Umschalter ist das Dock immer zu sehen. Wollen Sie es in anderen Apps benutzen, müssen Sie es manuell einblenden. Dazu wischen Sie mit dem Finger kurz vom unteren Bildschirmrand nach oben. Schon können Sie per Dock die App wechseln.

Workshop: Multitasking – mit mehreren Apps parallel arbeiten

1 Das iPad-Dock einblenden

Während Sie in einer App arbeiten, können Sie per Wischgeste vom unteren Rand das Dock aufrufen. Ziehen Sie dann das Icon einer App aus dem Dock auf den Bildschirm, um diese zusätzlich zu öffnen und parallel damit zu arbeiten. So lassen sich mehrere Apps parallel verwenden.

2 Slide Over nutzen

Ziehen Sie die App nicht ganz bis zum Rand, öffnet sie sich als Slide Over, also als überlagertes Fenster auf der rechten Seite. Die zuvor aktive App wird dadurch nicht verkleinert. Schieben Sie das neue Fenster nach rechts, um es auszublenden. Streichen vom Rand nach links blendet es wieder ein.

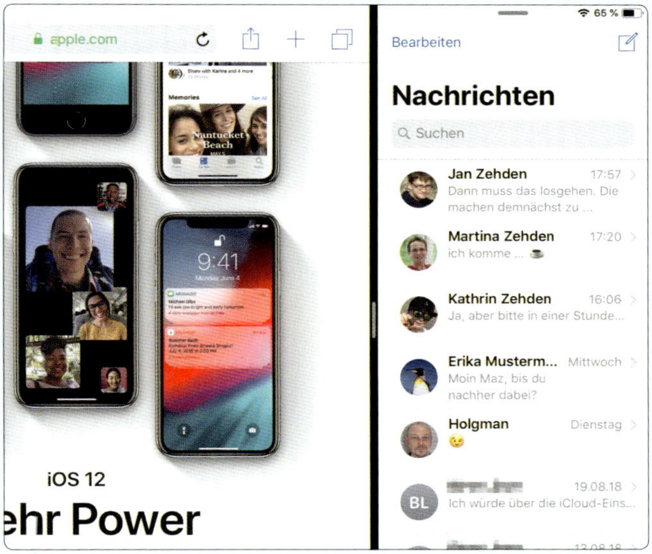

3 Split View aktivieren

Ziehen Sie die App aus dem Dock an den linken oder rechten Rand, öffnet sie sich im Split View. Über den Schieber zwischen den Apps ändern Sie die Teilung des Bildschirms. Ziehen Sie den Griff des schmalen Fensters nach unten, um zwischen Slide Over und Split View zu wechseln.

4 Apps schnell wechseln

Um im Split View eine der Apps zu wechseln, öffnen Sie erneut das Dock. Von dort ziehen Sie die neue App auf die gewünschte Seite. Dabei bleibt der Bildschirm im Split View. Schieben Sie die Trennlinie seitlich zum Rand, um beide Apps wieder wie gewohnt im Vollbildmodus zu nutzen.

Workshop: Inhalte per Drag-and-drop zwischen Apps übertragen

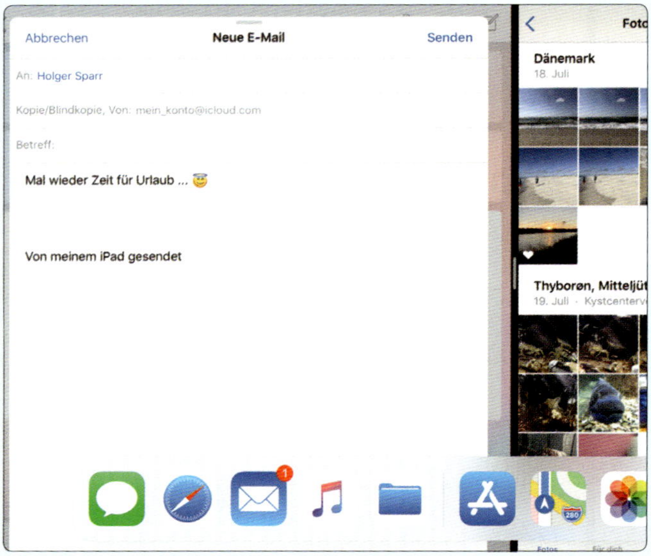

1 Zwei Apps im Multitasking

Der Austausch von Fotos, Texten, Dateien und anderen Objekten funktioniert einfach per Drag-and-drop zwischen Apps. Öffnen Sie zuerst die App, in der Sie arbeiten wollen, zum Beispiel Mail. Dann öffnen Sie zusätzlich die App, aus der Sie etwas einsetzen wollen (im Bild: Fotos).

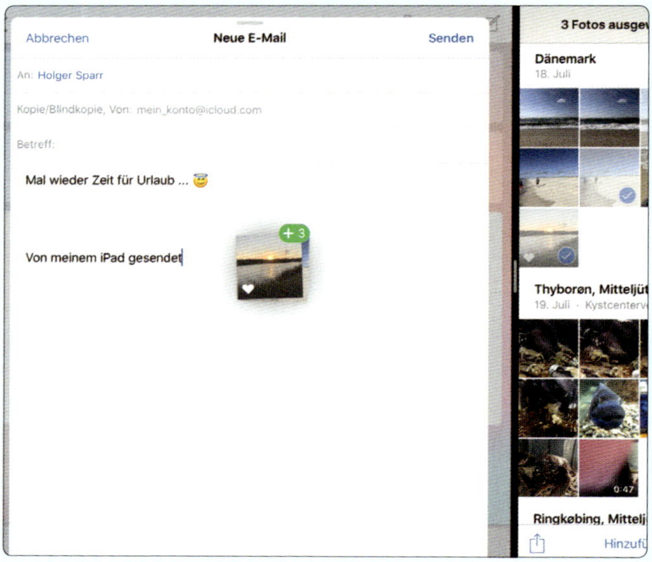

2 Inhalte übertragen

Sie können nun einfach ein Bild aus der Fotos-App in die E-Mail ziehen, die Sie gerade schreiben, oder ein Archiv aus der App Dateien bewegen, um es als Anhang zu verschicken. Markieren Sie beim Bewegen zusätzlich weitere Objekte, um mehrere auf einmal zu übertragen.

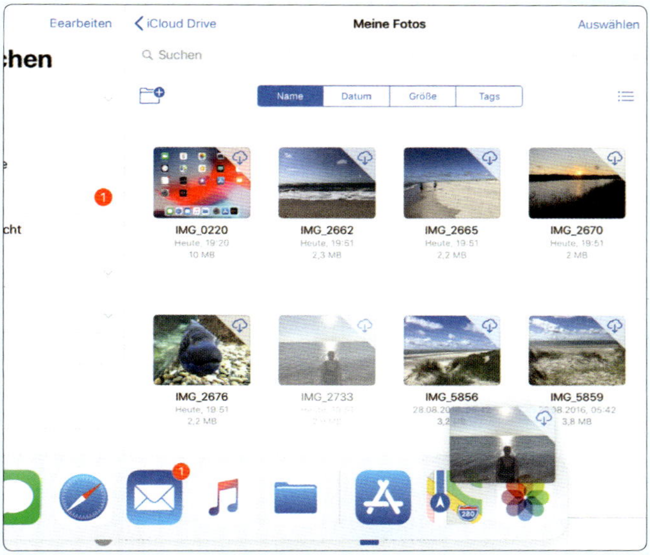

3 Dokumente direkt öffnen

Eine andere praktische Möglichkeit für Drag-and-drop ist das Öffnen von Dokumenten mit einer bestimmten App. Halten Sie in der App Dateien ein Dokument fest. Dann blenden Sie das Dock ein und ziehen das Dokument auf eine geeignete App, um es damit zu öffnen.

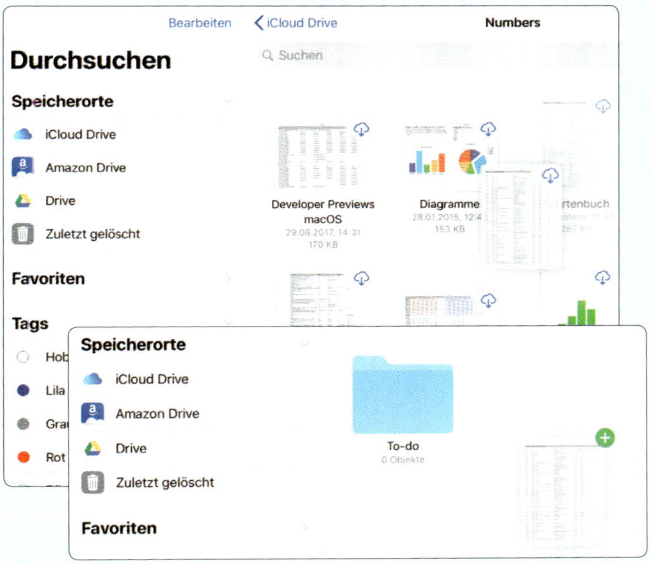

4 Ziehen innerhalb der App

Drag-and-drop funktioniert aber auch innerhalb der Dateien-App. Ziehen und halten Sie eine Datei. Dann navigieren Sie mit der zweiten Hand zum Zielort und legen die Datei dort ab. So können Sie ganz einfach Objekte zwischen zwei Cloud-Diensten übertragen.

Update-Hilfe

Dieser Ratgeber hilft Ihnen bei der Vorbereitung und der Installation von iOS 12, damit der Umstieg auf das neue System reibungslos über die Bühne geht.

Umstieg auf iOS 12 vorbereiten

Vermutlich haben wir Ihnen mit der Beschreibung der neuen Funktionen im Laufe dieses Buchs bereits Appetit auf iOS 12 gemacht - trotzdem müssen wir noch einmal kurz auf die Bremse treten. Bevor Sie zur Tat schreiten, gibt es ein paar Dinge zu beachten. Dazu gehören die Fragen, auf welchem Weg Sie iOS 12 am besten installieren und wie Sie vorher Ihre Daten sichern. Auch für das Backup gibt es nämlich verschiedene Wege.

Genug iCloud-Speicher?

Viele Anwender verbinden ihre iOS-Geräte längst nicht mehr mit dem Rechner und iTunes. Die Aktivierung von iPhone und iPad kann direkt über deren Internetverbindung erfolgen, und die Sicherung der Daten erfolgt auf dem iCloud-Konto. Apps und Medien lädt iOS direkt aus den mobilen Stores. Trotzdem gibt es auch heute noch gute Gründe, auf die Hilfe von iTunes auf Mac oder Windows-PC zurückzugreifen.

Am Anfang steht das Back-up der vorhandenen Daten. Um das über iCloud zu machen, muss der gebuchte Account groß genug sein. Die kostenlos von Apple zur Verfügung gestellten

Apple macht den Umstieg von iOS 11 auf 12 einfach: Öffnen Sie in den Einstellungen „Allgemein > Softwareaktualisierung", und starten Sie die Installation.

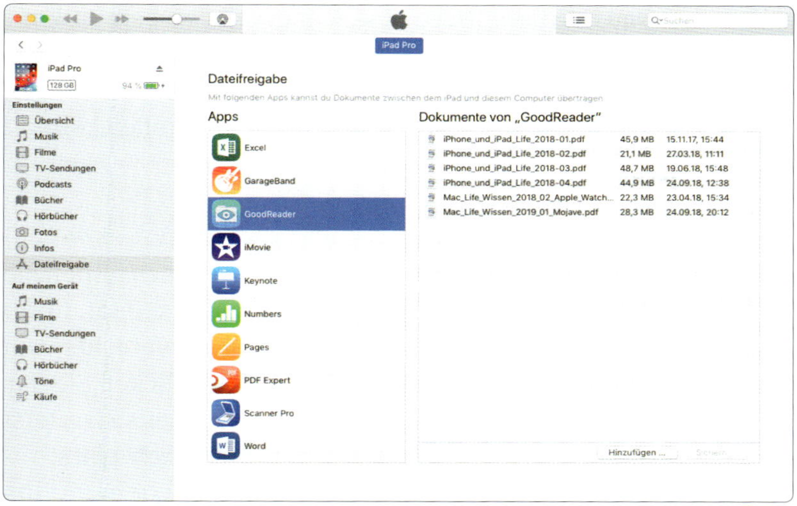

Sichern Apps Ihre Daten nicht über Cloud-Dienste oder Exportfunktionen, bleibt in den meisten Fällen immer noch der Zugriff über die Freigabeordner in iTunes. Sie finden diese in iTunes unten im Bereich Apps.

5 GB reichen knapp für das Back-up eines Geräts, und das auch nur, weil Apps, Musik und Filme aus dem iTunes Store nicht gesichert werden müssen, sondern sich jederzeit über iTunes in der Cloud erneut aus dem jeweiligen Store laden lassen. Spätestens bei einer etwas größeren Fotosammlung ist jedoch Schluss. Die Fähigkeiten der neueren iPhone- und iPad-Kameras, wie Fotoserien, HDR, Zeitlupen oder 4K-Videos, treiben aber die Größe der Sammlung in die Höhe. Und wer noch ein zweites iOS-Gerät besitzt, kommt meistens nicht einmal für die Back-ups der Standarddaten mit den freien 5 GB aus. Erscheint die mittlerweile kaum noch vermeidbare Meldung, dass das Back-up auf iCloud nicht durchgeführt werden konnte, können Sie auf ein größeres, kostenpflichtiges iCloud-Konto upgraden oder für das Back-up auf iTunes ausweichen.

Geld sparen mit iTunes

Die Sicherung mit iTunes hat einige Vorteile. Auf einem Rechner mit Festplatte ist gewöhnlich mehr als genug Platz, wodurch Sie mit einem kleineren iCloud-Account auskommen. Außerdem kann iTunes das letzte Backup dauerhaft sichern und ein neues anfangen. So lässt sich ein bestimmter Zustand, wie der vor dem Update auf iOS 12, dauerhaft sichern und bei Bedarf zur Wiederherstel-

iTunes

Nutzen Sie für den Umstieg auf ein neues iPad oder iOS immer auch die neueste iTunes-Version. Sie finden sie über die Update-Verwaltung des Rechners oder auf www.apple.com/de/itunes/download.

Aufräumen lohnt sich

Das Update auf iOS 12 ist ein guter Zeitpunkt, um auszumisten und überflüssige Apps, lokale Downloads von Musik und Filmen oder andere nicht mehr benötigte Daten vom iPhone zu löschen. Das spart Platz und auch viel Zeit beim Back-up und Restore.

lung auswählen. Diese Möglichkeit gibt es beim iCloud-Back-up bis heute nicht. iCloud aktualisiert das vorhandene Backup bei jeder Sicherung, sodass Sie immer nur den letzten Zustand des Geräts wiederherstellen können.

iPad verwalten mit iTunes

Für den Zugriff auf iPhone oder iPad in iTunes öffnen Sie die App auf dem Rechner und verbinden das Gerät. In der Navigationsleiste von iTunes erscheint dann rechts vom Medienmenü ein kleines Gerätesymbol. Klicken Sie darauf. Sind mehrere Geräte verbunden, öffnet sich zuerst ein Menü zur Auswahl des gewünschten Exemplars.

Sie können mit iTunes iOS-Updates suchen und installieren. Da iTunes die geladene Version speichert, können Sie sie ohne erneuten Download mehrfach installieren, zum Beispiel wenn bei der Konfiguration etwas schiefgeht und Sie einen zweiten Anlauf brauchen oder wenn Sie mehrere gleichartige iPhones oder iPads updaten wollen.

Darunter folgt im iTunes-Fenster der Bereich „Backups“, wo Sie die Sicherung der Einstellungen und Benutzerdaten auf dem Rechner starten können. Um den Vorgang zu beschleunigen und Platz zu sparen, geht iTunes dabei wie iOS beim iCloud-Back-up vor: Es aktualisiert die eventuell schon vorhandenen Daten. Über die Einstellungen können Sie jedoch ein Back-up archivieren (siehe Workshop). Bei der nächsten Sicherung des Geräts beginnt iTunes dann, ein neues Archiv anzulegen. Das alte wird von iTunes mit Datum und Uhrzeit versehen und steht anschließend dauerhaft zur Wiederherstellung zur Verfügung.

Brauchen Sie ein angelegtes Back-up irgendwann nicht mehr, können Sie es über die Einstellungen auch wieder löschen.

Gleich loslegen oder warten?

Und nun noch ein allgemeiner Ratschlag. Viele Anwender stürzen sich unbedarft auf jedes Update, um neue Funktionen auszuprobieren und mitreden zu können. Privat ist die Neugierde gut zu verstehen und auch völlig okay. Oft sind iPhone und iPad aber auch - nicht nur für professionelle Nutzer - unentbehrliche Hel-

Workshop: Back-ups auf dem iCloud-Konto verwalten

1 Aktuelle Sicherung manuell starten

Tippen Sie in den Einstellungen auf Ihre ID, dann auf „iCloud > iCloud-Backup“. Hier können Sie das Backup aktivieren. Starten Sie vor dem Update mit „Backup jetzt erstellen“ eine sofortige Sicherung Ihrer Daten.

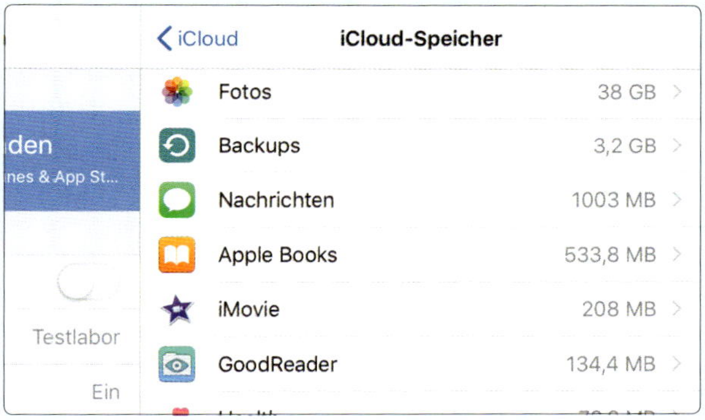

2 iCloud-Belegung überprüfen

Für Details tippen Sie unter dem Speicherbalken auf „Speicher verwalten“. Sie sehen im nächsten Bildschirm nun die iCloud-Auslastung sowie den Platzbedarf der einzelnen Apps. Öffnen Sie „Backups“ für alle gesicherten iOS-Geräte.

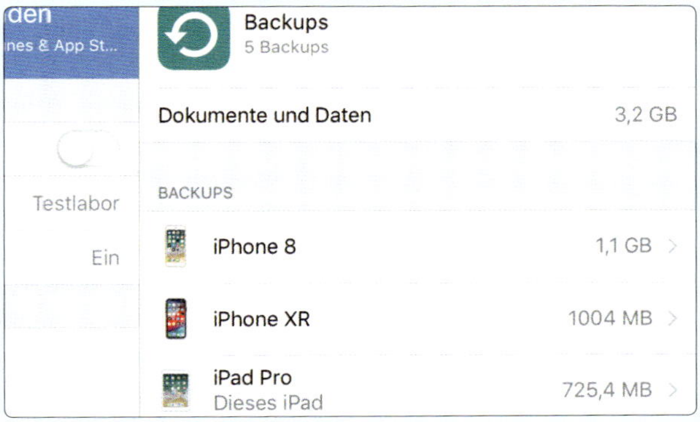

3 Back-ups Ihrer Geräte verwalten

Wählen Sie in Backups das gerade benutzte Gerät aus, um einzelne Apps und deren Daten von der Sicherung auszunehmen und Platz zu sparen. Hier können Sie auch die Backups alter Geräte löschen, die Sie nicht mehr nutzen.

Workshop: Sicherung und Update mit iTunes auf dem Rechner durchführen

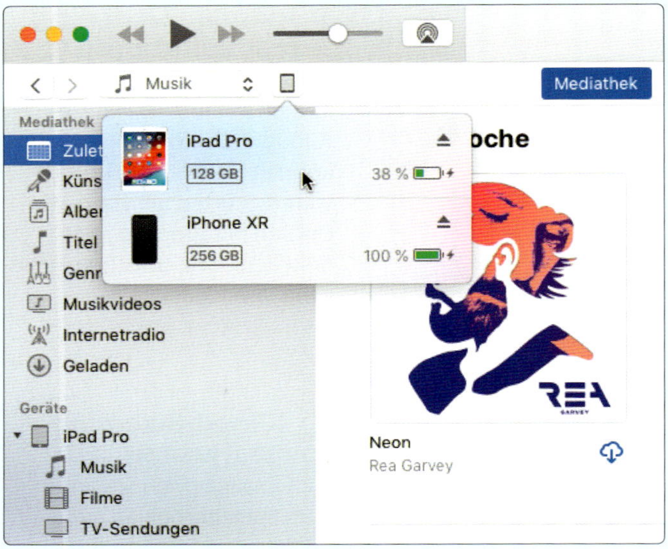

1 iPad in iTunes öffnen

Um vor dem Update auf iOS 12 ein manuelles Back-up mit iTunes zu machen, schließen Sie das iPhone oder iPad an den Rechner an. Klicken Sie auf das Gerätesymbol in der Navigationsleiste. Sind mehrere iOS-Geräte verbunden, wählen Sie das gewünschte iPad im Menü aus.

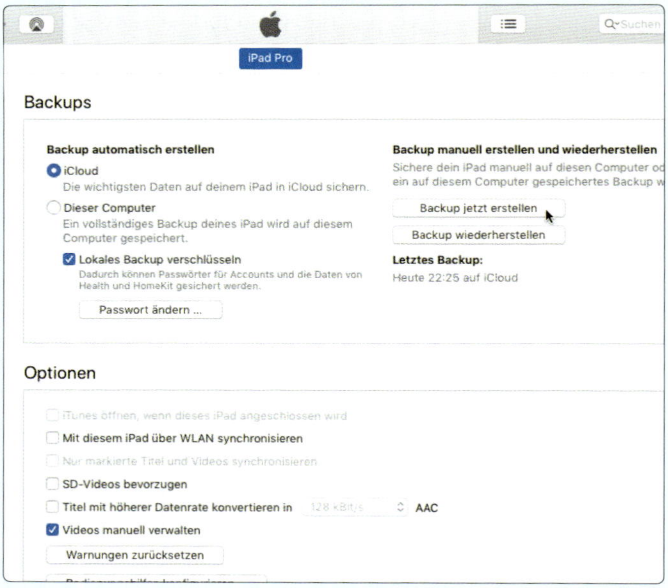

2 Sicherung starten

In der Übersicht finden Sie im Bereich „Backups" die Sicherungsfunktionen. Achten Sie darauf, dass die Option „Backup verschlüsseln" aktiv ist, da nur dann Ihre Passwörter, Health- und HomeKit-Daten mit gesichert werden. Klicken Sie dann rechts auf „Backup jetzt erstellen".

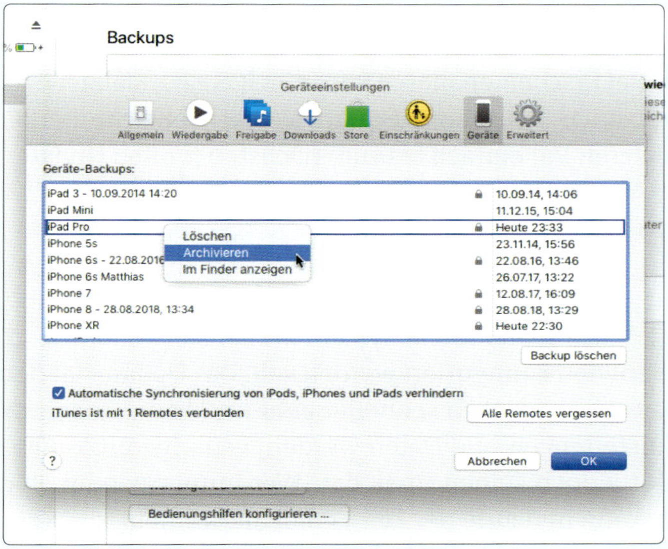

3 Back-up schützen

Um den aktuellen Back-up-Stand zu schützen, öffnen Sie die Einstellungen und dort den Bereich „Geräte". Suchen Sie den Namen des gerade gesicherten Geräts, und wählen Sie per Kontextmenü „Archivieren". Klicken Sie auf „OK". iTunes behält dieses Backup nun dauerhaft.

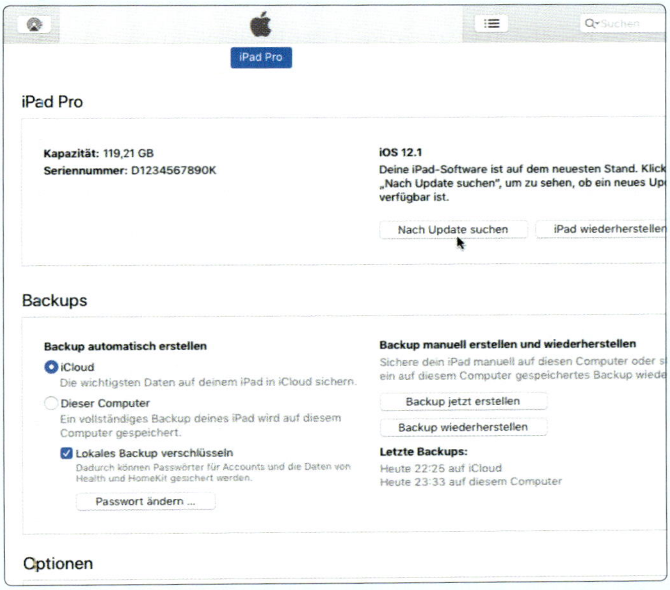

4 Update mit iTunes

Sie können ein iOS-Update auch gleich in iTunes durchführen. Klicken Sie oben in der Übersicht auf „Nach Update suchen" oder auf „Aktualisieren", wenn iTunes das Update schon gefunden hat. Mit „iPhone wiederherstellen" können Sie das Gerät vorher komplett löschen.

fer geworden. Dann ist die zuverlässige Funktion einfach wichtiger, als die neueste iOS-Version zu haben. Sind Sie auf Ihr iPhone angewiesen, überlassen Sie die Fehlersuche in neuen Systemen den anderen. Steigen Sie besser erst um, wenn Apple das erste Bugfix fertiggestellt hat. Gewöhnlich müssen Sie darauf nicht lange warten. Sind Sie auf Fremd-Apps angewiesen, sollten Sie auch warten, bis deren Entwickler grünes Licht für ein neue iOS geben. Bei Erscheinen dieses Buchs ist iOS 12.0.1 längst draußen und selbst iOS 12.1 schon verfügbar. Aber vielleicht merken Sie sich unseren Rat einfach bis zum nächsten großen Update.

Update oder Neuanfang?

Haben Sie beschlossen, iOS 12 zu installieren, stellt sich noch die Frage, ob das vorhandene System aktualisiert oder iOS 12 von Grund auf neu konfiguriert werden soll. Das Update hat den Vorteil, dass es wesentlich schneller geht und kaum Arbeit macht. Alle Einstellungen und Daten werden weiter genutzt. Ein Komfort, der jedoch seinen Preis hat. Wer immer wieder Updates macht, kann im Laufe der Zeit Fehler ansammeln, die iOS weniger stabil laufen lassen. Das können zum Beispiel veraltete Einstellungen sein, defekte Bibliotheken oder Fonts, die irgendwann unbemerkt beschädigt wurden. Erst in der Summe machen sich die Fehler später durch Probleme bemerkbar, die dann meistens auf keine unmittelbare Ursache zurückzuführen sind.

Macht Ihr iPad Probleme, lassen sich Apps nicht öffnen, starten nur langsam oder stürzen öfter ab, ist es an der Zeit für einen „Clean Install“. Dabei setzen Sie iOS 12 nach dem Aufspielen als neues System auf, wenn der Assistent danach fragt, statt ein vorhandenes Backup einzuspielen. Nur so werden Sie wirklich alle Altlasten früherer Installationen los.

Problemen vorbeugen

Sie können von Zeit zu Zeit vorbeugend einen Clean Install machen, damit es gar nicht erst zu Problemen kommt. Über den Daumen gepeilt ist das bei jedem zweiten oder dritten großen Versionssprung von iOS oder einem Modellwechsel eine gute Idee. Das sind Erfahrungswerte, aber es hängt natürlich vom Ein-

Workshop: iCloud, Dokumente und Apps auf den Umstieg vorbereiten

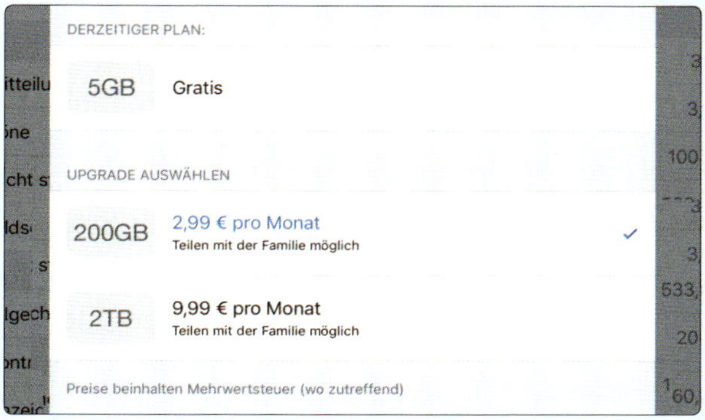

1 Mehr iCloud-Speicher buchen

iCloud ist der zentrale Datenspeicher. Damit Synchronisierung, iCloud Drive und Fotos genug Platz haben, können Sie in den iCloud-Einstellungen unter „Speicherplan ändern“ mehr Platz buchen (ab 0,99 Euro im Monat).

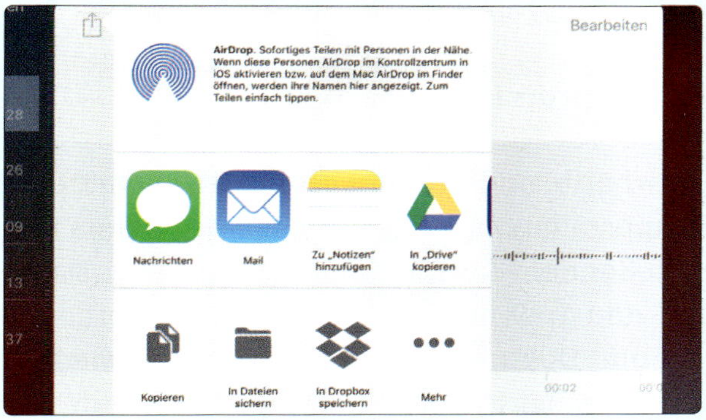

2 App-Daten exportieren

Dokumente, die nicht auf iCloud oder beim Anbieter einer App gesichert werden, lassen sich über die Funktion „Teilen“ an Mail, Nachrichten oder Airdrop exportieren. Als externer Speicher eignet sich auch Dropbox prima.

3 Kompatibilität von Apps prüfen

Sind Sie auf bestimmte Apps dringend angewiesen, sollten Sie vor dem Update auf iOS 12 unbedingt die ersten Kommentare zur neuen Systemversion in den Rezensionen der jeweiligen App im Store abwarten.

zelfall ab. Probieren Sie ständig alle möglichen neuen Apps und Dienste aus, sollten Sie sich eher an kurze Intervalle halten. Wer sich auf wenige Apps beschränkt und es eher ruhig angehen lässt, kann sich mit dem Clean Install auch gern mehr Zeit lassen.

Ohne Fleiß kein Preis

Die bessere Stabilität und Performance nach einem Clean Install hat ihren Preis. Sie müssen System und Apps neu installieren und konfigurieren. Es gehen Einstellungen, Dokumente, Spielstände und andere Daten verloren, wenn Sie sie nicht vorher exportieren und sichern. Heute ist das zum Glück nicht mehr so viel Arbeit wie früher, da die meisten Apps inzwischen iCloud oder andere Internetdienste nutzen können, um Einstellungen und Dokumente zu speichern. Nach der Neuinstallation der jeweiligen App melden Sie sich dann einfach wieder beim benutzten Dienst an und können praktisch sofort weiterarbeiten.

Guter Kompromiss

Die entschärfte und wohl am häufigsten benutzte Version der Neuinstallation ist das Löschen des Geräts mit dem anschließendem Restore aus dem Back-up. Dabei werden iOS und Apps neu aufgespielt, aber hinterher Einstellungen und Dokumente aus dem Back-up wiederhergestellt. Man schafft so etwa 80 bis 90 Prozent des Erfolgs, behält aber eine kleine Restwahrscheinlichkeit, über das Back-up doch noch wieder alte Probleme einzuschleppen. Wer keine Auffälligkeiten im Verhalten seines iPad feststellt, kann es aber ruhig mit dem Restore probieren.

Ob Sie Back-up und Update auf dem iOS-Gerät starten oder mit iTunes durchführen, ist fast Geschmackssache. Doch selbst wenn Sie sich für den einfachen Weg über iOS entscheiden und über ein ausreichend großes iCloud-Konto für das Back-up Ihrer persönlichen Daten verfügen, empfehlen wir zumindest für die Phase des Umstiegs ein zusätzliches Back-up in iTunes, sozusagen als zweites Sicherheitsnetz.

Vorsicht mit alten Geräten

iOS 12 lässt sich ab dem iPhone 5s, iPad Air/Mini 2 installieren. Die ältesten davon wurden vor ziemlich genau fünf Jahren mit iOS 7 ausgeliefert und können durch zahlreiche Updates viele Altlasten angesammelt haben – höchste Zeit für einen Clean Install. Aber Achtung: Dabei werden alle Benutzerdaten gelöscht. Das betrifft nicht nur Einstellungen, sondern zum Beispiel auch den Chat-Verlauf, Spielstände und lokale Dokumente.

Workshop: Das iPad löschen und einen Clean Install starten

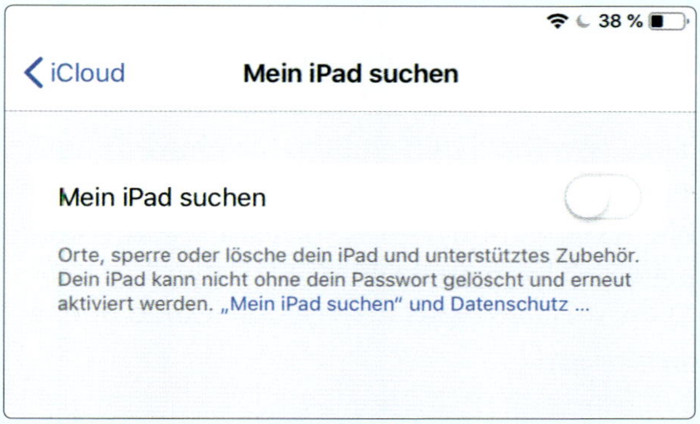

1 iPhone suchen ausschalten

Der Clean Install beginnt mit dem Deaktivieren der Funktion „Mein iPad suchen“ in den iCloud-Einstellungen. Die Funktion verhindert als Schutz bei Diebstählen das Reaktivieren des iPad nach dem Löschen.

2 Alle Daten vom iPhone löschen

Öffnen Sie die Einstellung „Allgemein > Zurücksetzen“. Hier können Sie mit „Alle Inhalte & Einstellungen löschen“ Ihre privaten Daten vollständig entfernen und das iPad auf die Werkseinstellungen zurücksetzen.

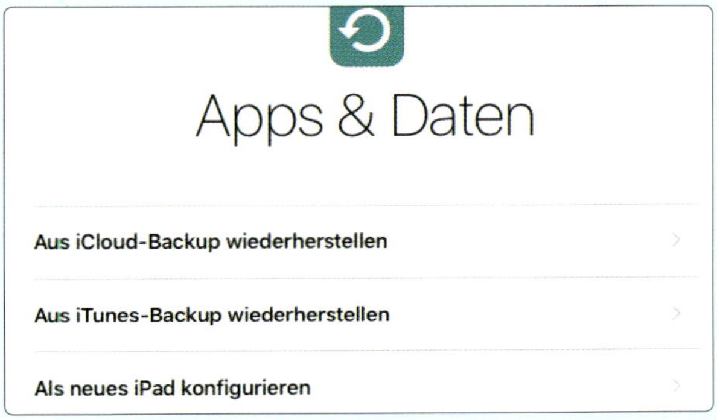

3 Keine Back-up-Daten übernehmen

Nach dem Löschen fragt iOS einige Einstellungen ab und ob Sie das iPad aus einem Backup wiederherstellen wollen. Wählen Sie an dieser Stelle „Als neues iPad konfigurieren“, um alle alten Daten zu verwerfen.

Private Daten sicher löschen

Wollen Sie sich ein neues iPad gönnen, dann stellt sich die Frage, was geschieht mit dem alten. Oft ist der Verkauf die naheliegende Lösung, um einen Teil der Neuanschaffung zu finanzieren. Schließlich erzielen gebrauchte iPads gute Preise, vor allem wenn sie noch das aktuelle iOS unterstützen.

Um Ihre persönlichen Daten zu schützen und eine reibungslose Übergabe zu gewährleisten, sollten Sie einige Dinge beachten. Davon profitieren nicht nur Sie als Vorbesitzer, sondern auch der Käufer. Wir erklären nun, wie Sie das alte Gerät vorbereiten, damit es später keine Probleme gibt.

Eigene Daten sichern

Wollen Sie Ihre Daten auf das neue iPad übertragen, besteht der erste Schritt in einem Back-up der Daten des alten. Mit dessen Hilfe können Sie später auf dem neuen Gerät alle gewohnten Einstellungen, Apps und Daten wiederherstellen. Das Back-up lässt sich manuell über die iCloud-Einstellungen starten oder nach dem Anschluss an den Rechner mit iTunes. Im zweiten Fall müssen Sie allerdings darauf achten, das Back-up zu verschlüsseln, damit zum Beispiel auch WLAN-Passwörter und andere geschützte Daten mit im Back-up gesichert werden.

Gerät abmelden

Bevor Sie mit dem Löschen der persönlichen Daten vom iPad weitermachen, sollten Sie einige wichtige Funktionen ausschalten. Dazu gehört das Deaktivieren von „Mein iPad suchen“ in den iCloud-Einstellungen. Die Funktion verhindert als „Diebstahlschutz“ das Aktivieren des Geräts nach dem Zurücksetzen aller Daten. Bleibt die Funktion aktiv, bekommt der Käufer Probleme.

Als Nächstes entfernen Sie das Gerät von Ihrem iCloud-Konto. Dazu tippen Sie in den Einstellungen auf Ihren Namen. Blättern Sie nach unten, sehen Sie eine Liste der mit Ihrem Konto verbundenen Geräte. Tippen Sie darunter auf „Abmelden“.

Zur Kontrolle, ob ein iPad noch für die Wiedergabe von iTunes-Inhalten freigegeben ist, öffnen Sie iTunes auf dem Rech-

Workshop: Verbindung zu Ihrer Apple-ID und iCloud lösen

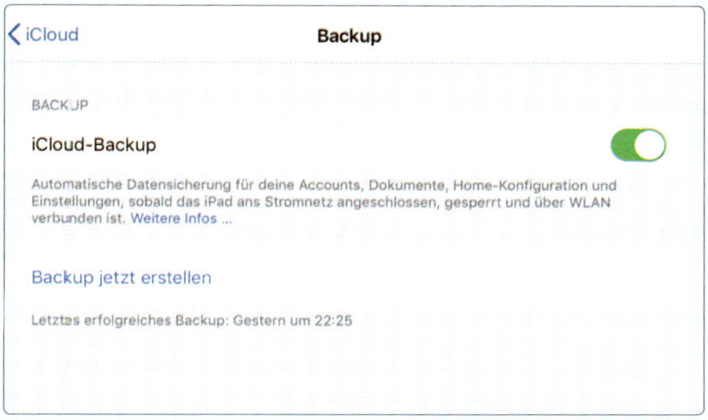

1 Backup aller Daten anfertigen

Als Erstes sichern Sie noch einmal Ihre Daten. Wenn Sie dafür iCloud nutzen, tippen Sie in den Einstellungen auf Ihre ID und dann auf „iCloud > iCloud-Backup". Für den sofortigen Start tippen Sie darin auf „Backup jetzt erstellen".

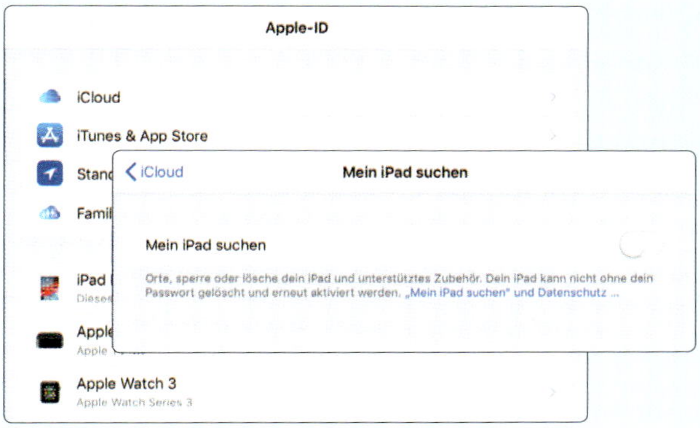

2 iPhone-Suche abschalten

Als Nächstes öffnen Sie unter Ihrer ID die iCloud-Einstellungen oder die Geräteinformation. Schalten Sie dort in „Mein iPad suchen" die gleichnamige Funktion und damit die Aktivierungssperre für den Käufer aus.

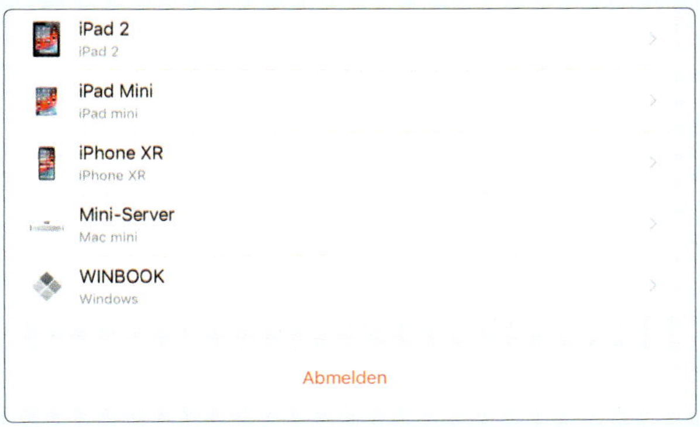

3 Verbindung zur iCloud lösen

Gehen Sie wieder zurück zu Ihren ID-Daten, um die Verbindung zu löschen. Dort blättern Sie nach unten. Am Ende der Liste der verknüpften Geräte tippen Sie auf „Abmelden", um das Gerät von Apple-ID und iCloud zu trennen.

ner und dann den Store. Klicken Sie rechts im Navigationsfeld auf „Account". Melden Sie sich an, und wählen Sie unter „iTunes in der Cloud" die Funktion „Geräte verwalten". Dort können Sie die Verbindung zu einem Gerät lösen. Haben Sie ein Gerät neu mit einem iTunes-Konto verknüpft, können Sie es übrigens 90 Tage nicht mit einem anderen Konto verbinden. Das ist Teil des Rechtemanagements des iTunes Store. Sie sollten also fairerweise nicht kurz vor der Weitergabe eines Geräts das ihm zugeordnete iTunes-Konto wechseln.

Alle Daten entfernen

Nach diesen Vorbereitungen machen Sie sich daran, das iPad zu löschen. Dabei werden nicht nur persönliche Daten, Apps, Fotos und Dokumente gelöscht, sondern zum Beispiel auch gesicherte Passwörter. Da der Speicher durch Aktivierung der iOS-Codessperre verschlüsselt wurde, lässt sich auch nichts wiederherstellen. Zum Löschen benutzen Sie die Funktion „Zurücksetzen" in den allgemeinen Einstellungen. Sie sorgt dafür, dass das iOS in den Auslieferungszustand versetzt wird. Diesen wichtigen Schritt zeigt der zweite Workshop. Hierbei werden alle Daten gelöscht. Das Gerät begrüßt Sie nach einem Neustart wie ein frisch ausgepacktes Gerät mit dem Konfigurationsassistenten und dem bekannten „Hallo".

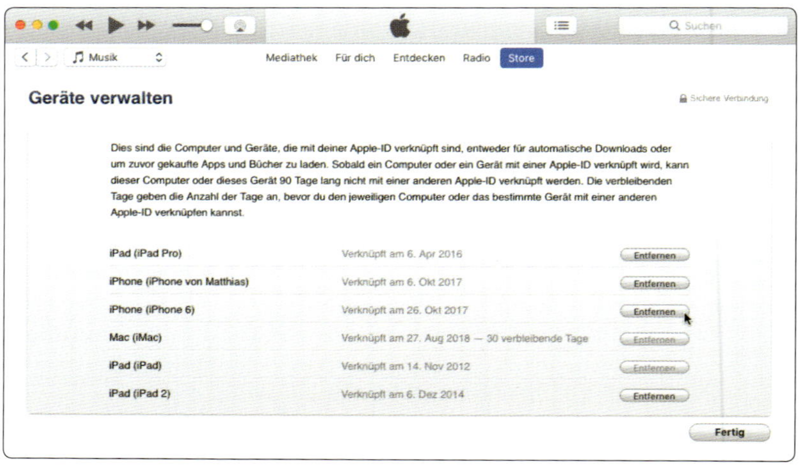

In den Account-Einstellungen des iTunes Store können Sie damit verknüpfte Rechner und iOS-Geräte sehen und sie bei Bedarf entfernen.

Workshop: Alle persönlichen Daten, Einstellungen und Apps löschen

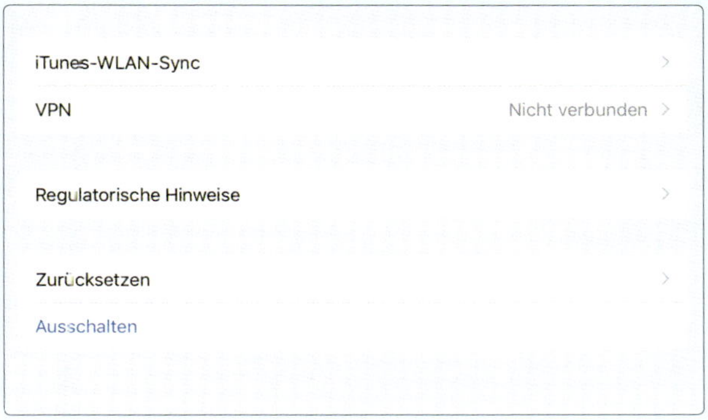

1 Menü zum Zurücksetzen aufrufen

Zum endgültigen Löschen aller Apps und sämtlicher Daten von einem iPad öffnen Sie die Einstellungen und dort den Bereich „Allgemein". Darin scrollen Sie nach ganz unten und öffnen das Menü „Zurücksetzen".

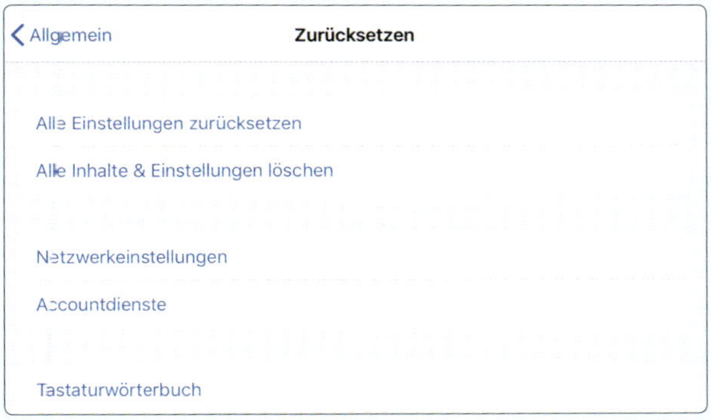

2 Sämtliche Inhalte löschen

Hier können Sie alle Einstellungen oder nur die für das Netzwerk oder das Tastaturwörterbuch löschen. Um ein iPhone vor einem Verkauf komplett zurückzusetzen, wählen Sie „Alle Inhalte & Einstellungen löschen".

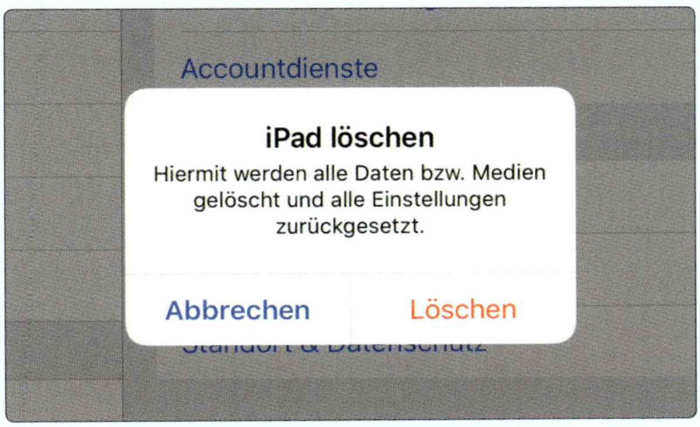

3 Das Löschen endgültig bestätigen

Bevor iOS das Gerät löscht, müssen Sie noch den Sperrcode eingeben und, falls aktiv, den vierstelligen Code der Einschränkungen. Danach bestätigen Sie zur sicherheit noch einmal, dass Sie das Gerät wirklich löschen wollen.

Das iPad mit seinem großen Bildschirm eignet sich perfekt zur Präsentation und auch Bearbeitung von Fotos

Fotos aufs iPad importieren

Selbst diejenigen, die gern und viel fotografieren, machen heutzutage vermutlich das Gros ihrer Bilder längst mit dem iPhone und nicht mehr mit einer normalen Kamera. Denn eine „echte" Kamera muss man extra mitnehmen, den Akku laden, und außerdem muss man auch noch mit Speicherkarten hantieren und die Bilder dann auf den Rechner, das iPhone oder das iPad bekommen.

Gründe dafür, zu einer richtigen Kamera zu greifen, gibt es nach wie vor genug: Fast immer haben deren Objektive deutlich mehr drauf als das Standard-Weitwinkel der iPhones oder lassen sich gar wechseln. Und zumindest die hochwertigen Digitalkameras bringen eben doch einen spürbaren Gewinn an Bildqualität, Empfindlichkeit bei schlechten Lichtverhältnissen und manuellen Eingriffsmöglichkeiten mit.

Außerdem bieten viele moderne Digitalkameras mittlerweile WLAN und eine passende App für iOS. Darüber kann man dann nicht nur die Bilder sehr einfach aufs iOS-Gerät und von dort gleich weiter ins Netz oder auf den Rechner weiterleiten. Sondern oft dienen die Apps auch zur Fernsteuerung der Kameras vom iPad aus.

Rohdaten

Zwar lassen sich Raw-Bilder in iOS importieren, aber nur bedingt mit der Fotos-App bearbeiten. Apps von anderen Anbietern können hier allerdings Abhilfe schaffen.

Direkter Import

Was die App-Anbindung von Digitalkameras angeht, sind natürlich alle Kameras und Hersteller verschieden. Wenn es eine App gibt, ist sie oft die praktischste und schnellste Möglichkeit, um Bilder in das iOS-Gerät zu transferieren. Aber es gibt immer auch den direkten Weg in Form von Apples SD-Karten-Lesern und USB- beziehungsweise USB-C-Adaptern. Alle drei bekommt man für sportliche Preise bei Apple, und mit ihnen lassen sich SD-Karten direkt am iPhone auslesen beziehungsweise es lassen sich Kamera und iOS-Gerät per Kabel miteinander verbinden.

In allen Fällen kann man die Bilder direkt in die Foto-Bibliothek importieren. Der zugehörige Importvorgang wurde in iOS 12 übrigens verbessert und zeigt nun nicht nur die Zahl der noch verbleibenden Bilder, sondern wurde auch ein gutes Stück schneller als bisher. Dabei darf man auch gleich ein Album angeben oder erzeugen, in das die Bilder transferiert werden.

Präsentation am iPad

Es gibt mehrere Gründe dafür, Bilder aufs iPad zu ziehen: Vom iPhone aus lassen sich die Bilder vor allem direkt verschicken, denn die Kameras mögen zwar WLAN haben, aber keine eigene Internet-Verbindung. Zum Bearbeiten und vor allem zum Vorzeigen von Bildern ist dagegen das iPhone ideal, denn sein Display löst meist sehr fein auf und zeigt auch natürliche Farben. Auf ihm erkennt man viel besser als auf dem Display der Kamera, wie scharf das Bild ist oder wie viel Potenzial für eine Bearbeitung in ihm steckt.

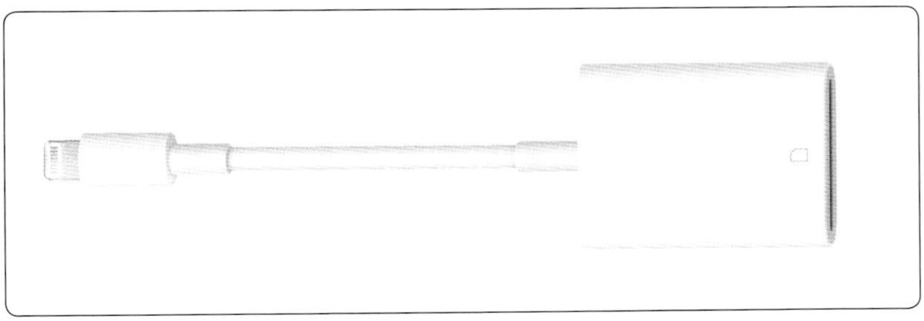

Zum Import von Bildern in iPads und iPhones bietet Apple einen SD-Kartenleser zum gehobenen Preis an.

Workshop: Import von Bildern von der SD-Karte in den Speicher des iPad

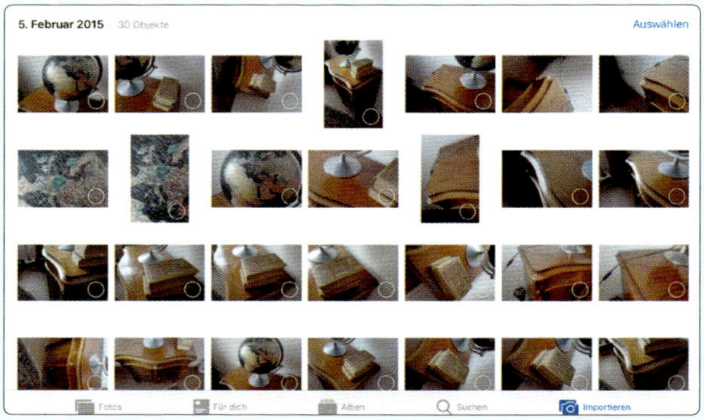

1 Bilder für den Import auswählen

Sobald eine SD-Karte in das ans iPad angeschlossene Lesegerät gesteckt wird, öffnet sich der Import-Dialog. Hier wählt man die zu importierenden Bilder aus und kann sich die Bilder dazu vorher auch in Groß ansehen.

2 Album für den Import bestimmen

Wer nichts weiter auswählt, legt die Bilder in die normale Foto-Mediathek. Doch man kann an dieser Stelle auch ein bereits bestehendes Album auswählen oder für die importierten Bilder ein neues erzeugen.

3 Fotos von der Karte löschen?

Nach dem Import bietet das iOS an, die Fotos von der Karte zu löschen, was die Karte wieder frei macht. Bei den heutigen Preisen für große SD-Karten wird man aber das iPad eher nicht als Bildspeicher gebrauchen wollen.